本书出版获江苏省社科基金资助

本书出版获江苏省高校哲学社会科学基金资助

本书出版获盐城师范学院教授、博士科研基金资助

唐代试律诗用典研究

朱 栋 著

上海交通大学出版社
SHANGHAI JIAO TONG UNIVERSITY PRESS

内容提要

　　本书分为 8 章，分别为绪论，唐代试律诗诗题用典研究，唐代试律诗正文用典典源文献研究，唐代试律诗正文用典事典分类考察，唐代试律诗正文用典语典分类考察，唐代试律诗正文用典典面研究，唐代试律诗正文用典语用研究，结语。另附有唐代试律诗诗题用典辑录表和唐代试律诗正文用典辑录表。本书是学界第一次真正意义上的有关唐代试律诗的本体研究。

　　本书可以作为高校汉语言文学专业及相关课程的教材使用，也可以供汉语言文学专业的研究者参考。

图书在版编目（CIP）数据

唐代试律诗用典研究 / 朱栋著 . -- 上海：上海交

通大学出版社，2018

ISBN 978-7-313-20342-7

Ⅰ.①唐… Ⅱ.①朱… Ⅲ.①汉语 – 典故 – 关系 – 唐

诗 – 诗歌创作 – 研究 Ⅳ.① H136.3 ② I207.22

中国版本图书馆 CIP 数据核字 (2018) 第 238426 号

唐代试律诗用典研究

著　　者：朱　栋			
出版发行：上海交通大学出版社		地　　址：上海市番禺路 951 号
邮政编码：200030		电　　话：021-64071208
出 版 人：谈　毅			
印　　制：定州启航印刷有限公司		经　　销：全国新华书店
开　　本：787×1092mm 1/16		印　　张：16
字　　数：318 千字			
版　　次：2018 年 10 月第 1 版		印　　次：2018 年 10 月第 1 次印刷
书　　号：ISBN 978-7-313-20342-7/H			
定　　价：59.00 元			

版权所有　侵权必究

告读者：如发现本书有印装质量问题请与印刷厂质量科联系

联系电话：010-61370827

评 序 I

吴礼权

《唐代试律诗用典研究》一文，选题具有学术价值。作者采取的是"开口小，挖掘深"的研究思路，这对某一问题的研究是非常有价值的。唐代试律诗用典问题虽是一个不大的学术问题，但论文对之进行了深入而系统的研究，因此得出的结论就显得相当权威而且具有说服力。论文的创新点也较明显，如对唐代试律诗正文用典的选典方式所做的五个类别概括，是前人未曾做过的，具有开创性意义。对唐代试律诗正文用典的修辞效果的总结概括，亦是之前未曾有过的，论述相当系统而有力。附录非常有学术价值。

论文写作符合学术规范，逻辑思维清晰，论证有力，语言表达流畅。总体上看，这是一篇较为优秀的博士学位论文。

需改进之处是第七章第三节对"唐代试律诗正文用典修辞效果考察"，理论分析稍显薄弱。可以从用典的修辞心理上再进行一些开掘，提升其理论价值。

（吴礼权，中国修辞学会会长，复旦大学中国语言文学研究所教授，博士生导师）

评 序 Ⅱ

杨逢彬

《唐代试律诗用典研究》，是一篇较为优秀的博士论文。理由有以下几点。

首先，该文是学界第一次真正意义上的有关唐代试律诗的本体研究，也是第一次以唐代试律诗的主要特点——用典为研究切入视角的研究；其次，论文将唐代试律诗用典分为诗题用典和正文用典分别加以论述，条理较为清晰；第三，论文浓墨重彩对唐代试律诗正文所选用典故的语用层面进行了研究，这一研究是目前为止专题语料用典研究中最为详尽的一次研究；第四，论文对唐代试律诗所选用典故，逐一考证梳理，并以表格形式加以固化。

论文对唐代试律诗用典的研究可谓深入细微，如第三章分为典源、典面及典源文献、用典与唐代儒释道思想、用典与唐代文学风尚、用典与唐代史鉴思想及祥瑞尚奇文化四节；其中第一节又分为用典的典源、用典典面的形成方式、用典的典源文献三个部分，可谓条分缕析。

又如，论文从多角度对唐代试律诗正文用典方式进行了分析。例如，从所选用典故的性质来看；从所选用典故的原义与典故的语用义之间的关系来看；从所选用典故的功用来看；从所选用典故的数量来看。每一角度之下，又分为几种类型，使论文丰满充实。

可以说，这是目前关于唐代试律诗用典研究中最有深度和广度的论文，具有填补学术研究空白的作用。

我们认为，该论文仍有些方面可以改进。例如，唐代试律诗为何频繁用典？唐代试律诗用典的特点何在？即与其他类型诗歌，如应酬诗、应制诗等相比较，唐代试律诗之用典有何不同？若这些问题得以解决，必将增加该论文的学术高度。

（杨逢彬，武汉大学中国传统文化研究中心研究员，南开大学中国文字研究中心兼职教授，博士生导师）

评　序　Ⅲ

周国林

　　该论文以唐代试律诗为研究对象，以唐代试律诗的用典为切入点，对唐代试律诗作本体研究，这是有较高理论意义的选题。作者将试律诗分为诗题用典和正文用典两部分加以论述，条分缕析，层次清楚。在诗题用典研究中，作者就其在典源文献中所处的位置、典源文献的分布、典面构成方式加以探索，并揭示诗题所体现的尊儒、崇道、重史思想以及当时的文学审美取向。在正文用典研究中，作者首先考察典出自何种文献，并做出事典分类（四类），然后重点考察典面形成方式、音节形式、语法结构，尤其是语用层面的问题（包括选典方式、用典方式、修辞效果），环环相扣，纲举目张。纵观全文，可以说是对唐代试律诗的本体进行的一次尝试性的探索，创获颇多，是一篇优秀的博士学位论文。

　　论文写作过程中，作者认真阅读试律诗原作，并对前人成果广泛吸收，在资料占有上下了不少功夫。所附录的"辑录表"，为他人提供了重要借鉴资料。全文结构合理，条理清晰，注释规范。总之，作者已经掌握本学科及相关领域宽广的理论基础与系统深入的专业知识，具备独立从事科研工作的能力。论文完全达到博士论文的要求。

　　论文中值得商榷之处是，文中数处提到"击壤"源于西晋皇甫谧的《帝王世纪》，实则出自东汉王充的《论衡》（不知尚有更早典籍否）。

　　（周国林，中国历史文献研究会名誉会长，华中师范大学历史文献研究所原所长，博士生导师）

序

与唐代诗歌研究的整体繁荣相比,有关唐代试律诗的研究则较为薄弱,学界少有人涉及。我们所选的这一课题——《唐代试律诗用典研究》,是以唐代试律诗的本体为研究对象,以其用典为研究的切入视角,目的是通过对唐代试律诗的主要特点——用典的研究,对唐代试律诗的本体进行一次尝试性的探索。

本文属于专题性语料用典研究,我们具体将其分为四个部分,共八章展开论述。现对每一部分的主要内容,做简单的介绍。

第一部分,即第一章,为绪论部分,主要是引出研究对象、介绍研究背景、解释相关概念、交代研究方法及思路等,以便为下文正式研究唐代试律诗的用典做准备。

第二部分,即第二章,是对唐代试律诗诗题用典的研究。本部分具体涉及两个方面的内容:一是对唐代试律诗诗题所选用典故的本体层面的研究,主要是对诗题中所选用的典故在典源文献中所处的位置、典源文献的分布、典面的构成方式等方面的探索;二是对唐代试律诗用典诗题所体现出的唐代的尊儒思想、崇道思想、重史思想、祥瑞尚奇文化以及在文学上对《文选》所倡导的"丽而不浮,典而不野"六朝文学审美取向的继承等问题展开了详细的论述。

第三部分,即第三至第七章,是文章的主体部分。本部分重点讨论了唐代试律诗的正文用典情况。其中,前四章是对唐代试律诗正文用典本体层面的研究,主要讨论了唐代试律诗正文所选用典故的典源文献、意义类属、典面组构方式、典面音节构成以及典面的语法结构特点等。第七章是本部分的重点,也是全文的重点,主要讨论了唐代试律诗正文用典语用层面的问题,具体包括对唐代试律诗正文用典的选典方式、用典方式和修辞效果等方面的探索。

就唐代试律诗正文用典的选典方式而言,我们通过考察与分析,将其归纳为五类,即因事选典、因人选典、因物选典、因地选典和因情选典等。

有关唐代试律诗正文的用典方式,我们共从四个角度对其展开了详细的分析。具体而言,从所选用典故的性质来看,唐代试律诗正文的用典方式可分为引言和用事两种;从所选用典故的原义与典故的语用义之间的关系来看,唐代试律诗正文的用典方式可分为五种,即同义式用典、转义式用典、衍义式用典、反义式用典和双关式用典等;从所选用典故的功用来看，唐代试律诗正文的用典方式可分为四种，即证言式用典、衬言式用典、代名式用典和代言式用典等；从所选用典故数量的多少来看，唐代试律诗正文的用典方式可分为单用和叠用两种。

唐代试律诗正文用典的修辞效果也比较明显，概括而言，其具体表现在两个方面。一是提升性效果。这一修辞效果具体又体现在以下四个方面：提升论证的说服力，增强可信度；提升叙述对象的鲜明性，增强感染力；提升叙述对象的典型性，增强表现力；提升诗歌描述对象或语言的典雅性。二是曲折性效果，即试律诗作者通过用典，可以委婉含蓄地把自己所要表达的思想或情感表达出来，从而避免直白与平庸，进而提高诗歌的审美情趣。

第四部分，即结语部分，主要是对全文的研究情况进行小结，并指出在研究中存有的不足以及今后做进一步研究的打算与思路等。

目　录

第一章 绪 论

    科举,作为我国封建社会统治阶层选拔官吏的一种制度,是由两汉至南北朝时期的察举制发展而来的。它经历了一个渐进的过程,其萌芽于南北朝,始于隋而形成于唐。在唐朝,与科举制度关系极为密切的科举诗的出现成为当时一种极为重要的文学现象。唐代科举诗不仅数量庞大、作者众多,而且还以独特的方式展现了唐朝的政治制度、思想倾向、文坛风貌、士人情怀以及社会风俗等诸多方面。这不仅为它在唐代诗歌的神圣殿堂上赢得了一席之地,而且还为后人深入研究唐代的政治、历史、思想、文化乃至风俗习惯等提供了独特的视角和材料。但是,由于观念上的误导,唐代科举诗一直被认为是唐诗中的"糟粕",被学者们忽视,成为唐代文学研究领域中的"冷门"。

    与唐代科举诗研究遭遇冷落的情况相似,作为唐代科举诗重要组成部分之一的唐代试律诗,历来少有学者问津。一方面,由于唐代试律诗自身的特点导致它很难有家喻户晓的佳作出现,因此难以激起研究者的兴趣;另一方面,人们普遍认为,唐代试律诗是唐朝封建统治阶级为选拔自己所需人才而采取的一项专门考试制度的特定产物,是地地道道的"官场文章",缺少文学作品所应有的风格与神韵,因此没有作认真研究的必要。但是,人们通过对《文苑英华》(卷一八○至卷一八九)及《全唐诗》中所存唐代试律诗的考察和研究认为,唐代试律诗是唐代诗歌的一个独特组成部分,并对唐代文人的诗歌创作乃至唐代诗歌的整体繁荣起到或大或小的影响。因此,人们有必要作具体而深入的研究,弄清楚它的发展历程、基本内容和艺术表现特征,使人们更加全面和客观地理解唐代诗歌的整体风貌,正确理解唐代诗歌与唐代社会、唐代诗歌与唐代文学风尚以及与唐代文化思想的关系。

第一节 唐代试律诗概述

一、唐代试律诗之称名

    唐代试律诗是唐代科举选官制度与唐代文人诗歌创作的特定产物,是唐代参加各类考试的文人士子按照知贡举者或皇帝所命诗题并依据特定格式所做的格律诗。

    在唐代,试律诗并无统一科学的称谓,自其产生至清代,人们往往以其中的一种类型命名,将其称之为省试诗、省题诗、试帖诗等。这些名称以偏概全,不够合理。据一些学者考证,《全唐文》中还没有"试律"或"试律诗"的说法,直到清代才确立了"试律诗"这一名称。最早对"试律"进行界定的是清康熙年间的李因培，他在《唐诗观澜集·凡例》中指出："唐以诗赋取士，自州试、监试、省试，皆官为限韵，常以五言六韵为率，谓之试律。其间亦有多至八韵少至四韵者。"在该书的第十五卷指出："唐承隋制取士，永徽而后专用诗赋。其诗自进士大科，及州府小试，命题限字，率以六韵，号曰试律。"据此人们不难看出，李因培认为州试、监试、省试中知贡举者限韵且多为五言六韵的应试诗，均应为试律诗。现在学界基本承袭这一观点。另据考证，清代以"试律"或"试律诗"为名，科举所试之诗的选本或稿本有朱琰的《唐试律笺》、纪昀的《唐人试律说》、孙福海的《不夜书屋试律偶存》、祁寯藻的《尺木斋试律存草》、梁运昌的《秋竹斋试律》、朱凤毛的《一帘花影楼试律诗》、孙冯的《小方壶试律诗》等著作。

"试律诗"以"试"字标识唐代科举应试诗的性质，涵盖了唐代所有考试诗的类型；以"律"字标志了唐代科举应试诗歌的外在形式特征，排除了杂言、绝句等诗歌样式。可以说，"试律诗"这一名称概括了唐代全部应试诗歌的诗体类型。

二、唐代试律诗之类型

从目前的相关研究成果看，人们现在所说的唐代试律诗包含九种类型：省试之诗、国子监试之诗、吏部试之诗、州府试之诗、翰林院试之诗、制试之诗、赎帖之诗、奉试之诗和科试之诗等。下面对这九类试律诗进行简要分析。

第一类是省试之诗，即士子参加省试而作的试律诗。省试是唐代科举考试中最为重要的一种。此类考试原由吏部考功员外郎主持，自唐玄宗开元二十四年（736）后改由礼部侍郎负责，但由于吏部与礼部均隶属于尚书省，遂并称为省试。省试又称为礼部试、省闱或礼闱。在《全唐诗》中所辑录的 31 首唐代试律诗中，❶明确标以"省试"之名的就有 9 首：耿湋的《省试骊珠诗》、刘禹锡的《省试风光草际浮》（贞元九年）（793）、徐牧的《省试临渊羡鱼》、林宽的《省试腊后望春宫》、罗隐的《省试秋风生桂枝》，黄滔的《省试奉诏涨曲江池》、《省试一一吹笙》和《省试内出白鹿宣示百官》（乾宁二年）（895）以及徐夤的《东风解冻省试》（乾宁元年）（894）等。另外，因礼部隶属于尚书省，所以标以"礼部试"的姚康的《礼部试早春残雪》亦应为省试诗。因为礼部试考试的考场设在都堂，所以李衢的试律诗《都堂试贡士日庆春雪》也应为省试诗。据初步统计，《文苑英华》（卷一八〇至卷一八九）中所收录的唐代省试诗约占所收唐代试律诗总数的2/3 还要多。

第二类是国子监试之诗，是指唐代士子参加国子监主持的考试所做的试律诗。在唐德宗贞元八年（792）之前，监试在科举考试中的地位十分重要。李肇的《唐国史补》卷下云："开元二十四年（736），考功郎中李昂为士子所轻诋，天子以郎署权轻，移职礼部，始置贡院。天宝中则有刘长卿、袁咸用分为朋头。是时常重东府、西监。至贞元八年

---

❶ 本书在对《全唐诗》中唐代试律诗进行辑录时，借鉴了刘彦同学的硕士学位论文《唐代试律试策辑考》中的相关研究成果，特此注明。

（792）李观、欧阳詹犹以广文生登第。自后乃群奔于京兆矣。"❶《唐摭言》卷一"两监"
条亦云："开元以前，进士不由两监者，深以为耻。"❷又云："故天宝二十载（753），敕天
下举人不得言乡贡，皆须补国子及郡学生。广德二年（764）制京兆府进士，并令补国子
生，斯乃救压覆者耳……贞元五年（789）已后，太宗数幸国学，遂增筑学舍一千二百
间，增置学生凡三千二百六十员……又每年国子监所管学生，国监试；州县学生，当州
试。并艺业优长者为试官，仍长官监试。"❸《文苑英华》（卷一八〇至卷一八九）所收录的
唐代试律诗明确冠以"监试"之名，现存有刘得仁的《监试莲花峰》一首和喻凫的《监
试夜雨滴空阶》一首。

第三类是吏部试之诗，是指已通过礼部考试、已获官阶或有出身而非在任为官者参
加吏部主持的考试所做的试律诗。根据唐制，进士及第者，并不立即授官，而要经过关
试进一步检测合格后，若有官位，才会授予官职，如唐·孙樵的《唐故仓部郎中康公墓
志铭》云："自宣城来长安，三举进士登上第，是岁会昌元年（841）也。其年冬得博学
宏词，授秘书省正字"。❹若官位无缺，则仍要继续等候。若候官年限未满，又不想再"循
资"，就可以参加博学宏词科考试，或书判拔萃科考试，两科均合格者大多可授予官职。
其中，博学宏词科考试即由吏部负责主持。在现存的唐代试律诗中，李绛和张元复的试
律诗《恩赐耆老布帛》、吕温和独孤申叔的试律诗《终南精舍月中闻磬》、独孤良器和独
孤绶的试律诗《沉珠于渊》（贞元五年）（789）、陆复礼和李观的试律诗《中和节诏赐公
卿尺》、吕炅和王起的试律诗《贡举人谒先师闻雅乐》、陈讽和庾承宣的试律诗《冬日可
爱》等，都属于吏部博学宏词科的考试试诗。

第四类是州府试之诗，是指士子参加唐代各州府自己主持或组织的省试资格选拔考
试而做的试律诗。在《文苑英华》（卷一八〇至卷一八九）中，州府试之诗均被作为"省
试"类诗歌的"附（录）"编排。在现存的唐代试律诗中，明确标以"州试"或"府试"
之名的有黄滔的《广州试越台怀古》《襄州试白云归帝乡》和《河南府试秋夕闻新雁》、
张籍的《汴（徐）州反舌无声》、李频的《府试观兰亭图》《府试老人星见》《府试丹浦
非好战》和《府试风雨闻鸡》、马戴的《府试观开元皇帝东封图》和《府试水始冰》、无
名氏的《府试古镜》、殷尧恭（一作殷尧藩）的《府试中元观道流步虚》、郑谷的《咸通
十四年府试木向荣》、李益的《府试古镜》，许彬的《府试莱城晴望三山》、吴融的《府
试夜雨帝里闻猿声》、卢肇的《江陵府试澄心如水》、李贺的《河南府试十二月乐词》、
吕温的《河南府试赎帖赋得乡饮酒诗》等试律诗，共19首。在现存的唐代试律诗中，有
些是实为府试之诗而并未标注"府试"之名的，如白居易的试律诗《宣州试窗中列远
岫》。因京兆府是唐朝都城的所在地，具有特殊的政治及地理地位，所以在州府试律诗

❶ （唐）李肇撰．唐国史补［M］．明崇祯津逮祕书本．
❷ （五代）王定保撰．唐摭言［M］．清嘉庆学津讨原本．
❸ 同上．
❹ （唐）孙樵撰．孙樵集［M］．四部丛刊景明天启刊本．

中冠以"京兆府"之名的为数就比较多,如郑谷的《京兆府试残月如新月》、刘得仁的《京兆府试目极千里》等。

第五类是翰林院试之诗,是指进士及第者参加翰林院考试以任学士时所做的试律诗。白居易的《太社观献捷》即为翰林院试之诗,《文苑英华》在本诗题后有小字注曰:"入翰林试。以'功'字为韵。"❶

第六类为制试之诗,即制举之诗,是指士子参加由皇帝本人亲自主持的考试而作的试律诗。《新唐书·选举志》云:"其天子自诏者曰制举。"❷制举一般考"策"等应用文体,很少考诗赋。据考证,明确记载对士子进行诗赋考察的制举发生在唐玄宗天宝十三年(754)。《旧唐书·杨绾传》载:"天宝十三年(754),玄宗御勤政楼(按《册府元龟》等作含元殿),试博通文典洞晓玄经、辞藻华丽、军谋出众等举人,命有司供食。既暮而罢。取辞藻华丽外,另试诗赋各一首。"❸在现在所存的唐代试律诗中未见制试之诗。

第七类为赎帖之诗,是指士子在参加科举考试试帖一项失利之后,以作诗代之而作的试律诗。在唐代,进士文名高而试帖失利者,可以以诗赎帖,此时所作之诗即为赎帖诗。《封氏闻见记》载:"天宝初,达奚珣、李岩相次知贡举,进士声名高而帖落者,时或试诗放过,谓之'赎帖'。"❹据清代徐松《登科记考》记载,唐代阎济美在讲述自己以诗赎帖一事时云:"十一月下旬,遂试杂文。十二月三日,天津桥放杂文榜,景庄与某俱过。其日苦寒。是月四日,天津桥作铺帖经,景庄寻被绌落。某具前白主司曰:'某早留心章句,不工帖书,必恐不及格。'主司曰:'可不知礼闱故事,亦许诗赎?'某致词后,纷纷去留……某只作地二十字。某诗曰:'新霁洛城端,千家积雪寒。未收请禁色,偏向上阳残。'已闻主司催纳诗甚急,日势又晚,某告主司曰:'天寒水冻,书不成字。'便闻主司处分,得句见在将来。主司一览所纳,称赏再三,遂唱过。"❺在现存的唐代试律诗中,赎帖诗保存有王贞白的《宫池产瑞莲》(乾宁二年)(895)、吕温的《河南府试赎帖赋得乡饮酒诗》等篇。

据臧岳的《应试唐诗备体》载:"登进士后,又复试,名曰奉试。"士子参加奉试考试所做的试律诗即为奉试之诗。《全唐诗》中冠以"奉试"之名的有荆冬倩的《奉试咏青》、孙欣的《奉试冷井》、汪极的《奉试麦垄多秀色》、李琪的《奉试诏用拓跋思恭为京收复都统》等。但是,由于这些诗均不符合唐代试律诗"五言六韵"的标准体式,且在《文苑英华》(卷一八〇至卷一八九)中也没有收录冠以"奉试"之名的唐代试律诗,加之其他文献资料对其未以收录,因此人们暂且仅将其归入唐代试律诗的类属范畴,而对其无法作具体研究。同时,冠以"科试"之名的唐代试律诗,现在也只是仅存其名,

---

❶ (北宋)李昉编.文苑英华[M].明刻本.

❷ (北宋)欧阳修撰.新唐书[M].清乾隆武英殿刻本.

❸ (五代)刘昫等撰.旧唐书[M].清乾隆武英殿刻本.

❹ (唐)封演撰.封氏闻见记[M].清文渊阁四库全书本.

❺ (清)徐松撰.登科记考[M].清皇清经解续编本.

在《文苑英华》(卷一八〇至卷一八九)等古籍文献中未见收录，并且因科试相关文献匮乏，人们对其了解甚少，也就难作具体研究了。

三、唐代试律诗之体式

(一)唐代试律诗诗题

据人们考证，《文苑英华》(卷一八〇至卷一八九)和《全唐诗》中共收录唐代试律诗300题491首(《龟负图》两首试律诗题存诗佚)。唐代试律诗的诗题多由知贡举者拟定，少有例外。现在确切可考的唐代试律诗诗题是出自皇帝之手，且仅有唐文宗开成二年(837)的诗题《省试霓裳羽衣曲》一例。至于其命题缘由，《唐阙史》卷下云："开成初，文宗皇帝耽玩经典好古博雅……尝欲黜郑卫之乐，复正始之音。有太常寺乐官尉迟璋者，善习古乐，为法曲，箫磬琴瑟，戛击铿拊，咸得其妙，遂成《霓裳羽衣曲》以献。诏中书门下及诸司三品以上具常服班坐，以听金奏，相顾曰：'不知天上也？瀛洲也？'因以曲名宣赐贡院，充试进士赋题。又命授尉迟璋官。"❶据相关史料记载，唐开成三年(838)的省试诗诗题沿用了这一题目。

就唐代试律诗的诗题而言，可分为四类，即写景类、咏物类、咏事类和典故类。下面对它们进行简要分析。

第一类为写景类试律诗诗题，此类试律诗诗题或以自然界的泛泛之景为描述主体，或特以京城长安的景色(多为春景)为描写对象，或以时政节令为表述中心，有时也会将想象之景作为中心命题。描绘自然界泛泛之景的唐代试律诗诗题有周荐的《白云向空尽》、叶季良的《月照冰池》、夏侯楚的《秋霁望庐山瀑布》、可频瑜的《墙阴残雪》、刘得仁的《监试莲花峰》、白居易的《宣州试窗中列远岫》、李沛的《四水合流》、朱华的《海上生明月》、张子容的《璧池望秋月》、阙名的《晨光动翠华》、陈讽的《冬日可爱》(博学宏词试)(贞元十年)(794)、陈九流的《春风扇微和》(贞元十年)(794)、张籍的《夏日可畏》、石殿士的《日华川上动》、陈昌言的《白日丽江皋》、蒋防的《日暖万年枝》、樊阳源的《风动万年枝》(贞元十八年)(802)、许康佐的《日暮碧云合》、熊孺登的《日暮天无云》、失名的《日暮山河清》、徐敞的《月映清淮流》、卢肇的《风不鸣条》(会昌三年)(843)、陈至的《芙蓉出水》、蒋防的《日暖万年枝》、徐敞的《圆灵水镜》、裴干馀的《早春残雪》、李频的《府试观老人星》、赵蕃的《老人星》、邓倚的《春云》、庾敬休的《春雪映早梅》、郑谷的《京兆府试残月如新月》、刘眘虚的《积雪为小山》、王维的《秋日悬清光》、王冷然的《古木卧平沙》、顾伟的《雪夜听猿吟》、席夔的《霜菊》、张友正的《春草凝露》、殷文圭的《春草碧色》(乾宁五年)(898)、姚康的《礼部试早春残雪》和吴融的《府试雨夜帝里闻猿声》等。描写京城长安景色的唐代试律诗诗题有蒋防的《望禁苑祥光》、李虞仲的《初日照凤楼》、白行简的《长安早春》、滕迈的《春色满皇州》(元和十年)(815)、李子卿的《望终南春雪》、失名的《礼闱阶

---

❶ (唐)高彦休撰.唐阙史[M].明万历十六年谈长公钞本.

前春草生》、林宽的《省试腊后望春宫》、黄滔的《省试奉诏涨曲江池》、畅当的《春日过奉诚园》等。此类试题中的禁苑、凤楼、春宫、曲江池等均为皇都中的特有场所。描写时政节令的唐代试律诗诗题有张濯等的《迎春东郊》（上元二年）（675）、皇甫冉的《东郊迎春》（天宝十五年）（756）、罗让等的《闰月定四时》（贞元十七年）（801）、纥干讽的《新阳改故阴》、冷朝阳的《立春》、白行简的《春从何处来》、穆寂的《冬至日祥风应候》、蒋防的《八风从律》等。以想象之景作为描述对象的唐代试律诗诗题有顾封人的《月中桂树》、张乔的《华州试月中桂》等。

　　第二类为咏物类试律诗诗题，此类试律诗诗题所咏之物包括植物、动物、器物三类。咏植物类的试律诗诗题多通过描写梅、柳、松、竹、桂、菊、芙蓉、桃李等植物抒发情怀。此类试律诗诗题有郑述诚的《华林园早梅》、张昔的《小苑春望宫池柳色》、陈羽的《御沟新柳》、陆贽的《禁中春松》、李正封的《贡院楼北新栽小松》、李晔的《尚书都堂瓦松》、李胄的《文宣王庙古松》、李程的《竹箭有筠》（贞元十二年）（796）、朱庆余的《震为苍筤竹》（长庆四年）（824）、失名的《秋风生桂枝》、顾封人的《月中桂树》、张乔的《华州试月中桂》、席夔的《霜菊》、陈至的《芙蓉出水》、王贞白的《宫池产瑞莲》（乾宁二年）（895）、李商隐的《赋得桃李无言》、独孤授的《花发上林》、李君何等的《曲江亭望慈恩寺杏园花发》、陆贽的《御园芳草》、宋迪的《龙池春草》、郑谷的《府试木向荣》等。咏动物类的试律诗诗题多以龙凤、莺燕、龟鹤、鲤鱼、黄鹄等祥瑞之物为描述对象，通过刻画动物在适宜环境中的生存和发展表达应试者希冀得到赏识进而及第的情感。此类试律诗诗题有失名的《骊龙》、杨嗣复的《仪凤》、钱可复的《莺出谷》、陶翰的《柳陌听早莺》、陆宸的《禁林闻晓莺》、顾况的《空梁落燕泥》、丁泽的《龟负图》（诗缺，大历十年东都试）（775）、张仲素的《缑山鹤》、陈季的《鹤警露》、失名的《鹤鸣九皋》、贾岛的《黄鹄下太液池》、失名的《河鲤登龙门》等。咏器物类的试律诗诗题多以珠玉、金石等珍宝为描述对象。这类诗往往以珍宝自比，表达自己天生丽质且希望被擢用的情思。同时，应试者担心被埋没、担心明珠暗投而忐忑不安的心情也暗含其中。此类试律诗诗题有崔曙的《明堂火珠》、邓陟的《珠还合浦》、南巨川的《美玉》（开元二十七年）（739）、独孤良器的《沉珠于渊》（贞元五年）（789）、王损之的《浊水求珠》（贞元十四年）（798）、张籍的《罔象得玄珠》、耿湋的《省试骊珠》、丁泽的《主上元日梦王母献白玉环》、叶季良的《琢玉成器》、罗立言的《沽美玉》（贞元二十一年）（805）、元稹的《玉卮无当》、武翊黄的《瑕瑜不相掩》、柴宿的《瑜不掩瑕》、刘轲的《玉声如乐》（元和十三年）（818）、丁居晦的《琢玉》（长庆二年）（822）、辛宏的《白珪无玷》、严维的《水精环》、白行简的《金在镕》等。

　　第三类为咏事类试律诗诗题，此类试律诗诗题所咏之事多为与帝王有关的礼仪活动，如贺寿、祭奠、朝拜、巡视、乡饮、恩赐、婚聘等。此类试律诗试题有张濯的《迎春东郊》（上元二年）（675）、殷寅的《玄元皇帝应见贺圣祚无疆》（天宝四载）（745）、张叔良的《长至日上公献寿》、沈亚之的《九月九日勤政楼下观百僚献寿》、徐元弼的《太常寺观舞圣寿乐》、胡直钧的《郊坛听雅乐》、薛存诚的《观南郊回仗》、王卓的《观北藩谒庙》、皇甫冉的《东郊迎春》（天宝十五年）（756）、陆复礼的《中和节诏赐公卿尺》、张莒的《元日望含元殿御扇开合》（大历九年）（774）、韩濬的《清明日赐百僚新火》（东都大历九年）（774）、李绛的《恩赐耆老布帛》、陈彦博的《恩赐魏文贞公诸孙旧第以道直臣》（元和五年）（810）、张随的《敕赐三相马》、张惟俭的《西戎献白玉环》、马戴的《府试观开元皇帝东封图》、滕珦的《释奠日国学观礼闻雅颂》、王起的《贡举人谒先师闻雅乐》、莫宣卿的《百官乘月早朝听残漏》、曹松的《武德殿朝退望九衢春色》、张光朝的《天门街西观荣王聘妃》，以及薛存诚的《御制段太尉碑》《东都父老望幸》《嵩山望幸》《华清宫望幸》等。有涉及帝王其他事件的咏事类试律诗诗题，如阙名的《焚裘》、李季何的《立春日晓望三素云》（贞元十一年）（795）、黄滔等的《省试内出白鹿宣示百官》（乾宁二年）（895）等。

另外，部分咏事类试律诗诗题所关涉的是唐朝当时的军事事件，如白居易的《太社观献捷》、失名的《观剑南献捷》、张随的《河中献捷》等。

还有一些唐代试律诗诗题通过阐述历史事件或历史人物借古讽今，如薛存诚的《闻击壤》、许尧佐的《石季伦金谷园》（贞元六年）（790）、吴秘的《吴宫教战》以及白行简的《李太尉重阳日得苏属国书》《夫子鼓琴得其人》等。

另有一些唐代试律诗诗题以神仙道教传说中的故事为关注中心，如魏璀的《湘灵鼓瑟》（天宝十年）（751）、厉玄的《缑山月夜闻王子晋吹笙》（大和二年）（828）等。

第四类为典故类试律诗诗题，在现存的唐代试律诗诗题中，典故类试律诗诗题共181例，占试律诗诗题总数的61%。典故类试律诗诗题来源极广，经、史、子、集皆有涉及。其中与《文选》有关的典故类试律诗诗题为数最多，共73例，占典故类唐代试律诗诗题总数的40%，可见《文选》在唐代文学及科举中的地位是极其重要的。

源自《文选》的唐代试律诗诗题多袭用前人诗句，如薛存诚的《膏泽多丰年》来源于三国曹植《赠徐干诗》"良田无晚岁，膏泽多丰年"一句；郑裔的《好鸟鸣高枝》来源于三国曹植《公宴诗》"潜鱼跃清波，好鸟鸣高枝"一句；裴杞等的《风光草际浮》（贞元九年）（793）来源于南朝谢朓《和徐都曹诗》"日华川上动，风光草际浮"一句；窦洵直等的《鸟散余花落》，为长庆元年（821）重试诗题，来源于南朝谢朓《游东田诗》"鱼戏新荷动，鸟散余花落"一句。此类唐代试律诗诗题还有吕牧的《泾渭扬清浊》、丁泽的《良田无晚岁》、石殷士的《日华川上动》、张仲素的《玉绳低建章》、陈九流的《春风扇微和》（贞元十年）（794）、樊阳源的《风动万年枝》（贞元十八年）（802）、白行简的《春色满皇州》（元和十年）（815）、陈昌言的《白日丽江皋》、纥干讽的《新阳改故阴》、失名的《空水共澄鲜》、李体仁的《飞鸿响远音》、温庭筠的《原隰荑绿柳》、阙名的《晨光动翠华》、王维的《秋日悬清光》、许康佐的《日暮碧云合》、失名的《日暮山河清》、熊孺登的《日暮天无云》（咸通十三年）（872）、孙顾的《清露被皋兰》、吴丹的《玉水记方流》、王维的《清如玉壶冰》、张友正的《锦带佩吴钩》、罗隐的《秋风生桂枝》等。

有些唐代试律诗诗题是对《文选》中诗句的化用，如失名的《落日山照耀》是对东晋谢灵运《七里濑诗》中"石浅水潺潺，日落山照耀"一句的化用；蒋防的《日暖万年枝》是对南朝谢朓《直中书省诗》中"风动万年枝，日华承露掌"一句的化用。

还有一些唐代试律诗诗题不是来自《文选》的正文而是源自李善等的注，如朱余庆等的《晦日同志昆明池泛舟》源自东汉班固《两都赋》李善注，徐仁嗣的《天骥呈材》（咸通三年）（862）源自西晋张协《七命》李善注，失名的《骊龙》源自西晋左思《吴都赋》刘逵注。在唐代试律诗的诗题中，这类诗题还有童翰卿的《昆明池石织女》、林藻的《青云干吕》（贞元七年）（791）、陈讽的《冬日可爱》（贞元十年）（794）、张籍的《夏日可畏》、郑述诚的《华林园早梅》、张聿的《清风戒寒》、张仲素的《夜闻洛滨吹笙》、厉玄的《缑山月夜闻王子晋吹笙》（大和二年）（828）、裴元的《律中应钟》等。

另外，唐代试律诗诗题在《文选》中有不止一个来源，如康翃仁的《鲛人潜织》出自西晋左思《吴都赋》刘逵注和西晋木华《海赋》李善注，郑昉的《人不易知》出自西晋陆机《乐府十七首·君子行》李善注和三国魏潘岳《马汧督诔》李善注。

一些唐代试律诗诗题除了在《文选》中有出处外，还有其他来源，如厉玄等的《缑山月夜闻王子晋吹笙》（大和二年）（828）除了出自《文选·何劭〈游仙诗〉》李善注外，还出自旧题西汉·刘向《列仙传》。《列仙传》载："王子乔者，周灵王太子晋也。好吹笙，作凤凰鸣。游伊、洛之间，道士浮丘公接以上嵩高山。三十馀年，后求之于山上，见柏良曰：'告我家，七月七日待我于缑氏山巅。'至时，果乘白鹤驻山头，望之不得到。举手谢时人，数日而去。"❶

典故类唐代试律诗诗题出自《礼记》的特别多，特别是《礼记·月令》篇，来源于此篇的诗题多达10例，有王季则的《鱼上冰》、马戴的《府试水始冰》、裴元的《律中应钟》、张籍的《汴（徐）州反舌无声》、张何的《织鸟》、张濯的《迎春东郊》（上元二年）（675）、皇甫冉的《东郊迎春》（天宝十五年）（756）、鲍溶的《荐冰》（元和四年）（809）、徐黄的《东风解冻》（乾宁元年）（894）、徐敞的《虹藏不见》等。本书第二章对此将有专门探讨，此不赘述。

需要明确的是，因为部分唐代试律诗诗题有时集写景、咏物、咏事、典故诸要素的一种或几种于一身，所以在对唐代试律诗诗题进行归类时，难免出现两属或多属的现象，如徐黄的《东风解冻》（乾宁元年）（894）既属写景类试律诗诗题又属典故类试律诗诗题，许尧佐的《石季伦金谷园》（贞元六年）（790）既属咏物类试律诗诗题又属典故类试律诗诗题，陈至的《芙蓉出水》既属写景类试律诗诗题又属咏物类试律诗诗题等。

（二）唐代试律诗正文

从诗歌正文的体式看，唐代试律诗多以五言六韵十二句的排律为主，共六十字。在《文苑英华》（卷一八〇至卷一八九）和《全唐诗》中所辑录的两部分共491首（因诗题《龟负图》缺诗两首，所以实有唐代试律诗总数应为489首）唐代试律诗中，五言四韵排律9首，五言八韵排律12首，其余468首唐代试律诗则均为五言六韵的排律，此类排律占唐代试律诗总数的96%。

❶（西汉）刘向撰.列仙传[M].明正统道藏本.

五言六韵为唐代试律诗的常式,而八韵、四韵等形式偶尔为之。清代毛奇龄《唐人试帖》卷一在潘炎《玉壶冰》诗下解释云:"试帖限六韵,偶有八韵者,一是主司所限,如《玄元皇帝应见》帖,举子皆八韵,则官限韵也。一是举子自增,如此诗八韵,王季友诗仍六韵,《迎春东郊》帖张濯八韵,王绰仍六韵,则举子自增者也,但韵虽自增而韵则同用题字。此并题韵亦各用,则不可考耳。"❶毛奇龄所说的《玄元皇帝应见》诗,实际上就是《文苑英华》(卷一八〇)所收录的《玄元皇帝应见贺圣祚无疆》诗。《文苑英华》共收录这一同题试律诗三首,如下所示。

玄元皇帝应见贺圣祚无疆 ❷
殷寅

应历生周日,复兹秦岭上,更似霍山前。昔赞神功启,今符圣祚延。已题金简字,仍访玉堂仙。睿祖光元始,曾孙体又玄。言因六梦接,庆叶九龄传。北阙心超矣,南山寿固然。无由同拜庆,窃抃贺陶甄。

玄元皇帝应见贺圣祚无疆 ❸
李岑

皇纲归有道,帝系祖玄元。运表南山祚,神通北极尊。大同齐日月,兴废应乾坤。圣后趋庭礼,宗臣稽首言。千官欣肆觐,万国贺深恩。锡宴云天接,飞声雷地喧。祥云飞紫阁,喜气绕皇轩。未预承天命,空勤望帝门。

玄元皇帝应见贺圣祚无疆 ❹
赵铎

圣主今司禊,神功格上玄。岂唯求傅野,更有叶钧天。审梦西山下,焚香北阙前。道光尊圣日,福应集灵年。咫尺真容近,巍峨大象悬。觞从百寮献,形为万方传。声教唯皇矣,英威固邈然。惭无美周颂,徒上祝尧篇。

三首试律诗均为五言八韵十六句排律,八韵限韵显然为知贡举者所定。

毛奇龄所言的试律诗《迎春东郊》,在《文苑英华》中共被收录了两首:

---

❶ 薛亚军.唐代试律研究[M].中国戏剧出版社,2010:54

❷ (北宋)李昉编.文苑英华[M].明刻本.

❸ 同上。

❹ 同上。

迎春东郊 ❶

张濯

颛顼时初谢，句芒令复陈。飞灰将应节，宾日已知春。考历明三统，迎祥受万人。衣冠宵执玉，坛墠晓清尘。肃穆来东道，回环拱北辰。仗前花待发，旗处柳疑新。云敛黄山际，冰开素浐滨。圣朝多庆赏，希为荐沉沦。

迎春东郊 ❷

王绰

玉管潜移律，东郊始报春。銮舆应宝运，天仗出佳辰。睿泽光时辈，恩辉及物新。虬螭动旌旆，烟景入城闉。御柳初含色（类诗作摇日），龙池渐启津。谁怜在阴者，得与蛰虫伸。

　　两首试律诗均以题中"春"字为韵，其中张濯诗韵脚字为：陈（真韵）、春（谆韵）、人（真韵）、尘（真韵）、辰（真韵）、新（真韵）、滨（真韵）、沦（谆韵），王绰诗韵脚字为：春（谆韵）、辰（真韵）、新（真韵）、闉（真韵）、津（真韵）、伸（真韵），真谆两韵可同用。在体式上，两首试律诗的差别仅为字数的多少，而张濯诗之所以是八韵就是因个人增韵造成的。

　　在唐代科举考试中，有时会出现四韵或少于四韵的试律诗，这种情况是由以上两种原因之一造成的。例如，贞元十四年（798）进士科考试诗题《青出蓝》，题目规定"题中用韵，限四十字成。"❸《文苑英华》（卷一八九）所收录的王季文、吕温同题诗《青出蓝》就皆为五言四韵：

青出蓝 ❹

王季文

芳蓝滋匹帛，人力半天经。浸润加新气，光辉胜本青。还同冰出水，不共草为萤。翻覆依襟上，偏知造化灵。

青出蓝 ❺

吕温

物有无穷好，蓝青更（集作又）出青。朱研未比德，白受始成形。袍袗宜从政，衿垂可问经。当年（集作时）不采撷，作色几飘零。

---

❶ （北宋）李昉编．文苑英华 [M]．明刻本．
❷ 同上。
❸ 同上。
❹ 同上。
❺ 同上。

由应试举子自减字数而少于六韵的唐代试律诗作品，有开元十三年（725）祖咏以省试诗题《雪霁望终南山》所做的诗。题目要求是五言六韵六十字成，但祖咏却仅作诗四句，且言"意"尽。可能正是由于此，《文苑英华》就没有将其归入试律诗的范畴，没作收入。现补录于此：

雪霁望终南山 ❶

祖咏

终南阴岭秀，积雪浮云端。林表明霁色，城中增暮寒。

关于唐代试律诗的具体限韵方式，现存文献未有详细记载。但是，通过对《文苑英华》（卷一八〇至卷一八九）和《全唐诗》中辑录出的两部分共491首（因诗题《龟负图》缺诗两首，所以实有唐代试律诗总数应为489首）唐代试律诗韵脚使用情况的分析看，唐代试律诗的用韵方式可分为以下几种类型。

一是任选题中一字为韵。例如，天宝十年（751）的试律诗《湘灵鼓瑟》一题，钱起、魏璀、陈季用"灵"字所在的青韵，而庄若讷、王邕则选用了"湘"字所在的阳韵；大历二年（767）的试律诗《长至日上公献寿诗》一题，张叔良用"长"字所在的阳、唐韵，李竦用"长"字所在的阳韵，而崔琮则用了"公"字所在的东韵；大历十四年（779）的试律诗《花发上林苑》一题，王储用"花"字所在的麻韵，而周渭、窦常、王表则选用了"林"字所在的侵韵。

二是必须以题中某字为韵。例如，贞元七年（791）的试律诗《青云干吕》一题，林藻、令狐楚、王履贞、彭伉等均用"云"字所在的文韵；贞元八年（792）的试律诗《御沟新柳》一题，贾稜、陈羽、欧阳詹、冯宿、李观、刘遵古等均用"新"字所在的真韵，另外他们还采用了题字以外"春"字所在的谆韵，真谆同用。

三是限用题中某字所归属的韵部，而不必用题中之字。例如，贞元十九年（803）的试律诗《贡举人谒先师闻雅乐诗》一题，吕炅采用了"师"字所属的脂韵以及与脂韵可同用的支和之韵，但诗中未直接出现"师"字；试律诗《古木卧平沙》一题，王泠然用了"沙"字所在的麻韵，而诗中未直接出现"沙"字。

四是限用题外某字为韵。在《文苑英华》所收录的试律诗中，明确标注限用题外某字为韵的仅有两例：一是《玉烛》一题，注明用"平"字；一是《太社观献捷》一题，注明"以功字为韵"。另外，如大历十二年（777）的试律诗《小苑春望宫池柳色》一题，张昔、黎逢、丁位、元友直、杨系、杨凌、崔绩、裴达、张季略、沈回等十位应试者均选用了"晴"字所在的清韵（还用了庚、耕韵，庚耕清同用）。因此，此题也应为限用题外某字为韵的例子。

第五种唐代试律诗的限韵方式应该是唐代科举考试中所特有的，即士子可选用除了试

---

❶（清）曹寅，彭定求编.全唐诗[M].清文渊阁四库全书本.

律诗诗题用字所属韵部之外的任意韵部作诗。从某种意义上讲，此种限韵方式是没有限韵的限韵方式。例如，大中八年（854）的试律诗《振振鹭》一题，李频用了寒、桓韵（寒桓同用）而未用"振"字所属的真韵或"鹭"字所属的模韵；大历九年（774）进士科上都试的试律诗《元日望含元殿御扇开合》一题，张莒用了文韵而未用诗题中逐字各自所属的韵部。

第二节　用典略说

一、典故

　　"典故"一词最早指典制和掌故，始见于《后汉书·东平宪王苍传》："臣闻贵有常尊，贱有等威，卑高列序上，上下以理。陛下至德广施，慈爱骨肉，既赐奉朝请，咫尺天仪，而亲屈至尊，降礼下臣，每赐宴见，辄兴席改容，中宫亲拜，事过典故。"❶至于修辞学上所指的"典故"一词，据张覆祥考证最早出自清代昭梿《啸亭杂录·大戏节戏》："其时典故，如屈子竞渡、子安题图诸事，无不入谱。"❷修辞学上的"典故"一词是由"典制和掌故"引申发展而来的，指古代的故事和成辞。现代修辞学意义上的"用典"在南北朝时多被称为"用事"或"事类"，如南朝钟嵘《诗品·序》："一品之中，略以世代为先后，不以优劣为诠次。又其人既往，其文克定；今所寓言，不录存者。夫属词比事，乃为通谈。若乃经国文府，应资博古；撰德驳奏，宜穷往烈。至乎吟咏性情，亦何贵于用事？'思君如流水'既是即目；'高台多悲风'亦惟所见；'清晨登陇首'，羌无故实；'明月照积雪'讵出经史。观古今胜语，多非补假，皆由直寻。"钟嵘将"用典"称为"用事"。❸南朝刘勰《文心雕龙·事类》："事类者，盖文章之外，据事以类义，援古以证今者也。"❹刘勰所说"事类"即为"用典"。

　　何为"典故"？《辞源》《辞海》《汉语大词典》等大型辞书对其均有解释，现摘录如下。

　　《辞源》:【典故】常例、典制和掌故，诗文中引用的古代故事和有来历出处的词语。❺
　　《辞海》:【典故】1.典制和掌故；
　　2.诗词文中引用的古代故事和有来历出处的词语。❻

---

❶ （南朝宋）范晔撰，（唐）李贤注.后汉书 [M].百衲本景宋绍熙刻本.
❷ （清）昭梿撰.啸亭杂录 [M].清钞本.
❸ （南朝梁）钟嵘撰.诗品 [M].明夷门广牍本.
❹ （南朝梁）刘勰撰.文心雕龙 [M].四部丛刊景明嘉靖刊本.
❺ 何九盈，王宁，董琨.辞源 [M].北京：商务印书馆，1979：318.
❻ 夏征农，陈至立.辞海 [M].上海：上海辞书出版社，1979：666.

《汉语大词典》:【典故】1. 典制和成例;

2. 诗文中引用的古代故事和有来历出处的词语。❶

本文所研究的"典故"指三部辞书"典故"解释当中的第二种,即诗文中引用的古代故事和有来历出处的词语。例如:

清明日赐百僚新火 ❷
韩滉

朱(一作玉)骑传红烛,天厨赐近臣。火随黄道见,烟绕白榆新。荣耀分他日(一作室),恩光共此辰。更调金鼎味(一作膳),还暖玉堂人。灼灼千门晓,辉辉万井春。应怜萤聚夜,瞻望及东邻。

本首唐代试律诗共选用了四例典故,即"天厨""玉堂""聚萤"和"东邻"。其中典故"天厨"和"玉堂"为引用有来历出处的词语。典故"天厨",源于东汉班固《汉武帝内传》:"王母自设天厨,真妙非常,丰珍上果,芳华百味,紫芝菱蕤,芬芳填樏,清香之酒,非地上所有,香气殊绝,帝不能名也。"❸后引申指皇帝的庖厨。典故"玉堂",源于《史记·孝武本纪》:"于是作建章宫,度为千门万户。前殿度高未央。其东则凤阙,高二十余丈。其西则唐中,数十里虎圈。其北治大池,渐台高二十余丈,名曰泰液池,中有蓬莱、方丈、瀛洲、壶梁,象海中神山龟鱼之属。其南有玉堂、壁门、大鸟之属。乃立神明台,井幹楼,度五十余丈,辇道相属焉。"❹后来为宫殿的美称,代指宫殿。典故"聚萤"和"东邻"为引用古代的故事。典故"聚萤",源于《晋书·车胤传》:"胤恭勤不倦,博学多通。家贫不常得油,夏月则练囊盛数十萤火以照书,以夜继日焉。"❺后遂常以"聚萤"喻指不畏艰辛,刻苦求学。典故"东邻",源于西汉刘向《列女传》:"齐女徐吾者,齐东海上贫妇人也。与邻妇李吾之属会烛,相从夜绩。徐吾最贫,而烛数不属。李吾谓其属曰:'徐吾烛数不属,请无与夜也。'徐吾曰:'是何言与? 妾以贫烛不属之故,起常早,息常后,洒埽陈席,以待来者。自与蔽薄,坐常处下。凡为贫烛不属故也。夫一室之中,益一人,烛不为暗,损一人,烛不为明,何爱东壁之余光,不使贫妾得蒙见哀之? 恩长为妾役之事,使诸君常有惠施于妾,不亦可乎! '李吾莫能应,遂复与夜,终无后言。"❻后喻指生活困苦。

❶ 罗竹风. 汉语大词典 [M]. 上海: 汉语大词典出版社, 1988: 114.

❷ (北宋) 李昉编. 文苑英华 [M]. 明刻本.

❸ (北宋) 李昉编. 太平广记 [M]. 民国影印明嘉靖谈恺刻本.

❹ (西汉) 司马迁撰, (南朝宋) 裴骃集解, (唐) 司马贞索隐, (唐) 张守节正义. 史记 [M]. 清乾隆武英殿刻本.

❺ (唐) 房玄龄撰. 晋书 [M]. 清乾隆武英殿刻本.

❻ (西汉) 刘向. 列女传 [M]. 四部丛刊景明本.

我国的传统文化源远流长，典籍浩如烟海，记录了大量的历史故事、寓言故事、神话传说、俗谚俚语和名言警句等，这些为历代文人从事诗文创作时大量用典提供了坚实的语料基础，满足了他们长期以来追求的婉转曲折、委婉含蓄、语言精练的创作审美要求。

二、典故的认定标准

作为汉语词汇中一个特殊组成部分，典故具有自身的特点和特定的认定标准。人们从三个方面判定一个语用单位是否为典故。

第一，无论事典还是语典都必须有来历、有出处。这是典故的首要特征。对于典故而言，来历和出处就是典故的典源，记录典源的文献就是典源文献。典源是构成典故的必备条件。典源不但影响典故的构成，而且对典故的意义具有制约作用。例如：

观庆云图 ❶

柳宗元

设色既成象，卿云示国都。九天开秘祉，百辟赞嘉谟。抱日依龙衮，非烟近御炉。高标连汗漫，迥望接虚无。裂素荣光发，舒华瑞色敷。恒将配尧德，垂庆代河图。

柳宗元的这首试律诗《观〈庆云图〉》（贞元六年）（790）共选用了四个典故，分别是"卿云""龙衮""尧德""河图"。这四个典故均有来历和出处，如典故"卿云"，始见于《史记·天官书》："若烟非烟，若云非云，郁郁纷纷，萧索轮囷，是谓卿云。卿云，喜气也。" ❷可见，典故"卿云"的典面直接取自典源，其所表示的"祥瑞、吉祥的象征"之义也脱胎于典源，而《史记·天官书》是其典源文献。典故"龙衮"始见于《礼记·礼器》："礼有以文为贵者，天子龙衮，诸侯黼，大夫黻，士玄衣纁裳。" ❸古代帝王的朝服上都绣有龙纹，因此唐诗中常以"龙衮"作为皇帝的代称。例如，唐舒元舆的五言诗《八月五日中部官舍读唐历天宝已来追怆故事》"万国哭龙衮，悲思动蛮貊" ❹一句，即是以"龙衮"代指皇帝。可见"龙衮"的典面和典义均与典源有密切的关系。柳诗的另外两例典故"尧德"和"河图"均出典于《周易·系辞上》，它们的典面和典义也均受典源的影响和制约。

第二，语用单位要成为典故，还必须被其后来的作品所引用，只有其后来作品为了抒情达意或修辞的需要对其进行了引用，其才成为典故。这是典故另外一个本质特征。如果作品中所引用的历史故事、历史人物、寓言传说、精言妙语等只是为了对它们进行叙述、

---

❶（北宋）李昉编.文苑英华[M].明刻本.

❷（西汉）司马迁撰，（南朝宋）裴骃集解，（唐）司马贞索隐，（唐）张守节正义.史记[M].清乾隆武英殿刻本.

❸（东汉）郑玄注，（唐）陆德明音义.礼记[M].四部丛刊景宋本.

❹（清）曹寅，彭定求编.全唐诗[M].清文渊阁四库全书本.

介绍或评价，而并不是为了满足引用者的抒情达意或语句篇章的修辞需要，那就不是用典，所引用的语用单位也就不是典故。例如，讲述"三十六计"时提到的"围魏救赵""暗度陈仓""假道伐虢""空城计""反间计"等，评价历史人物时所提及的"尧帝""孔子""屈原""司马相如""卓文君""何逊"等，这样的叙述和引用都不是用典，这些语用单位也不是典故。但是，一旦有来历出处的语用单位被引用者用来表情达意或满足语句篇章的修辞需要，那么这时的语用行为就成了用典，这些被选用的语用单位就成了典故。

府试雨夜帝里闻猿声 ❶
吴融

雨滴秦中夜，猿闻峡外声。已吟何逊恨，还赋屈平情。暗逐哀鸿泪，遥含禁漏清。直疑游万里，不觉在重城。霎霎侵灯乱，啾啾入梦惊。明朝临晓镜，别有鬓丝生。

例如，吴融的这首试律诗《府试雨夜帝里闻猿声》共用了两例典故，即"何逊恨"和"屈平情"。典故"何逊恨"，源于南朝何逊《临行与故游夜别》："历稔共追随，一旦辞群匹。复如东注水，未有西归日。夜雨滴空阶，晓灯暗离室。相悲各罢酒，何时同促膝。"❷何诗表达了雨夜伤别之情，试律诗作者吴融引用典故"何逊恨"喻指夜雨滴阶给人增添的浓浓愁绪。典故"屈平情"，源于《史记·屈原贾生列传》："屈原者，名平，楚之同姓也。""为楚怀王左徒。""顷襄王怒而迁之。""屈平至于江滨，被发行吟泽畔。颜色憔悴，形容枯槁。渔父见而闻之曰：'子非三闾大夫欤？何故而至此？'"❸屈原曾任楚国左徒，三闾大夫，爱国刚直，敢于直谏，后受谗被逐，投汨罗江而死。吴融此处选用"屈平情"之典就是为了喻指悲凉伤感之情，进而达到抒情言志的目的。

第三，典故在被选用时，用典者所要表达的意义或所要达到的某种修辞效果应该与典故典源的语境意义或修辞效果存在一定的联系。其中，意义上的联系最为重要。典故使用者用典时所要表达的语用意义，一般应为典故在典源语言环境的基础上推衍出来的某些特定意义，可以为其引申义、比喻义或代指义。

闰月定四时 ❹
许稷

玉律穷三纪，推为积闰期。月余因妙算，岁遍自成时。乍觉年华改，翻怜物候迟。六旬知不惑，四气本无欺。月桂亏还正，阶蓂落复滋。从斯分历象，共仰定毫厘。

---

❶ （清）曹寅，彭定求编.全唐诗 [M].清文渊阁四库全书本.

❷ （北宋）李昉编.文苑英华 [M].明刻本.

❸ （西汉）司马迁撰，（南朝宋）裴骃集解，（唐）司马贞索隐，（唐）张守节正义.史记 [M].清乾隆武英殿刻本.

❹ （北宋）李昉编.文苑英华 [M].明刻本.

例如，许稷的这首试律诗《闰月定四时》（贞元十七年）（801）共选用两例典故，即"月桂"和"阶蓂"。典故"月桂"，出典于东晋虞喜《安天论》："俗传月中仙人桂树，今视其初生，见仙人之足渐已成形，桂树后生焉。"●古时传说，月亮中有仙人桂树，后因用作咏月的典故，也常与"折桂"典并用，借以咏科举及第。许稷所用的就是"月桂"典故代指"月亮"，以达到典雅的修辞效果。典故"阶蓂"，出典于古本《竹书纪年》："（帝尧）在位七十年……又有草荚阶而生，月朔始生一荚，月半而生十五荚，十六日以后日落一荚，及晦而尽，月小则一荚焦而不落，名曰'蓂荚'，一曰'历荚'。"●"阶蓂"原指古代传说中尧时生长的一种草，可据以记日，被视为祥瑞之兆。后世用作日历的代称，也用作歌颂帝王之德的典故。作者许稷在《闰月定四时》中选用"阶蓂"这一典故，既是对日历的代称，更是含蓄地表达了作者对当时唐朝帝王的颂扬之情。

三、典故的类别

关于典故的分类，学界一直有不同观点，如王光汉和亓文香都把典故分为三类，但他们各自分类的具体称名和所指又略有不同。王光汉云："笔者以为典故大致可分为三类：一类是事典，一类是语典，还有一类是部分有确切源头可考的典制词语。"●亓文香说："典故分为事典、语典和名典三类。"●作者并解释说："名典就是由历史中的人名、字号、地名、官职名、作品名、制度名、事物名、称谓名等一切名物范畴形成的典故。"●

人们根据唐代试律诗用典的实际情况，并结合典故分类的传统，仍将典故分为事典和语典两种。事典是指被引用的前代典籍所记录的历史事件、寓言故事、神话传说或名人逸事等。

璧池望秋月●

张子容

凉夜窥清沼，池空水月秋。满轮沉玉镜，半魄落银钩。蟾影摇轻浪，菱花渡浅流。漏移光渐洁，云敛色偏浮。似璧悲三献，疑珠怯再投。能持千里意，来照楚乡愁。

例如，张子容的这首试律诗《璧池望秋月》共选用了三例典故，即"三献""疑珠怯再投"（化用"明珠暗投"典）和"楚乡愁"。其中，典故"三献"和"楚乡愁"均为事典。典故"三献"，出典于《韩非子·和氏》："楚人和氏得玉璞楚山中，奉而献之厉王。厉王

● （唐）徐坚编．初学记[M]．清光绪孔氏三十三万卷堂本．

● （清）陈逢衡撰．竹书纪年集证[M]．清嘉庆襄露轩刻本．

● 王光汉．论典故词的词义特征[J]．古汉语研究，1997．

● 亓文香．汉语典故词语研究[D]．山东：山东大学，2008．

● 亓文香．汉语典故词语研究[D]．山东：山东大学，2008．

● （北宋）李昉编．文苑英华[M]．明刻本．

使玉人相之，玉人曰：'石也。'王以和为诳，而刖其左足。及厉王薨，武王即位，和又奉其璞而献之武王。武王使玉人相之，又曰：'石也。'王又以和为诳，而刖其右足。武王薨，文王即位，和乃抱其璞而哭于楚山之下，三日三夜，泣尽而继之以血。王闻之，使人问其故，曰：'天下之刖者多矣，子奚哭之悲也？'王乃使玉人理其璞而得宝焉，遂命曰'和氏之璧'。"❶后世将其用作表怀才不遇的典故。典故"楚乡愁"，出典于《史记·屈原贾生列传》："屈原者，名平，楚之同姓也。""为楚怀王左徒。""顷襄王怒而迁之。""屈平至于江滨，被发行吟泽畔。颜色憔悴，形容枯槁。渔父见而闻之曰：'子非三闾大夫欤？何故而至此？'"❷后世以此典喻指悲凉伤感之情。

　　语典是指被引用的从典源文献中摘取的语用单位，可以是词、短语，也可以是句子。摘取方式可以是直取，也可以是化用。

立春日晓望三素云 ❸

陈师穆

　　晴晓初（疑）春日，高心望素云。彩光浮玉辇，紫气隐元君。缥缈中天去，逍遥上界分。鸾骖攀不及，仙吹远难闻。礼候于斯睹，明循（二字疑）在解纷。人归悬想处，霞色自氛氲。

　　例如，陈师穆的这首试律诗《立春日晓望三素云》共用典三例，即"素云""元君"和"解纷"，三个典故均为语典。其中"素云"是典故"三素云"化用，此典源于《黄庭内景经》："四气所合，列宿分，紫烟上下三素云。"❹《注》："三素者，紫素、白素、黄素也。"道家称紫、白、黄三色云为三素云，诗词中常用作咏神仙、道士的典故。"元君"是对典故"三元君"之化用。道教认为元始天尊居玉清天之三元宫，因称其为三元君，此典源于《修真入道秘言》："立春日清朝，北望有紫、绿、白云者，为三元君三素飞云也。"❺"解纷"出典于《老子》："挫其锐，解其纷，和其光，同其尘，是谓玄同。"❻喻指排解纷乱，排解纠纷。

---

❶ （春秋战国）韩非撰 . 韩非子 [M]. 四部丛刊景清景宋抄校本 .

❷ （西汉）司马迁撰，（南朝宋）裴骃集解，（唐）司马贞索隐，（唐）张守节正义 . 史记 [M]. 清乾隆武英殿刻本 .

❸ （北宋）李昉编 . 文苑英华 [M]. 明刻本 .

❹ （清）吴士玉撰 . 骈字类编 [M]. 清文渊阁四库全书本 .

❺ （南宋）高似孙撰 . 纬略 [M]. 清刻守山阁丛书本 .

❻ （春秋战国）老聃撰，（三国魏）王弼注 . 道德真经注 [M]. 古逸丛书景唐写本 .

四、典源和典源文献

（一）典源

典源就是典故的最早出处，是典故最早脱胎的故事、传说或语句。典源是典故赖以存在的前提和基础。一个典故一般只有一个典源，偶尔也会出现一典多源的情况。

弄清典源对准确理解典故的意义十分重要，因为典故所表达的意义与典源的关系极为密切。另外，从典面的角度看，无论典故的典面怎样构成，其文字及内部语法结构一般都会与典源存在这样或那样关系。

奉诏涨曲江池 ❶

郑谷

王泽尚通津，恩波此日新。深疑一夜雨，宛似五湖春。泛滟翘振鹭，澄清跃紫鳞。翠低孤屿柳，香失半汀蘋。凤辇寻佳境，龙舟命近臣。桂花如入手，愿作从游人。

例如，郑谷的这首试律诗《奉诏涨曲江池》共用两例典故，即"振鹭"和"桂华"。其中"振鹭"典源为《诗经·周颂·振鹭》："振鹭于飞，于彼西雝。我客戾止，亦有斯容。"❷《诗经·振鹭》以群飞的白鹭比拟客人的仪容之美，后以振鹭喻指有高洁操守的贤士。典面"振鹭"就是直接取自典源。典故"桂华"，源为《晋书·郤诜传》："（郤诜）以对策上第，拜议郎。……累迁雍州刺史。武帝于东堂会送，问诜曰：'卿自以为何如？'诜对曰：'臣举贤良对策，为天下第一，犹桂林之一枝，昆山之片玉。'帝笑。"❸晋郤诜因贤良对策中上第，并自喻为"桂林之一枝"，后因用作科举中第的典故。典面"桂华"由典源核心字"桂"另加"华"字构成。

（二）典源文献

典源文献就是最初出现典源的文献，即最早对典源予以记录的文献，如典故"振鹭"的典源文献为《诗经》、典故"桂华"的典源文献为《晋书》、典故"素云"的典源文献为《黄庭内景经》等。通常情况下，一个典源只有一个典源文献。

五、用典和典面

（一）用典

用典是修辞方式的一种，指借用典故表情达意，是一个动态运用典故的过程。刘勰在《文心雕龙》里将"用典"称为"事类"或"用事"："事类者，盖文章之外，据事以

---

❶ （北宋）李昉编.文苑英华 [M].明刻本.

❷ （西汉）毛亨传，（东汉）郑玄笺，（唐）陆德明音义.毛诗 [M].四部丛刊景宋本.

❸ （唐）房玄龄撰.晋书 [M].清乾隆武英殿刻本.

类义，援古以证今者也。"●"用事如斯，可称理得而义要矣。故事得其要，虽小成绩，譬寸辖制轮，尺枢运关也。"❷赵克勤（1983）在《古汉语修辞简论》中首次将"用典"作为修辞格名。罗积勇师在其《用典研究》中沿用了这个名称，并解释曰："为了一定的修辞目的，在自己的言语作品中明引或暗引古代故事或有来历的现成话，这种修辞手法就是用典。"❸文中分别从用典的显与隐、用典的言与事、用典的语义关照、用典的功用显现、用典的寡与多、用典的修辞效果等多个角度全面而系统地对用典进行了研究。

（二）典面

典面就是典故的语用形式，即用典者为了表情达意或满足特定修辞目的将典故用于文章或话语中的语词表现形式。例如，《左传·闵公二年》载："冬十二月，狄人伐卫。卫懿公好鹤，鹤有乘轩者。将战，国人受甲者皆曰：'使鹤！鹤实有禄位，余焉能战？'"❹对于这一典故，沈佺期《移禁司刑》诗："宠迈乘轩鹤，荣过食稻凫"选用词语"乘轩鹤"引用；刘筠《受诏修书述怀感事二十韵》诗："乘轩思卫鹤，努力效刘驴"选用词语"卫鹤"引用；韩愈《醉赠张秘书》诗："张籍学古淡，轩鹤避鸡群"选用词语"轩鹤"引用；刘兼《江岸独步》诗："龟能顾印谁相重，鹤偶乘轩自可轻"选用词语"鹤乘轩"引用；孔德绍《赋得华亭鹤》诗："华亭失侣鹤，乘轩宠遂终"选用词语"乘轩宠"引用。因此，可以说《左传》所载这一典故有"乘轩鹤""卫鹤""轩鹤""鹤乘轩""乘轩宠"等多个典面。

第三节　唐代试律诗研究现状

以时间为序，关于唐代试律诗的整理与研究，可分为三个时期。

第一个时期为清及清代以前。这一时期对唐代试律诗的相关研究多散见于正史、会要、政书、诗话、类书和笔记中。概括而言，这一时期的研究成果主要表现在以下几个方面。

首先，这一时期多是对唐代科举试诗制度的记载、考述和评价，如《通典》卷一五《选举三》❺、《唐会要》卷七五至七七《贡举》❻、《册府元龟》卷六三九至六五一《贡举部》❼、

---

❶ （南朝梁）刘勰撰．文心雕龙 [M]．四部丛刊景明嘉靖刊本．

❷ 同上

❸ 罗积勇著．用典研究 [M]．武汉：武汉大学出版社，2005．

❹ （春秋战国）左丘明撰，（西晋）杜预注，（唐）孔颖达疏．春秋左传 [M]．清嘉庆二十年南昌府学重刊宋本十三经注疏本．

❺ （唐）杜佑撰．通典 [M]．清武英殿刻本．

❻ （北宋）王溥撰．唐会要 [M]．清乾隆武英殿聚珍版丛书本．

❼ （北宋）王钦若编．册府元龟 [M]．明刻初印本．

《新唐书》卷四四至四五《选举志》❶、《文献通考》卷二九《选举二》❷和《唐摭言》❸等。它们对唐代科举及试诗制度均作了十分详细的记载与评价，为研究唐代科举制度和唐代试律诗提供了宝贵的文献资料。例如，根据这些文献的记载就可以对唐代初期进士科的具体考试内容作一些了解。《唐摭言》卷一《试杂文》："进士科与隽、秀同源异派，所试皆答策而已。两汉之制，有射策、对策二义者何射者，谓列策于几案，贡人以矢投之，随所中而对之也。对则明以策问授其人而观其臧否也。如公孙宏、董仲舒，皆由此而进者也。有唐自高祖至高宗，靡不率由旧章。"❹《通典》卷一五《选举三》："自是士族所趋向，唯明经、进士二科而已。其初止试策，贞观八年（634），诏加进士试读经 中一部。"❺《唐会要》卷七六《贡举中》："调露二年（680）四月，刘思立除考功员外郎，先时，进士但试策而已。"❻永隆二年（681）高宗《条流明经进士诏》："如闻明经射策，不读正经，抄撮义条，才有数卷。进士不寻史传，惟读旧策，共相模拟，本无实才。所司考试之日，曾不简练，因循旧例，以分数为限。至于不辩章句，未涉文词者以人数未充，皆听及第。其中亦有明经学业该深者，惟许通六，进士文理华赡者，竟无科甲。铨综艺能，遂无优劣。试官又加颜面，或容假手，更相嘱请，莫惮纠绳。由是侥幸路开，文儒渐废，兴廉举孝，因此失人，简贤任能，无方可致。自今以后，考功试人，明经试帖，取十帖得六已上者，进士试杂文两首，识文律者然后并令试策，乃严加捉搦，必材艺灼然合生高第者，并即依令。其明法、并书算贡举人，亦量准此例，即为常式。"❼以上所引这些材料就说明，进士科在唐高宗永隆年间之前，是以试策为唯一考试内容的，这与开元、天宝年间之后以"诗赋取士"的考试面貌是有很大不同的。

其次，这一时期对唐代试律诗的诗体格式、优劣得失以及唐代以"诗赋取士"与唐诗繁荣之间的关系等问题多有论及。这些成果多见于清代以前的诗话和笔记中，如南宋严羽的《沧浪诗话》、明代杨慎的《升庵诗话》、明代王世贞的《艺苑卮言》以及明代胡震亨的《唐音癸鉴》等。在唐代以"诗赋取士"的考试制度是否对唐诗的繁荣与发展起到积极促进作用的问题上，诗话中就存在着截然相反的两种观点。严羽在其《沧浪诗话》中认为唐诗创作水平之所以高于宋朝，就是因为"唐以诗取士，故多专门之学，我朝之诗所以不及也。"❽而王世贞和杨慎认为科举试诗无益于诗歌的创作，这一考试制度对唐代诗歌的繁荣并无促进作用。王世贞在其《艺苑卮言》中曰："人谓唐以诗取士，故诗特工，非也。凡省试诗类鲜佳者。如钱起《湘灵》之诗，亿不得一；李肱《霓裳》之制万不得

❶ （北宋）欧阳修，宋祁等撰.新唐书[M].清乾隆武英殿刻本.
❷ （元）马端临撰.文献通考[M].清浙江书局本.
❸ （五代）王定保撰.唐摭言[M].清嘉庆学津讨原本.
❹ （五代）王定保撰.唐摭言[M].清嘉庆学津讨原本.
❺ （唐）杜佑撰.通典[M].清武英殿刻本.
❻ （北宋）王溥撰.唐会要[M].清乾隆武英殿聚珍版丛书本.
❼ （北宋）王溥撰.唐会要[M].清乾隆武英殿聚珍版丛书本.
❽ （南宋）严羽撰.沧浪诗话[M].明津逮秘书本.

一。"❶杨慎在其《升庵诗话》"胡唐论诗"条也引胡原学语曰："人有恒言曰：'唐以诗取士，故诗盛；今代以经义选举，故诗衰。'此论非也。诗之盛衰，系于人之才与学，不因上之所取也。汉以射策取士，而苏李之诗，班马之赋出焉，此系于上乎？屈原之《骚》，争光日月，楚岂以骚取人耶？况唐人所取五言八韵之律，今所传省试诗，多不工。今传世者，非省试诗也。"❷但是，从学术层面看，这些对唐代试律诗的评价与论述比较简单，没有系统性，多是随文探讨，不是真正意义上的有关唐代科举或试律诗的学术研究。

最后，这一时期留给人们最多，也是最为珍贵的唐代试律诗研究材料乃是前贤对此类诗歌的收集与整理。例如，北宋李昉编著的《文苑英华》收录了唐代试律诗281题，共460首，现在所能见到的唐代试律诗绝大多数都来源于此。若没有《文苑英华》对唐代试律诗的收集和保存，现在人们对这方面的研究就无从谈起。《文苑英华》对唐代试律诗的保存和研究具有举足轻重的价值和意义。另外，明代也有几部唐代试律诗的选本传世，如吴勉学的《唐省试诗》、失名的《唐科试诗》等，但这些选本在所收诗歌的数量上都远少于《文苑英华》，根本无法与其相媲美。

清朝是这一时期有关唐代试律诗研究的顶峰。受当时科举试诗制度的影响，清一代出现了很多专门的唐代试律诗选本，以备参试士子平时模仿练习。出于同样目的，清朝还出现了许多唐代试律诗笺注本，如臧岳的《应试唐诗类释》，毛奇龄的《唐人试帖》，叶忱、叶栋的《应试唐诗备体》，毛张建的《试体唐诗》、陈訏的《唐省试诗》，王锡侯的《唐诗试帖详解》，郓鹤生、钱人龙的《唐人试帖》以及黄达等人的《唐人试帖纂注》等。清人的这些有关唐代试律诗笺注的成果与前人的研究相比虽少有突破，但它们都从应试作诗的实用角度对试律诗进行了深入且细致的分析和探究。例如，臧岳的《应试唐诗类释》就对试律诗的写作模式进行了详细的总结，认为"试帖有六韵、八韵、四韵、二韵不同。试帖以六韵为主，此唐人定例也。间有用八韵者，一是主司所限，……一是举子自增""押韵有用题字、不用题字、平、仄之不同"。臧本的自身研究体例相当完备，包括解题、附考、音注、质实、疏义、参评和阙疑等七个部分。在篇章次序的编排上，臧本第一次采用了系统的分类法："唐诗之刻，诸本序次题目多以科名之先后、仕宦之早暮为断，兹则分门别类，总分举业家揣摩计耳。其类凡一十有六：曰乾象、曰岁时、曰坤舆、曰人事、曰礼仪、曰音乐、曰文苑、曰武功、曰宫室、曰服御、曰珍宝、曰植木、曰花草、曰飞禽、曰走兽、曰虫鱼。"❸但是，臧本在具体的唐代试律诗研究中有不妥的地方，值得研究者对其加以探究。

清朝纪昀的《唐人试律说》也特别值得人们关注，它以讲解诗法、论述唐代试律诗的写作得失为主要内容。纪昀认为："为试律者，先辨体，题有题意，诗以发之，不但如应制诸诗唯求华美，则襞积之病可免矣。次贵审题，批窾导会，务中理解，则涂饰之病

---

❶ （明）王世贞撰.艺苑卮言[M].明万历十七年武林樵云书舍刻本.

❷ （明）杨慎撰.太史升菴全集[M].清文渊阁四库全书补配清文津阁四库全书本.

❸ （清）臧岳撰.应试唐诗类释[M].三乐斋本.

可免矣。次命意，次布格，次琢句，而终之以炼气炼神。气不炼，则雕镂工丽，仅为土偶之衣冠；神不炼，则意言并尽，兴象不远，虽不失尺寸，犹凡笔也。大抵始于有法，而终于以无法为法；始于用巧，而终于以不巧为巧。此当寝食古人，培养其根柢，陶镕其意境，而后得其神明变化、自在流行之妙，不但求之试律间也。"❶很显然，纪昀这些论述都是较为合理的，在强调从事试律诗创作应注意审题的同时，对具体创作过程中的"命意""布格""琢句""炼气""炼神"都提出了要求，特别强调作诗炼气炼神的重要性。在论及唐代试律诗少有佳作的原因时，纪昀也给出了颇为客观的解释："试律固诗之流也。然必别试律于诗之外，而后合体裁；又必范试律于诗之中，而后有法度格意。顾知诗体者，皆薄视试律，不肯言；言试律者，又往往不知诗体，众说瞀乱，职是故也。"❷

第二个时期，即近现代时期。在这一时期，学界对唐代试律诗的本体研究较少，主要对唐代科举制度与文学繁荣之间的关系问题进行了较为详细的探讨和研究。例如，施子愉的《唐代科举制度与五言诗之关系》（1944）、日本学者铃木虎雄的《唐之考试制度与诗赋》等。他们均就科举制度对唐代文学尤其是对唐诗繁荣的促进作用进行了详尽的阐述与论证，这些成果对后人进一步研究唐代科举及试律诗具有十分重要的意义。

第三个时期，即当代时期。特别是自 20 世纪五六十年代以来，学界对唐代试律诗的研究不断深入，成果也颇为丰硕。就研究成果的形式而言，有公开发表的单篇学术论文，如张浩逊的《唐代省试诗的几个问题》（1999），薛亚军的《唐代省试诗题及其思想文化背景》（2001），池洁的《唐人应试诗题与唐代诗歌审美取向》（2007）、《唐人应试诗题的文化解读》（2007），王群丽的《论唐省试诗命题的特点》（2007）、《唐代省试诗中的"比兴"手法》（2008）、《唐省试诗命题对写作的影响》（2008）、《唐代省试诗研究思路述评》（2010）等。他们分别从不同的角度对唐代试律诗进行了较为深入的研究。这一时期以专著形式出现的有关唐代试律诗的研究成果也有不少，如陆伟然、范震威的《唐代应试诗注释》（1989）、彭国忠的《唐代试律诗》（2006）、薛亚军《唐代试律研究》（2010）等。另外，这一时期出版的一些辞书对唐代试律诗的研究也有所论及，如陈致主编的《中国古代诗词典故辞典》（1991），范之麟、吴庚舜主编的《全唐诗典故辞典》（2001），张文兵主编的《全唐诗鉴赏辞典》（2011）等，它们均对各自所涉及的唐代试律诗进行了赏析和评价。概括而言，这一时期对唐代试律诗的相关研究可以归纳为以下三个方面。

第一，对唐代试律诗相关制度以及这些制度与唐代诗歌繁荣之间关系问题的研究，这方面研究是本时期试律诗研究的主流，相关成果也最多。程千帆和傅璇琮是这方面研究的倡导者。程千帆的《唐代进士行卷与文学》（1980）和傅璇琮的《唐代科举与文学》（2007）对唐代科举试诗的制度、规则、流程以及科举试诗制度对唐诗发展的影响等进行了详细的论述，并一致认为唐代科举试律诗制度对唐诗的发展起到了消极作用。但是，这一时期也有学者认为唐代科举试诗制度对唐代诗歌的繁荣起到了促进作用，如张步云

---

❶ （清）李祖陶辑. 国朝文录 [M].清道光十九年瑞州府凤仪书院刻本.

❷ （清）李祖陶辑. 国朝文录 [M].清道光十九年瑞州府凤仪书院刻本.

的《从"以诗取士"探讨唐诗繁荣的原因》（1985）、吴在庆的《科举制度对唐代文学的影响》（1999）等。这一时期，探讨科举试诗制度与唐代文学关系的论著还有黄留珠的《中国古代选官制度述略》（1989）、金诤的《科举制度与中国文化》（1990）、陈飞的《唐诗与科举》（1996）、王勋成的《唐代铨选与文学》（2001）、吴宗国的《唐代科举制度研究》（2010）等。

第二，对唐代试律诗的整体研究。这类研究涉及唐代试律诗的称名、题目、内容、体式、手法、用韵等诸多方面。例如，薛亚军的《唐代试律研究》（2010）一书，对唐代"诗赋取士"制度的确立、唐代试律诗的体性、唐代试律诗的套式以及唐代试律诗的影响等方面均有精彩而详尽的论述。此类研究的单篇论文也有不少，如罗积勇和其学生张鹏飞共同编著的《唐代试律试策校注》（2009）一书的前言部分，先考述了与唐代试律诗相关的文献资料，然后分析了唐代试律诗的文体特征，最后对唐代试律诗中所体现出的"诗艺"进行了论述。另外，对唐代试律诗作整体研究的成果还有彭国忠的《唐代试律诗的称名、类型及性质》（2007）、董卉的《唐人试律诗概观》（2010）等。

第三，对唐代试律诗本体的具体某一方面所做的研究。例如，只是给唐代试律诗作校注的，就有陆伟然、范震威的《唐代应试诗注释》（1989），彭国忠的《唐代试律诗》（2006）等。其中，罗积勇和其学生张鹏飞共同编著的《唐代试律试策校注》（2009）一书，对《文苑英华》卷一八〇至卷一八九所收录的460首（《龟负图》存两题但无诗）唐代试律诗逐一进行了详细校注，引经据典，具有极高的学术价值，为人们进一步研究唐代试律诗提供了可靠的语料支撑。对唐代试律诗的用韵情况作研究的，专著有王兆鹏的《唐代科举考试诗赋用韵研究》（2004），书中对唐代试律诗的用韵情况进行了详尽的考释和归并，基本弄清了唐代试律诗的用韵情况；单篇论文有杨春俏的《〈文苑英华〉所收唐代应试诗限韵分析》（2011），文章对唐代试律诗的限韵方式、唐代试律诗所限韵字在诗中出现的规律以及唐代试律诗韵部的使用特点等方面均进行了深入探讨。

对唐代试律诗的本体作具体某一方面的研究时，多倾向于对唐代试律诗诗题的研究。据初步统计，这方面的论文有十篇之多，如王群丽的《论唐省试诗命题的特点》（2007）、《唐省试诗命题对写作的影响》（2008），池洁的《唐人应试诗题与唐代诗歌审美取向》（2007）、《唐人应试诗题的文化解读》（2007），薛亚军的《唐代省试诗题及其思想文化背景》（2001），刘青海的《试论唐代应试诗的命题及其和〈文选〉的渊源》（2008）等。池洁的硕士论文《唐人应试诗题考论》（2003）可以看作是此类研究的典型之作，论文继承了清人对试律诗诗题出处加以溯源的传统，在弄清楚诗题来源的基础上，作者对"唐人应试诗题与社会意识形态的关系展开论述"。❶

另外，这一时期还有一些学者对前人关于唐代试律诗的研究情况作了一些总结，但所做的总结大都比较简单，不够全面，如郑晓霞的《前人关于唐代省试诗讨论的得失》（2006）、王群丽的《唐代省试诗研究思路述评》（2010）等。

---

❶ 池洁.唐人应试诗题考论[D].上海：上海师范大学，2003.

　　通过对唐代试律诗研究成果的梳理和回顾发现，随着学界对唐代文学研究的不断推进，有关唐代试律诗的研究取得了丰硕成果，特别是对唐代科举试诗制度的探索已比较深入。但是，相比较唐代文学研究的总体发展水平而言，对唐代试律诗的研究还较为薄弱，需要人们继续深入探讨。

　　就唐代试律诗的本体研究而言，历代学者多注重对试律诗的称名、格式、用韵、命题等方面的探索，而对于试律诗的具体内容、语言风格、修辞手法等方面的研究却较少涉及。

　　用典是我国古典诗歌的常用手法，对这方面的研究已有所涉及，如刘丽平的硕士论文《李商隐七律用典研究——兼与杜甫七律用典的比较研究》（2003）、韩建永的硕士论文《李白诗歌的用典》（2006）、宋立英的硕士论文《温庭筠诗歌用典研究》（2003）和马丽梅的硕士论文《苏轼诗用典研究》（2007）等。这些研究多以著名诗人的作品用典为研究对象，取得了一定成果。唐代试律诗因受其自身特点的影响，其用典较之一般诗歌有其自身的特殊性。"唐代试律诗用典研究"选题是在肯定唐代试律诗自身价值的前提下，以考辨它的用典情况为切入点，从而对唐代试律诗的本体进行全面而系统的研究，以求从新的视角获得新的突破，进而促进学界对唐代试律诗研究的不断深入。

第四节　唐代试律诗用典概况

一、唐代试律诗诗题用典概况

　　前文说过，唐代试律诗的诗题可以分为四类，即写景类、咏物类、咏事类、典故类。其中典故类为数最多。人们通过对《文苑英华》收录的以及从《全唐诗》中所辑录的共300个唐代试律诗的诗题进行研究，发现多达181个诗题有来历和出处，即它们属于典故类诗题，这类试律诗诗题占唐代试律诗诗题总数的61%。典故类试律诗的诗题来源极广，经、史、子、集皆有涉及。

　　来源于经部典籍的有：《三让月成魄》《七月流火》《虹藏不见》《闰月定四时》（贞元十七年）（801）、《玉烛》《迎春东郊》（上元二年）（675）、《东郊迎春》（天宝十五年）（756）、《山出云》（元和元年）（806）、《白露为霜》《荐冰》（元和四年）（809）、《府试水始冰》《履春冰》（元和八年）（813）、《八风从律》《洛出书》（开元十九年）（731）、《泾渭扬清浊》等。

　　来源于史籍类典籍的有：《焚裘》《观〈庆云图〉》（贞元六年）（790）、《冬日可爱》（贞元十年）（794）、《白云起封中》《夫子鼓琴得其人》《南至日太史登台书云物》《华山庆云见》《上党奏庆云见》《清风戒寒》《齐优开笼飞去所献楚王鹄》《黄鹄下太液池》《暗投明珠》《水精环》《金在熔》《幽人折芳桂》等。

　　来源于诸子类典籍的有：《藩臣恋魏阙》《春台晴望》（贞元十二年）（796）、《临川羡鱼》《沉珠于渊》（贞元五年）（789）、《罔象得玄珠》《浊水求珠》（贞元十四年）（798）、《玉厄无当》《玉水记方流》、《至人无梦》《澄心如水》（咸通四年）（863）、《骊珠》《襄州试白云归帝乡》《省试——吹竽》（乾符三年）（876）、《青出蓝》（贞元十四年）（798）、《谢真人仙驾过旧山》等。

来源于集部典籍的有：《主上元日梦王母献白玉环》《闻击壤》《青云干吕》（贞元七年）（791）、《寒夜闻霜钟》（大历六年）（771）、《听霜钟》《府试古镜》《秦镜》《金谷园怀古》、《潘安仁戴星看河阳花发》《金谷园花发怀古》（元和六年）（811）、《春从何处来》《月映清淮流》《京兆府试残月如新月》《寒云轻重色》等。

这些典故类试律诗试题从不同的侧面反映了唐代的政治、思想和文化风尚。这昭示人们有必要对其作认真研究，以探求试律诗诗题与唐代的史鉴意识、儒道思想、文学传承、尚奇文化乃至与典章制度的密切关系。

二、唐代试律诗正文用典概况

唐代试律诗的创作，由于试律诗要求应试士子在特定情况下、特定时间内的"为文造情"之作，要求音律合乎规范，内容不能偏离命题者所允许的范围。因此，应试士子们既要具有丰富的知识积累和较高的文学修养，还要有一定的形象思维能力、审美感受能力和较好的语言表达能力。这些要求对应试者来说，要想在激烈的竞争中折桂，无疑有很大的难度，而具有"画面功用"（画面给人以形象，唤起联想）、"借写功用"（借用相关的部分以表述）和"博丽功用"（让人从广博中感受华美）[1]的典故自然就成为考场作诗时的最好选择。

通过对《文苑英华》（卷一八〇至卷一八九）收录的和从《全唐诗》中辑录的两部分共300题491首（因诗题《龟负图》缺诗两首，所以实有唐代试律诗总数应为489首）唐代试律诗的正文进行研究考证，发现多达412首唐代试律诗的正文选用了典故，正文用典的试律诗占唐代试律诗总数的84%。其中的一些试律诗可以说是句句用典，如下诗。

河出荣光[2]

失名

符命自陶唐，吾君应会昌。千年清德水，九折满荣光。极岸浮佳气，微波照夕阳。澄辉明贝阙，散彩入龙堂。近带关云紫，遥连日道黄。冯夷矜海若，汉武贵宣房。渐没孤槎影，仍呈一苇航。抚躬悲未济，作颂喜时康。

这首试律诗的正文选用典故多达11例，有"陶唐""德水""九折""荣光""贝阙""龙堂""云紫""冯夷""宣房""一苇""未济"等。其中，典故"陶唐"，出典于伪古文尚

---

❶ 王光汉.论典故的特殊修辞功能［J］.安徽广播电视大学学报，2008.

❷（北宋）李昉编.文苑英华［M］.明刻本.

书《夏书·五子之歌》；典故"德水"，出典于《史记·秦始皇本纪》；典故"九折"，出典于《汉书·王尊传》；典故"荣光"，出典于《尚书中候》；典故"贝阙"，出典于西汉刘向《楚辞·九歌·河伯》；典故"龙堂"，出典于西汉刘向《楚辞·九歌·河伯》；典故"云紫"，出典于《南史·宋文帝纪》；典故"冯夷"，出典于《庄子·秋水》；典故"宣房"，出典于《史记·河渠书》；典故"一苇"，出典于《诗经·卫风·河广》；典故"未济"，出典于《周易·未济》。这些被选用典故的典源文献涉及经、史、子、集四部，共计 9 部典籍。

据统计，在唐代试律诗的正文中，共选用典故 1 031 次，这些典故所涉及的内容包罗万象，所涉及的典籍繁富复杂。可见，正文用典是唐代试律诗的典型特征之一，值得人们对其作具体而深入的研究。

第五节　研究对象、研究方法、研究意义及本书基本内容

一、研究对象

本书可归类为专题型语料用典研究，本书以唐代试律诗（也包括少数拟作）的用典为研究对象。唐代试律诗是用典的载体，用典是唐代试律诗的重要特点，研究用典是研究唐代试律诗的独特方式与切入点。

本书以北宋初年李昉编著的《文苑英华》（卷一八〇至卷一八九）所收录的 281 题共 460 首（《龟负图》题存诗佚）唐代试律诗为主要研究对象，辅以《全唐诗》中辑录的且确切可考的 19 题共 31 首试律诗。据研究考证，唐代试律诗共选用典故 1 212 次，其中唐代试律诗的诗题用典 181 次，唐代试律诗的正文用典 1 031 次。

二、研究方法

根据本书的自身特点，我们在具体的研究过程当中主要采用了以下几种方法。

第一，历时文献考证法。本书以唐代试律诗的用典为主要研究对象，研究用典首先就要弄清楚典故的典源和典源文献，而典源和典源文献的准确溯源，就离不开对经、史、子、集等相关文献的考察与求证，甚至会涉及对相关出土文献的征引。

第二，共时对比分析法。源于同一典源的典故在应用于不同诗句时，由于受试律诗特定因素的影响其典面组成形式会有所不同，这就需要采用对比分析的方法探寻导致这种同典异面现象的原因，以揭示试律诗的具体创作特征。

第三，封闭式穷尽性语料统计法。本书是以北宋李昉编著的《文苑英华》收录的 281 题 460 首（《龟负图》题存诗佚）以及从《全唐诗》中所辑录且确切可考的 19 题 31 首唐代试律诗为研究语料，语料规模和范围均较为固定，即 300 题 491 首唐代试律诗的

用典情况。通过数据统计分析，客观地显示出唐代试律诗的用典规模以及其用典典源在经、史、子、集中的分布情况，进而为研究唐代试律诗的命题倾向、思想来源、风格特征等问题提供论据支撑。

在具体的操作过程当中，人们还会涉及对其他研究方法的选用，甚至包括认知语言学、文化语言学和比较语言学中的一些词汇研究理论会有所涉及。总之，为了全面而深入地研究唐代试律诗的用典情况，在研究方法的运用上努力做到宏观与微观、历时与共时、定量与定性、动态与静态的有机结合。

三、研究意义

备受冷落的唐代科举中的试律诗，无论是诗题用典还是正文用典都值得人们认真研究。这些典故承载着命题者与应试者思想及文学涵养的同时，无不反映着唐代思想、政治和文化等方面的特点。因此，以用典为切入点对唐代试律诗进行系统研究，不仅有利于全面了解和把握唐代试律诗自身的用典情况及特点，而且对正确理解唐代"诗赋取士"制度与唐诗繁荣之间的关系、对正确评价试律诗、对证实唐代文学对"齐梁风格"的继承、对了解唐代诗歌的审美取向、对弄清唐代科举考试所造成的唐代文人的精神面貌，以及对探寻李氏王朝的治国思想上都有重要意义。另外，人们对唐代试律诗诗题及正文中所选用的典故逐一做了考证和梳理，并以表格形式展现出来，为今后学界进一步研究唐代试律诗乃至唐代文学提供了新的材料。

四、本书基本内容

本书共分八章，其中第一章为绪论，第八章为结语。绪论部分首先对唐代试律诗以及与典故研究相关的概念进行了解释，接着简单地介绍了唐代试律诗的研究现状及其用典情况。结语部分是对研究成果所做的客观总结，并指出了研究中存在的不足和今后进一步深化研究的打算。

第二至第七章是本书的主体部分。第二章是研究唐代试律诗的诗题用典，通过对唐代试律诗诗题用典的详尽考察，探讨了唐代试律诗诗题用典的典源文献、典源特点、典面构成、典故类属以及用典诗题所反映出的唐代儒释道思想、文学风尚和政治与文化特点等。第三至第七章全面地考察了唐代试律诗的正文用典，主要从典源文献、典故类属、典面构成、用典方式以及用典意义等方面进行了具体研究。

本章小结

本章属于绪论部分，主要是为下文具体研究唐代试律诗的诗题及正文用典做准备，其具体包括以下几个方面的内容。

首先，交代了什么是试律诗，并在前人研究成果的基础上对试律诗的称名、类属、体式等作了简单的论述。

　　其次，对与用典相关的概念进行了解释，包括什么是典故、典故的认定标准、典故的分类以及什么是用典、典面、典源和典源文献等。

　　第三，对唐代试律诗的研究现状进行了详细总结，具体分为三个时期展开论述。

　　在本章的最后，简单地交代了论文的研究对象、研究方法、研究意义及基本框架等。

第二章　唐代试律诗诗题用典研究

唐代试律诗是唐代科举选官制度的特定产物，直接关系着参试士子的仕途命运和朝廷的神圣尊严。所以，无论是唐代试律诗的出题者还是唐代试律诗的具体创作者，都必须十分严肃和认真地对待，都要做到"言毕庄雅，无取纤佻"❶。就唐代试律诗的命题而言，除开成二年（837）的试律诗诗题《省试霓裳羽衣曲》是由唐文宗亲自拟定外，其余均为知贡举者所出。知贡举者多为一朝重臣，或是一代文化名流、文坛巨擘，他们深受皇帝的器重。因此，唐代帝王的统治思想、唐代的文学风尚、唐代的意识文化以及唐代的社会风貌等，无不在唐代试律诗的诗题中有所体现。这些思想、风尚和文化的最主要体现载体之一，就是典故类唐代试律诗的诗题。根据统计，典故类唐代试律诗诗题共有 181 例，占唐代试律诗诗题总数的 61%，可见，其在诗题总量上占绝对优势。而其余 39% 的试律诗诗题则多为即事或即景类，少有深意。

第一节　唐代试律诗诗题用典的典源、典面及典源文献

一、唐代试律诗诗题用典的典源

典源就是典故的最初出处，是典故最早脱胎的故事、传说或语句。这些故事、传说或语句大多出现在典源文献的正文，偶尔也会出现在正文注释或汇编文献的引文中。

唐代试律诗诗题用典的典源出现在文献正文的多达 178 例，占典故类试律诗诗题总数的 97%。例如。诗题《闻击壤》中的典故"击壤"，多用于歌颂太平盛世，出题者选用此典命题含有歌颂唐朝文治昌明之意。此典故源于东汉王充的《论衡·感虚篇》：

尧时五十之民击壤于涂。观者曰："大哉，尧之德也！"击壤者曰："吾日出而作，日入而息，凿井而饮，耕田而食，尧何等力？"尧时已有井矣❷。

诗题《缑山鹤》中的典故"缑山鹤"，多用作咏颂仙家的典故，知贡举者选用此典命题和唐代的崇道之风有关。此典源于旧题西汉刘向的《列仙传·王子乔》：

---

❶　（清）梁章钜．陈居渊校点《制艺丛话试律丛话》[M]．上海：上海书店出版社，2001：515．

❷　（东汉）王充撰．论衡[M]．四部丛刊景通津草堂本．

　　王子乔者，周灵王太子晋也。好吹笙，作凤凰鸣。游伊、洛之间，道士浮丘公接以上嵩高山。三十余年后，求之于山上，见恒良曰："告我家，七月七日待我于缑氏山巅。"至时，果乘白鹤驻山头，望之不得到。举手谢时人，数日而去❶。

　　再如，典故类试律诗诗题《麦穗两岐》源于典故"两岐歌"，此典多用来称颂州郡长官有善政或歌颂太平盛世。此典故源于东汉刘珍等撰的《东观汉记·张堪列传》：

　　为渔阳太守，有惠政，开治稻田八千余顷，教民种作，百姓以殷富。童谣歌曰："桑无附枝，麦穗两岐。张君为政，乐不可支。"视事八年，匈奴不敢犯塞❷。

　　唐代试律诗诗题用典的典源出现在正文注释的仅有1例，即诗题《李太尉重阳日得苏属国书信》。此例诗题源于《文选·李陵〈答苏武书〉》李周翰注：

　　《汉书》曰："陵降后，与苏武相见匈奴中，及武归，为书与陵，令还汉。"❸

　　因为《史记》《汉书》等史书均无苏武与李陵书信往来的记载，所以我们怀疑此处记载应为李周翰杜撰。

　　唐代试律诗诗题用典的典源出现在汇编文献引文中的有两例，即《月中桂树》和《华州试月中桂》。它们均源于《初学记》中所引东晋虞喜的《安天论》：

　　俗传月中仙人桂树，今视其初生，见仙人之足，渐已成形，桂树后生❹。

二、唐代试律诗诗题用典典面的形成方式

　　典面是典故的语用形式，是用典者为了表情达意或满足特定修辞目的而将典故用于文章或话语中的语词表现形式。就唐代试律诗诗题用典的具体情况而言，其典面的形成方式大致可分为三种：从典源语句中直接提取、对典源语句进行化用、对典源进行概括提炼。

　　第一种是对典源语句的直接提取。以这种方式形成典面的典故类唐代试律诗诗题大多与景物描写有关，其典源文献多为诗、赋等文体的单篇作品。此类诗题多以《文选》

❶　（西汉）刘向撰.列仙传[M].明正统道藏本.

❷　（东汉）刘珍.东观汉记[M].清刻武英殿聚珍版丛书本.

❸　（南朝梁）萧统编，（唐）李善注.六臣注文选[M].四部丛刊景印本.

❹　（唐）徐坚编.初学记[M].清光绪孔氏三十三万卷堂本.

为渊薮。例如，诗题《膏泽多丰年》，直接提取于三国魏曹植的《赠徐干诗》"良田无晚岁，膏泽多丰年"一句；诗题《春风扇微和》（贞元十年）（794）、（咸通十三年）（872），直接提取于东晋陶渊明的《拟古诗》"日暮天无云，春风扇微和"一句；诗题《玉水记方流》，直接提取于南朝宋颜延年的《赠王太常僧达诗》"玉水记方流，琁源载圆折"一句。采用直接提取式形成典面的典故类唐代试律诗诗题的典源文献不是来源于《文选》所收录作品的仅有 7 例。例如，诗题《月映清淮流》，直接提取于南朝梁何逊的《与胡兴安夜别诗》"露湿冷塘草，月映清淮流"一句；诗题《寒流聚细文》，直接提取于南朝梁何逊的《九日侍宴乐游苑诗为西封侯作》"疏树飖高叶，寒流聚细文"一句；诗题《寒云轻重色》，直接提取于南朝陈陈叔宝（陈后主）的《幸玄武湖饯吴兴太守任蕙》"寒云轻重色，秋水去来波"一句；诗题《风草不留霜》，直接提取于南朝齐谢朓的《冬绪羁怀示萧谘议虞田曹刘江二常侍诗》"风草不留霜，冰池共如月"一句；诗题《京兆府试残月如新月》，直接提取于南朝梁庾信的《拟咏怀诗》"残月如新月，新秋似旧秋"一句；诗题《春从何处来》，直接提取于南朝梁吴均的《春咏》"春从何处来，拂水复惊梅"一句；诗题《空梁落燕泥》，直接提取于隋薛道衡的《昔昔盐》"暗牖悬蛛网，空梁落燕泥"一句。

　　第二种是对典源语句的化用。以此种方式形成的典面不是对典源语词的直接提取，而是根据具体需要对典源语词进行了转化和处理。例如，试律诗诗题《日暖万年枝》是对南朝齐谢朓的《直中书省诗》中"风动万年枝，日华承露掌"一句的化用；试律诗诗题《泾渭扬清浊》是对《诗经·谷风》中"泾以渭浊，湜湜其沚"一句的化用；试律诗诗题《风雨闻鸡》是对《诗经·风雨》中"风雨如晦，鸡鸣不已"一句的化用。在唐代试律诗的诗题中，以化用方式形成典面的典故类试律诗诗题不是很多。

　　第三种是用典者对典源的高度概括和提炼。此类典故多为事典，典源多为历史事件、寓言故事或神话传说等。例如，典故类试律诗诗题《焚裘》所选用的用典典面"焚裘"，就是通过对历史事件的概括而形成的。"焚裘"多用作称颂帝王追求简朴、抵制豪奢的典故。此典源于《晋书·武帝本纪》：

　　武帝太始七年三月，诏太官减膳。又曰：有献雉头裘者。上曰："异服奇裘，典制所禁也！"其于前殿烧裘。敕有异服者依礼致罪❶。

　　试律诗诗题《省试——吹竽》（乾宁元年）（894）中的用典典面"吹竽"是通过对寓言故事的概括而形成的。"吹竽"多用作讽刺没有真才实学的人冒称有本领、混入行家中充数，也比喻以次充好。此典源于《韩非子·内储说上》：

　　齐宣王使人吹竽，必三百人。南郭处士请为王吹竽，宣王说（悦）之，廪食以数百

---

❶（唐）房玄龄撰．晋书 [M]．清乾隆武英殿刻本．

人。宣王死，湣王立，好一一听之，处士逃❶。

　　试律诗诗题《夜闻洛滨吹笙》中选用的用典典面"洛滨吹笙"是通过对神话传说的概括而形成的。"洛滨吹笙"多用作咏仙家的典故，有时也比喻得道成仙。此典源于旧题西汉刘向的《列仙传·王子乔》：

　　王子乔者，周灵王太子晋也。好吹笙，作凤凰鸣。游伊、洛之间，道士浮丘公接以上嵩高山。三十余年后，求之于山上，见恒良曰："告我家，七月七日待我于缑氏山巅。"至时，果乘白鹤驻山头，望之不得到。举手谢时人，数日而去❷。

　　在唐代试律诗诗题用典典面的形成方式中，除了上文所说的三种常见情况外，有些试律诗诗题的用典典面实际上是因误用而形成的，其根本无任何理据可言。例如，典故类试律诗诗题《莺出谷》，就是因误用《诗经·小雅·伐木》中"伐木丁丁，鸟鸣嘤嘤。出自幽谷，迁于乔木。嘤其鸣矣，求其友声"而形成的。《诗经·小雅·伐木》的本意以及历代《诗经》注家的解释均与"莺"无关，但在唐代试律诗诗题及正文中，普遍使用"莺出谷"这一典故，并以其喻指进士科考及第。

三、唐代试律诗诗题用典的典源文献

　　典源文献即记载典故的最早文献载体，弄清一个典故的典源文献是我们准确理解这一典故的前提条件。

　　唐代试律诗诗题用典的典故来源文献，有的是经、史、子类文献，有的是专著类文献，有的是诗、赋等文体的单篇作品类文献。我们首先以经、史、子类文献为典源文献的第一考察顺序，再以其他著作为典源文献的第二考察顺序，最后以诗、赋等文体的单篇作品为典源文献的第三考察顺序。也就是说，来源于经、史、子类文献的典故以经、史、子类文献为典源文献；来源于其他专著中的典故以其他专著为典源文献；来源于诗、赋等文体单篇作品的典故以诗、赋等文体单篇作品为典源文献。

（一）唐代试律诗诗题用典经、史、子类典源文献

　　第一，唐代试律诗诗题用典经书类典源文献有《诗经》《尚书》《礼记》《仪礼》《周易》《左传》《论语》《尔雅》《孝经援神契》等，共计9种，传统意义上的"五经"文献均囊括其中。其中，《礼记》所出典故类唐代试律诗诗题为数最多，共计21例。例如，《三让月成魄》《虹藏不见》《迎春东郊》《东郊迎春》《竹箭有筠》《山出云》《府试水始冰》《荐冰》《八风从律》《律中应钟》《笙磬同音》《鱼上冰》《织鸟》《反舌无声》《琢玉成器》《瑕瑜不相掩》《瑜不掩瑕》《玉声如乐》《琢玉》《白受采》《东风解冻》等。它们涉及《礼记》

❶　（春秋战国）韩非撰.韩非子[M].四部丛刊景清景宋抄校本.

❷　（西汉）刘向撰.列仙传[M].明正统道藏本.

中的《月令》《乡饮酒义》《孔子闲居》《乐记》《学记》《聘义》《礼器》等。其中,《礼记·月令》篇出典最多,共计 10 例。来源于《诗经》的典故类唐代试律诗诗题共有 9 例,位居第二。它们分别是《七月流火》《白露为霜》《履春冰》《泾渭扬清浊》《鹤鸣九皋》《莺出谷》《振振鹭》《生刍一束》《风雨闻鸡》等。这些典故相应出现于《诗经》中的《七月》《蒹葭》《小旻》《谷风》《鹤鸣》《伐木》《振鹭》《白驹》《风雨》等。出典于《尚书》的典故类唐代试律诗诗题也为 9 例,但据我们考证,其中只有 4 例是来源于原本《尚书》,它们分别是出典于《尚书·尧典》篇的《闰月定四时》(贞元十七年)(801)、出典于《尚书·禹贡》篇的《泗滨得石磬》、出典于《尚书·洪范》篇的《龟负图》和出典于《尚书·虞书·益稷》篇的《仪凤》。其他 5 例均为来源于伪古文尚书,分别是出典于《君牙》篇的《履春冰》(元和八年)(813)、出典于《说命上》篇的《济川用舟楫》、出典于《大禹谟》篇的《舞干羽两节》、出典于《武成》篇的《归马华山》和出典于《微子之命》篇的《嘉禾合颖》。出典于《论语》的唐代试律诗诗题为 3 例,即出典于《论语·子罕》篇的《美玉》(开元二十七年)(739)和《沽美玉》(贞元二十一年)(805),出典于《论语·雍也》篇的《行不由径》(贞元十五年)(799)。出典于《左传》的唐代试律诗诗题也为 3 例,即出典于《左传·文公七年》的《冬日可爱》(贞元十年)(794)和《夏日可畏》,出典于《左传·僖公五年》的《南至日太史登台书云物》。以《周易》为典源文献的唐代试律诗诗题有两例,一是出典于《周易·系辞》篇的《洛出书》(开元十九年)(731),一是出典于《周易·说卦传》篇的《震为苍筤竹》(长庆四年)(824)。以经类典籍《仪礼》和《尔雅》为典源文献的唐代试律诗诗题各为 1 例,一是出典于《仪礼》的《河南府试乡饮酒》,一是出典于《尔雅·释天》篇的《玉烛》。另外,以经部纬书类典籍《孝经援神契》为典源文献的唐代试律诗诗题有《冬至日祥风应候》《越裳献白翟》等 3 例。

第二,唐代试律诗诗题用典史书类典源文献有《山海经》、旧题春秋左丘明的《国语》、战国秦吕不韦的《吕氏春秋》、西汉司马迁的《史记》、西汉刘向的《战国策》、西汉刘向的《列女传》、东汉班固的《汉书》、东汉刘珍的《东观汉记》、东汉袁康和吴平的《越绝书》、西晋皇甫谧的《帝王世纪》、三国吴周处的《风土记》、北魏郦道元的《水经注》、旧题东晋葛洪的《西京杂记》、南朝宋范晔的《后汉书》、《辛氏三秦纪》、唐房玄龄等的《晋书》等,共计 16 种。据考证,以《史记》为典源文献的唐代试律诗诗题为数最多,共计 13 例。它们是:来源于《史记·孝武本纪》篇的《寿星见》《白云起封中》,来源于《史记·天官书》篇的《老人星》《府试观老人星》,来源于《史记·孔子世家》篇的《夫子鼓瑟得其人》,来源于《史记·滑稽列传》篇的《齐优开笼飞去所献楚王鹄》,来源于《史记·鲁仲连邹阳列传》篇的《暗投明珠》,来源于《史记·项羽本纪》篇的《亚父碎玉斗》,来源于《史记·范雎列传》篇的《人不易知》,来源于《礼记·中庸》篇的《言行相顾》,来源于《史记·孙子列传》篇的《吴宫教战》,来源于《史记·李将军列传》篇的《桃李无言》以及来源于《史记·封禅书》篇的《府试莱城晴日望三山》)。另外,来源于《汉书》和《晋书》的典故类唐代试律诗诗题也比较多。来源于《汉书》的唐代试律诗诗题有 6 例,其中《观〈庆云图〉》《华山庆云见》《上党奏庆云见》

等3例均来源于《汉书·天文志》篇。来源于《晋书》的有5例，其中来源于《晋书·武帝本纪》篇的有2例，来源于《晋书·郗诜传》篇、《晋书·张华传》篇和《晋书·王羲之传》篇的各1例。来源于《山海经》和《后汉书》的各有2例。

另据考证，典故类唐代试律诗诗题来源于史书类典源文献只有1例的是：旧题春秋左丘明的《国语》、战国秦吕不韦的《吕氏春秋》、西汉刘向的《战国策》《列女传》、西晋皇甫谧的《帝王世纪》、东汉刘珍的《东观汉记》、东汉袁康和吴平的《越绝书》、三国吴周处的《风土记》、北魏郦道元的《水经注》、旧题东晋葛洪的《西京杂记》《辛氏三秦纪》。

第三，唐代试律诗诗题用典子类典源文献有：《老子》《文子》《列子》《尸子》《庄子》《韩非子》《荀子》《淮南子》《盐铁论》《抱朴子》等，共计10种。其中，出典于子类典源文献《庄子》的典故类唐代试律诗诗题为数最多，共计7例，它们是：出典于《庄子·天地》篇的《沉珠于渊》《罔象得玄珠》《襄州试白云归帝乡》，出典于《庄子·列御寇》篇的《骊龙》《省试骊珠诗》，出典于《庄子·让王》篇的《藩臣恋魏阙》和出典于《庄子·齐物论》篇的《至人无梦》等。典故源于《韩非子》的唐代试律诗诗题有两例，一例是来源于《韩非子·外储说右上》篇的《玉卮无当》，另一例是来源于《韩非子·内储说上》篇的《省试——吹竽》（乾符三年）（876）。源于其余8种子类文献的典故类唐代试律诗诗题共有8例，均为一种子类文献仅出一例典故类唐代试律诗诗题的情况，它们是：来源于《老子》的《春台晴望》（贞元十二年）（796）、来源于《列子·汤问》篇的《景风扇物》、来源于《尸子》的《玉水记方流》、来源于《荀子·劝学》篇的《青出蓝》（贞元十四年）（798）、来源于西汉刘安主编的《淮南子·说林训》篇的《临川羡鱼》、来源于西汉桓宽的《盐铁论·水旱》篇的《风不鸣条》（会昌三年）（843）、来源于《文子·上义》篇的《澄心如水》（咸通四年）（863）和来源于东晋葛洪的《抱朴子》篇的《浊水求珠》等。

（二）唐代试律诗诗题用典专著类典源文献

相比于经、史、子类典源文献而言，唐代试律诗诗题用典专著类典源文献就比较少，仅有4种，它们是：旧题西汉刘向的《列仙传》、东晋虞喜的《安天论》、东晋王嘉的《拾遗记》和南朝梁孙柔之的《孙氏瑞应图》等。其中，典故来源于《列仙传》的试律诗诗题有《夜闻洛滨吹笙》《缑山月夜闻王子晋吹笙》《缑山鹤》等三例，来源于《安天论》的试律诗诗题有《月中桂树》和《华州府试月中桂》等两例，来源于《拾遗记》的试律诗诗题有《海水不扬波》一例，典故来源于南朝梁孙柔之的《孙氏瑞应图》的试律诗诗题有《梢云》一例。这十例试律诗诗题多与道教传说或祥瑞文化有关。

（三）唐代试律诗诗题用典诗、赋等文体单篇作品类典源文献

唐代试律诗诗题用典来源于诗、赋等文体单篇作品类典源文献的比较多，共有57例，占典故类试律诗诗题总数的31%。其中，源自《文选》所收作家作品的唐代试律诗诗题为数最多，涉及春秋晋卜子夏、战国楚宋玉、西汉王褒、东汉张衡、三国魏曹植、三国魏李康、三国魏何晏、三国魏阮籍、西晋陆机、西晋张载、西晋张协、东晋郭璞、东晋陶渊明、东晋谢灵运、南朝宋鲍照、南朝宋谢庄、南朝宋沈约、南朝宋江淹、南朝齐谢朓等 19 位作家，共计 37 篇作品。唐代试律诗诗题用典涉及作品篇数较多的作家有三国魏曹植、东晋谢灵运和南朝齐谢朓，相应篇数分别为 5 篇、5 篇和 6 篇。涉及三国魏曹植的 5 篇作品为：《名都篇》《赠徐干》《赠丁仪王粲诗》《公宴诗》和《求自试表》；涉及东晋谢灵运的 5 篇作品为：《从游京口北固应诏》《登池上楼》《游赤石进帆海》《登江中孤屿》和《七里濑》；涉及南朝齐谢朓的 6 篇作品为：《和徐都曹》《暂使下都夜发新林至京邑赠西府同僚》《之宣城出新林浦向版桥一首》《游东田》《郡内高斋闲坐答吕法曹》和《直中书省》。就单篇作品所出典故类唐代试律诗诗题的多少来看，南朝齐谢朓的《和徐都曹》篇和南朝宋鲍照的《乐府八首·〈白头吟〉》篇出现最多，均有 3 例。其中，试律诗题《日华川上动》《春色满皇州》《风光草际浮》出自南朝齐谢朓的《和徐都曹》篇，试律诗诗题《清如玉壶冰》《玉壶冰》《朱丝弦》出自南朝宋鲍照的《乐府八首·〈白头吟〉》篇。三国魏曹植的《赠徐干》篇、东晋陶渊明的《拟古诗》篇、南朝宋江淹的《别赋》篇、南朝齐谢朓的《和徐都曹》篇以及东晋谢灵运的《从游京口北固应诏》《登池上楼》篇等均出现典故类试律诗诗题两例。

　　唐代试律诗诗题以《文选》以外诗、赋等文体单篇作品为典源文献的情况不是很多，只有 11 例，仅占典故类唐代试律诗诗题总数的 7%。其中，来源于南朝梁何逊诗歌作品的有三例，即来源于《与胡兴安夜别》篇的《月映清淮流》、来源于《九日侍宴乐游苑》篇的《寒流聚细文》和来源于《临行与故游夜别》篇的《监试夜雨滴空阶》；来源于南朝梁庾信诗歌作品的有一例，即来源于《拟咏怀诗》篇的《京兆府试残月如新月》；来源于南朝梁吴均诗歌作品的有一例，即来源于《春咏》篇的《春从何处来》；来源于南朝陈陈叔宝诗歌作品的有一例，即来源于《幸玄武湖饯吴兴太守任蕙》篇的《寒云轻重色》；来源于南朝齐谢朓诗歌作品的有一例，即来源于《冬绪羁怀示萧谘议虞田曹刘江二常诗》篇的《风草不留霜》；来源于隋薛道衡诗歌作品的有一例，即来源于《昔昔盐》篇的《空梁落燕泥》；来源于西晋石崇诗序作品的有三例，即来源于《金谷诗序》篇的《石季伦金谷园》（贞元六年）（790）、《金谷园花发怀古》（元和六年）（811）和《金谷园怀古》等。

第二节　唐代试律诗诗题用典与唐代儒释道思想

　　唐代试律诗是唐代科举选官制度的特定产物，唐代试律诗的命题一定程度上体现着唐代帝王的治国思想。而占唐代试律诗诗题总数 61% 的典故类诗题又因其自身的特殊性更是直接成了唐代统治思想的晴雨表，因此我们通过对唐代典故类试律诗诗题的分析和研究，就可以准确地弄清楚儒释道三家思想在唐代所处的真实地位。

一、唐代试律诗诗题用典与唐代的尊儒思想

　　儒家思想是中国封建社会的治世之本，其伦理本位、家国一体的思想体系在维系人

心、维护封建统治秩序等方面具有极为重要的现实意义，唐代统治者一直对其极为重视，将之视为一种行之有效的治国方略。早在唐初武德二年（619），高祖就下诏国子太学立周公、孔子庙各一所，全国遍求孔子后人，准备封以爵位。唐武德七年（624），高祖又"幸国子监，释奠，诏诸王公子弟各就学"❶，尊奉文王周公为先圣，以孔子配享。唐武德九年（626）十二月又下诏立孔子后为"褒圣侯"。至唐朝太宗时期，李世民更是推崇儒家思想。据《资治通鉴》载，唐太宗曾说："朕所好者，唯尧、舜、周、孔之道，以为如鸟有翼，如鱼有水，失之则死，不可暂无耳。"❷贞观二年（628），唐太宗采纳房玄龄等大臣的建议，下诏命太学停止祭祀周公，升孔子为圣人，以颜回配享。贞观四年（630）唐太宗下诏命各州县立孔子庙，贞观十一年（637）又下诏尊奉孔子为"宣父"。在唐朝，崇道、追求长生不老的唐玄宗对儒术也极为推崇，其于开元二十七年（739）尊奉孔子为"文宣王"，并为之立庙。《旧唐书·礼仪志》对此有记载：

> 夫子既称先圣，可追谥为文宣王。宜令三公持节册命，应缘册及祭，所司速择日，并撰仪注进。其文宣陵并旧宅立庙，量加人洒扫，用展诚敬。其后嗣可封文宣公。至如辨方正位，著自礼经，苟非得所，何以示则？昔缘周公南面，夫子西坐，今位既有殊，坐岂如旧，宜补其坠典，永作成式。自今已后，两京国子监，夫子皆南面而坐，十哲等东西列侍。天下诸州亦准此❸。

晚唐时期的唐文宗也特别重视儒术，其曾在大和七年（883）下诏曰：

> 汉代用人，皆由儒术，故能风俗深厚，教化兴行。近日苟尚浮华，莫修经艺，先圣之道，湮郁不传。况进士之科，尤要厘革。虽乡举里选，不可复行，然务实抑华，必有良术，既当甚弊，思有改张。今寰宇又宁，干戈已戢，皇太子方从师傅，授传六经，一二年之后，当令齿胄国庠，以兴坠典。宜令国子监於诸道搜访名儒，置五经博士各一人。其公卿士族子弟，明年已后，不先入国学习业，不在应明经进士之限。其进士学宜先试帖经，并略问大义，取经义精通者，次试议论各一首，文理高者，便与及第❹。

随着孔子地位的逐渐提升和儒术影响的不断扩大，儒家经典在唐代文化及科举考试中的地位和价值亦越来越重要。贞观四年（630），唐太宗就下诏颜师古于秘书省考定"五经"，并于贞观七年（633）十一月颁布。贞观十二年（638），又下诏令国字祭酒孔颖达等撰《五经正义》。贞观十六年（642），敕赵弘智对其进行详细审定，永徽二年（651）

---

❶（北宋）司马光撰.资治通鉴[M].四部丛刊景宋刻本.

❷（北宋）司马光撰.资治通鉴[M].四部丛刊景宋刻本.

❸（五代）刘昫撰.旧唐书[M].清乾隆武英殿刻本.

❹（清）徐松撰.登科记考[M].清皇清经解续编本.

刊正，并于永徽四年（653）正式颁行天下。

唐文宗于大和七年（883）十二月敕：

于国子监讲论堂两廊创立石壁九经，并《孝经》《论语》《尔雅》共一百五十九卷，《字样》四十卷❶。

石刻工作直到开成二年（837）才完成，这就是后世所称的"开成石经"。这是继唐太宗诏孔颖达等撰《五经正义》之后，唐代帝王对儒家经典的又一次较大规模的整理刊刻。

唐代君王的这些诏令、举措一方面是为了适应唐朝文化的发展和科举考试的需要，另一方面则体现了唐代统治者对儒家思想的重视。唐太宗于贞观八年（634）三月三日下诏，要求进士加读经史一部。唐高宗于永隆二年（681）下诏，要求明经试帖，只有十帖得六以上者，才有资格试杂文两首。在唐代，"五经"及"五经"以外的《孝经》《论语》《尔雅》等，均成了科举考试的必考内容，受到了知贡举者及士子们的极大关注。就唐代试律诗的诗题而言，源于儒家文化典籍的试律诗诗题就多达52例，其占典故类唐代试律诗诗题总数的29%。

前文已经提到，以经部典籍为典源文献的唐代试律诗诗题以源于《礼记》的为数最多，共计21例。而《礼记》各篇中，又以源于《月令》篇的为最多，共计10例。其中《虹藏不见》《律中应钟》《水始冰》三例诗题，出典于《礼记·月令》：

孟冬之月，日在尾，昏危中，旦七星中。其日壬癸，其帝颛顼，其神玄冥。其虫介，其音羽，律中应钟。其数六，其味咸，其臭朽。其祀行，祭先肾。水始冰，地始冻。雉入大水为蜃，虹藏不见❷。

《鱼上冰》《东风解冻》两例诗题，出典于《礼记·月令》：

孟春之月，日在营室，昏参中，旦尾中。其日甲乙，其帝大皥，其神句芒，其虫鳞，其音角，律中大蔟，其数八。其味酸，其臭膻。其祀户，祭先脾。东风解冻，蛰虫始振。鱼上冰，獭祭鱼，鸿雁来❸。

《迎春东郊》《东郊迎春》两例诗题，出典于《礼记·月令》：

❶ （北宋）王溥撰.唐会要 [M].清乾隆武英殿聚珍版丛书本.

❷ （东汉）郑玄注，（唐）陆德明音义.礼记 [M].四部丛刊景宋本.

❸ 同上。

是月也，以立春。先立春三日，太史谒之天子，曰："某日立春，盛德在木。"天子乃齐。立春之日，天子亲率三公、九卿、诸侯、大夫以迎春于东郊。还反，赏公卿、诸侯、大夫于朝❶。

诗题《荐冰》（元和四年）（809），出典于《礼记·月令》：

是月也，毋竭川泽，毋漉陂池，毋焚山林。天子乃鲜羔开冰，先荐寝庙❷。

诗题《反舌无声》，出典于《礼记·月令》：

仲夏之月，日在东井，昏亢中，旦危中。其日丙丁，其帝炎帝，其神祝融。其虫羽，其音徵，律中蕤宾。其数七，其味苦，其臭焦。其祀灶，祭先肺。小暑至，螳螂生，鵙始鸣，反舌无声❸。

东汉郑玄注："反舌，百舌鸟也。"❹

诗题《织鸟》，出典于《礼记·月令》：

是月也，命野虞无伐桑柘，鸣鸠拂其羽，戴胜降于桑。具曲、植、籧、筐，后妃齐戒亲东向躬桑。禁妇女毋观，省妇使，以劝桑事。桑事既登，分茧称丝效功，以共郊庙之服，毋有敢惰❺。

东汉郑玄注："戴胜，织纴之鸟。"❻

《礼记·月令》篇以描写四季物候为主，反映了一种"序六气以跻仁寿"❼的儒学思想。唐代知贡举者以其为试律诗的命题来源既利于应试者描摹景物，又与唐代帝王的治国思想暗合。所以，《礼记·月令》篇在唐代儒家典籍中一直颇受重视，如唐玄宗于天宝二年（743）三月就下诏曰："《礼记·月令》篇，宜冠众篇之首，馀以旧次。"❽

唐代儒家"序六气以跻仁寿"❾的思想，除了在《礼记·月令》篇有较为集中的体现

---

❶（东汉）郑玄注，（唐）陆德明音义.礼记[M].四部丛刊景宋本.

❷ 同上。

❸ 同上。

❹ 同上。

❺ 同上。

❻ 同上。

❼ 池洁.唐人应试诗题的文化解读[J].文学遗产，2007（3）：137.

❽（北宋）王溥.唐会要[M].清乾隆武英殿聚珍版丛书本.

❾ 池洁.唐人应试诗题的文化解读[J].文学遗产，2007（3）：137.

外，在《礼记·乡饮酒义》《礼记·聘义》等篇也均有体现。唐代试律诗诗题《三让月成魄》就出典于《礼记·乡饮酒义》，此篇主要讲述宾主会见时的接待礼仪，将"宾主"比作天地、"介僎"比作阴阳、"三宾"比作三光、"让之三"比作月之魄、"四面之坐"比作四时。宾主的座位朝向以物候四时排列，次序井然。试律诗诗题《玉声如乐》《瑕瑜不相掩》《瑕不掩瑜》均出典于《礼记·聘义》：

> 子贡问于孔子曰："敢问君子贵玉而贱珉者何也？为玉之寡而珉之多与？"孔子曰："非为珉之多，故贱之也；玉之寡，故贵之也；夫昔者，君子比德于玉焉。温润而泽，仁也；缜密以栗，知也；廉而不刿，义也；垂之如队，礼也；叩之，其声清越以长，其终诎然，乐也；瑕不掩瑜，瑜不掩瑕，忠也；孚尹旁达，信也；气如白虹，天也；精神见于山川，地也；圭璋特达，德也。天下莫不贵者，道也。《诗》云：'言念君子，温其如玉。'故君子贵之也。"❶

从孔子与子贡的对话中，我们可以看出，玉敲击则声音清脆悠扬，终止则绝无余音的自然特性深受有德之士的喜爱。玉的瑕疵掩盖不了自身的光泽，玉的光泽也掩盖不了自身的瑕疵，玉具有善恶尽露、毫无掩饰的高贵秉性。这些与顺应时气的唐代儒术思想也是高度一致的。

出自其他一些儒家典籍的典故类唐代试律诗诗题对唐代儒术的这一思想也有所反映。例如，出典于《尔雅·释天》篇的试律诗诗题《玉烛》，其典源曰："四气和谓之玉烛。"❷春生、夏长、秋收、冬宁即为"四时和"，和则通正。本题强调和四气、顺四时，喻人的行为与大自然的固有规律要相统一、相协调。典故类试律诗诗题《闰月定四时》（贞元十七年）（801）源出《尚书·尧典》篇，本题强调只要遵循自然规律、"告时授事""允厘百工"，就能"庶绩咸熙""风俗大和"。这一理念与"序六气以跻仁寿"❸的唐代儒术思想也是极为一致的。

与传统阴阳五行思想相融合的"序六气以跻仁寿"的思想是唐代儒学思想的主流，与其相关的试律诗诗题在唐代试律诗诗题总数中也最多，反映出知贡举者对试律诗命题的明显导向性。

在唐代试律诗诗题中，包含儒家其他传统思想的诗题也比较多。礼乐教化、礼乐治国历来是儒家思想的重要组成部分，《礼记·丧服四制》篇曰："凡礼之大体，体天地，法四时，则阴阳，顺人情，故谓之礼。訾之者，是不知礼之所由生也。夫礼，吉凶异道，不得相干，取之阴阳也。丧有四制，变而从宜，取之四时也。有恩，有理，有节，有权，

❶ （东汉）郑玄注，（唐）陆德明音义.礼记[M].四部丛刊景宋本.

❷ （东晋）郭璞注.尔雅[M].四部丛刊景宋本.

❸ 池洁.唐人应试诗题的文化解读[J].文学遗产，2007（30）：137.

取之人情也。恩者仁也，理者义也，节者礼也，权者知也。仁义礼知，人道具矣。"❶唐朝统治者对这一思想一直比较重视。来源于《诗经·小雅·鼓钟》篇的试律诗诗题《笙磬同音》就是通过描述音乐的和谐，来凸显礼乐春风化雨般的作用。

推崇礼乐教化，首要表现为礼乐修身，以便提高个人的人格修养。来源于《礼记·礼器》篇的试律诗诗题《竹箭有筠》（贞元十二年）（796），就是以筠之于竹的重要性来比喻礼之于人的重要性，从而强调以礼乐修身对提高个人修养的重要作用。来源于《礼记·礼器》篇的试律诗诗题《白受采》，则强调了个人所具备的仁善本质是实施礼乐修身的前提条件。

接受良好的教育是实现礼乐修身的重要途径，来源于《礼记·学记》篇的试律诗诗题《琢玉》《琢玉成器》均以比喻的方式说明了这一道理。来源于《荀子·劝学》篇的试律诗诗题《青出蓝》则强调了"学而不厌"的重要性，只有"学不可以已"，才能"青出于蓝，而胜于蓝"。

儒家对礼乐的重视，还表现在以礼乐治国上。出典于伪古文尚书《大禹谟》篇的试律诗诗题《舞干羽两阶》，就赞美了禹以礼乐致苗归顺的成功治国方略，强调了礼乐治国的可行性。唐代试律诗诗题《归马华山》出典于伪古文尚书《武成》篇，此题通过选用周武王伐商后，放归战马于华山、偃武修文之事，来赞扬礼乐治国之策。

儒家思想还一直特别重视君臣关系的融洽，强调君主应善于听取大臣的讽谏和下层百姓的意见，只有做到上下融通，方能惠泽于世。唐代为封建社会的盛世之一，政治开明，文化繁荣，因此唐代试律诗诗题中多有反映此类思想的诗题。例如，出典于《诗经·大雅·板》篇的唐代试律诗诗题《询于刍荛》就强调了为政者当遇到疑难事情时，应主动征询百姓的意见。此题凸显了儒家尊民的民本思想，君臣之间关系融洽、相处和谐也是儒家一直所追求的。出典于《诗经·鲁颂·有駜》篇的唐代试律诗诗题《振振鹭》（大中八年）（854），就是对这方面追求的具体体现。

国君能广纳德才兼备之士为国所用，德才兼备之士又能积极自荐、贡献才智，是儒家一直所追寻的美好政治愿景。出典于《诗经·小雅·鹤鸣》篇的唐代试律诗诗题《鹤鸣九皋》就是以鸣鹤喻指人才，希望能早日得到统治者的察觉和任用，更早为朝廷效力。出典于《论语·子罕》篇的唐代试律诗诗题《美玉》《沽美玉》均表达了这种思想，如南巨川在《美玉》一诗中曰："终希逢善价，还得桂林枝。"

通过上文对出典于儒家典籍的唐代试律诗诗题的分析，我们不难发现，有唐一代是十分重视儒术的。在这一相对开明的历史时期，唐朝不但形成了"序六气以跻仁寿"❷的独特儒家思想，而且对以前的传统儒术也有很好的继承。儒家思想仍然是唐代君王维护其有效统治的最为重要的手段之一。

---

❶ （东汉）郑玄注，（唐）陆德明音义.礼记[M].四部丛刊景宋本.

❷ 池洁.唐人应试诗题的文化解读[J].文学遗产，2007（3）：137.

二、唐代试律诗诗题用典与唐代的崇道思想

李唐王朝的统治者因其与道教始祖老子同姓而极力推崇道教。当然，其中更主要的原因还是想通过老子之名以获得政权的神圣合理性，进而更好地维护自己的封建统治。早在唐朝初年，高祖李渊就已经尊奉老子为先祖，为之立庙，并在经济及文化政策上大力支持道教的发展。唐太宗李世民继承了其父亲的这一做法。

在高祖和太宗均尊奉道教的影响下，他们的后继者高宗、睿宗、中宗等对道教也都尊奉有加。在唐高宗时期，老子地位的抬升幅度最为明显。高宗李治于乾封元年（666）二月己未陪同皇后武则天"次亳州幸老君庙，追号曰'太上玄元皇帝'，创造祠堂，其庙置令、丞各一员"❶。上元二年（675）正月，唐高宗又采纳皇后武则天的建议敕"明经加试《老子》策两条，进士加试帖三条"❷。自此，《老子》成了唐朝科举考试的正式内容。

在唐朝历代帝王当中，数唐玄宗最为尊奉道教。可以这么说，有唐一代到了玄宗时期对道教的尊奉已达到了顶峰。较为明显的表现是，他大力提高对老子的封号。天宝二年（734）正月，他追尊玄元皇帝为大圣祖玄元皇帝，追尊圣祖玄元皇帝的父亲周上御史大夫为先天太上皇，追尊圣祖玄元皇帝的母亲益寿氏为先天太后。

唐玄宗对道教的极力尊奉，最主要的表现还是他对道家经典——《道德经》的推崇。开元十七年（729），唐玄宗要求崇玄馆学士定期宣讲《道德经》以求教化天下，制曰：

> 自今已后，每至三元日，宜令崇玄馆学士讲《道德》《南华》等诸经，群公百辟咸就观礼。庶使轩冕之士，尽宏南郭之风；寰海之内，咸为大庭之俗❸。

唐玄宗认为《道德经》的地位应高于儒家六经，所以他亲自主持《道德经》的注疏事宜，并于天宝十四年（755）十月甲午"颁《御注老子》并《义疏》于天下"❹，以便世人诵读尊奉。另外，唐玄宗于开元二十九年（741）还增设了以道家经典为考试内容的"道举"科，此年制曰：

> 制两京、诸州各置玄元皇帝庙并崇玄学，置生徒，令习《老子》《庄子》《列子》《文子》，每年准明经例考试❺。

---

❶（五代）刘昫撰. 旧唐书 [M]. 清乾隆武英殿刻本.

❷（北宋）王钦若编. 册府元龟 [M]. 明刻初印本.

❸（北宋）宋敏求编. 唐大诏令集 [M]. 民国适园丛书本.

❹（五代）刘昫撰. 旧唐书 [M]. 清乾隆武英殿刻本.

❺ 同上。

唐玄宗还将《老子》《庄子》《列子》《文子》等道家经典所蕴含的思想奉为治国方略，倍加重视。

唐肃宗时期的"安史之乱"是唐朝由盛转衰的转折点，但国势的衰微没有改变后继君王对道教的信奉与痴迷。肃宗的后继承者，如代宗、宪宗、穆宗、敬宗、武宗、宣宗等无不迷信道教，沉溺于服食丹药，以求长生不老。唯独德宗与文宗稍有例外。

通过以上论述，我们不难看出，唐代统治者对道教一直是特别推崇的，崇道思想已经渗透到了唐朝社会生活的各个领域。而作为唐代政治与文化特殊结合体的唐代试律诗诗题更是直接体现了这一思想倾向。

据统计，唐代试律诗诗题用典共涉及道家典籍12部，它们是：《老子》《庄子》《列子》《文子》《淮南子》《列仙传》《孝经援神契》《海内十洲记》《汉武帝内传》《抱朴子》《孙氏瑞应图》《修真入道秘言》等。唐玄宗于开元二十九年（741）下制令生徒研习的四大道家经典《老子》《庄子》《列子》《文子》等，均有试律诗诗题源于此。其中，以道家典籍《庄子》为典源文献的试律诗诗题为数最多，共计7例。另据统计，与道教思想有关的试律诗诗题共有26例，其占典故类唐代试律诗诗题总数的14%。下面我们就对这些唐代试律诗诗题举例分析，以求探讨道教思想与唐代政治、思想及文化之间的关系。

得道成仙，一直是世人信奉和修炼道教的最终目的，在道教典籍中对此类事件也多有记载。最著名的有两例：一例是有关王子乔得道成仙的故事，一例是有关谢自然修炼升天的故事。唐代试律诗诗题中以王子乔得道成仙的故事为典源出处的共有3例，它们是《缑山月夜闻王子晋吹笙》《缑山月》《夜闻洛滨吹笙》。据旧题西汉刘向的《列仙传·王子乔》载：

> 王子乔者，周灵王太子晋也，好吹笙作凤凰鸣。游伊洛之间，道士浮丘公接以上嵩高山。三十余年后，求之于山上，见柏良曰："告我家，七月七日，待我于缑氏山巅。"至时，果乘白鹤驻山头，望之不得到，举手谢时人，数日而去。亦立祠于缑氏山下，及嵩高首焉❶。

三例试律诗诗题均以此典为典源，可见王子乔得道成仙之事对唐人具有极大诱惑力。唐文宗是较为重视儒家学术的，曾经于大和七年（883）敕刊刻儒家九经于太学石壁，但稍前于此的文宗大和二年（878）的试律诗诗题源于王子乔故事的《缑山月夜闻王子晋吹笙》。据此不难看出，在唐朝崇道的大环境下，尊儒的文宗也难免受其影响。

王母是道教的主要人物之一。相传王母居住在昆仑仙岛，其瑶池中种有蟠桃，人食之可以长生不老，所以，尊道者常以梦见王母为自己有仙根的表现。出典于《穆天子传》的试律诗诗题《主上元日梦王母献白玉环》，就是这一心理的明显表现。

尊奉道教、期盼早日升天成仙的人，对道教仙境无不充满着无限向往。出典于西汉

---

❶ （西汉）刘向. 列仙传 [M]. 明正统道藏本.

司马迁的《史记·封禅书》的试律诗诗题《府试莱城晴日望三山》，正是唐人这一心理的具体体现。

唐人常常以大汉喻指盛唐，所以唐人对汉朝的历史故事、轶闻传说都特别熟悉，特别是关于汉武帝求仙的故事，信奉道教的唐代君王更是烂熟于心。唐代试律诗诗题《范成君击洞阴磬》就是源于东汉班固的《汉武帝内传》。此题记载了汉武帝与道教神仙西王母会面时的祥和场面，仙乐齐奏，极具道教神仙色彩。另外一例与信奉道教、追求长生不老的汉武帝有关的唐代试律诗诗题是《金茎》，此题源于西汉司马迁的《史记·孝武本纪》。据史书记载，汉武帝曾经于宫中铸造"铜柱、承露仙人掌"，以便承接天上的甘露，饮之而求长生不老。

有些唐代试律诗诗题与道教宣扬的祥瑞之象有关，如唐德宗贞元七年（791）的试律诗诗题《青云干吕》，出典于旧题西汉东方朔的《海内十洲记》。《海内十洲记》所宣扬的是一种"东风入律，百旬不休，青云干吕，连月不散者，当知中国时有好道之君"的思想。知贡举者欲借道教宣扬的祥瑞之象"青云干吕"来颂扬德宗为仁德之君。贞元十一年（795），出典于《修真入道秘言》的试律诗诗题《立春日晓望三素云》，是以道教祥瑞之象"三素云"的出现为描述对象，此题极具道教色彩。道教认为三素云与道教神仙三元君相伴，见三元君辇车者，即可于白日升天为仙。这是唐朝尊道者一直所信奉和向往的。

出典于《老子》的试律诗诗题《春台晴望》、出典于《庄子·齐物论》篇的试律诗诗题《至人无梦》和出典于《文子·上义》篇的试律诗诗题《澄心如水》等均反映了道家清静无为、淡泊虚心的思想。《文子·上义》曰："凡学者，能明于天人之分，通于治乱之本，澄心清意以存之，见其终始，反于虚无，可谓达矣。"❶这种无为、虚心的思想在唐朝国势由盛衰微之后仍颇为流行。

贞元五年（789）出典于《庄子·天地》篇的试律诗诗题《沉珠于渊》，则反映了道教"不利财货，不近富贵"的价值取向和人生观。

还有一些唐代试律诗诗题仅是以道教典籍里的寓言故事为典源，而不直接反映任何道教思想。例如，试律诗诗题《骊珠》，出典于《庄子·列御寇》：

河上有家贫恃纬萧而食者，其子没于渊，得千金之珠。其父谓其子曰："取石来锻之！夫千金之珠，必在九重之渊而骊龙颔下。子能得珠者，必遭其睡也。使骊龙而寤，子尚奚微之有哉！"❷

题中"骊珠"仅是道教典籍《庄子》寓言中从深渊骊龙颔下取下的宝珠，用来喻指珍贵的人才或好的作品之难得，而其并不反映任何道教思想。

---

❶ （春秋战国）辛鈃.文子[M].明万历五年子汇本.

❷ （春秋战国）庄周撰，（西晋）郭象注.南华真经[M].四部丛刊景明世德堂刻本.

通过以上分析，我们不难看出，有唐一代对道教一直是比较推崇的。唐代典故类试律诗诗题对此有很好的证明，这些诗题从政治、思想、文化等不同侧面表现了道教对唐朝社会的重大影响。

另据考察，在181例典故类唐代试律诗诗题中，未见有一例来源于佛教典籍。所以，我们可以推断，佛教对唐代社会的影响更多只是在民间，其在唐朝的蔓延与发展很少受政治力量的推动。

通过以上对唐代试律诗诗题用典与唐代儒释道三家思想关系的探讨，学界普遍认为唐代对儒释道三家思想并重的观点是值得商榷的。据统计，与儒教相关的试律诗诗题数占典故类唐代试律诗诗题总数的29%，与道教相关的试律诗诗题数占典故类唐代试律诗诗题总数的14%，而在典故类试律诗诗题中，与佛教相关的诗题却没有一例。据此，我们不难推断，唐朝真正尊奉的仍是发源于本土的道教和儒教，其中尊儒更多用于政治，尊道更多为个人追求。

第三节　唐代试律诗诗题用典与唐代文学风尚

唐代试律诗作为唐代科举选官制度与当时参试士子文学创作的特定产物，不仅与唐代的政治、思想、文化关系密切，而且还直接关涉着唐代的总体文学风尚。特别是典故类唐代试律诗诗题的命题者，他们对典故类诗题典源的选取，直接反映了唐代文学的审美取向，而这种审美取向又在很大程度上影响着唐代文学的实际创作。

一、唐代选学的兴起与六朝文风

由南朝梁昭明太子萧统主持编撰的文学总集《文选》在成书之初，并未得到时人的太多重视。《文选》真正成为一门学问，应该始于唐朝的李善。李善是扬州江都人，学贯古今，人称"书簏"。据《新唐书·李邕传》载："（善）流姚州，遇赦还。居汴、郑间讲授（《文选》），诸生四远至，传其业，号'文选学'。"❶我们现在所说的"文选学"一词最早就是出于此。

唐朝初年，科举多依隋制，加上高祖、太宗推行关陇文化本位政策，在文化思想上又重儒术而轻文辞。所以，在唐武德、贞观年间，考察士子儒学涵养及观察分析时政能力的时务策一直是科举考试的唯一内容，而以"典丽"为选文标准的《文选》自然不被朝廷所重视。但是，随着唐代科举考试制度的不断变革，杂文逐渐成为科举考试的必考内容。这样，士子们科场作诗、为赋时的文采丽句就变得越来越重要，而《文选》正好符合了士子们的这一需要。因此，在当时，他们几乎人手一册，烂熟于心。特别是在武则天掌权后，因武氏好雕虫文章、重文学之士，政治文化上又想借新起的文学之士对抗

---

❶　（北宋）欧阳修，宋祁撰.新唐书[M].清乾隆武英殿刻本.

士族官宦子弟、借南方文化排挤关陇文化，这就进一步提高了实属南方之学的《文选》在唐代社会中的地位。当然，《文选》在唐代最终之所以成为显学，还有其他特定的历史原因，其中最主要的因素是《文选》对文章的选取符合了李唐王朝大一统之后对文学发展的内在要求。唐代延续六朝文学风格，崇尚六朝文学的审美取向，精选了魏晋至齐梁时期的名篇佳作，并对江左风流和河朔气质采取了兼容并包的态度，《文选》正好与唐代大一统之后的这一文学风尚相吻合。

萧统曾曰："夫文典则累野，丽亦伤浮，能丽而不浮，典而不野，文质彬彬，有君子之致。"❶他强调了文学"典"与"丽"的有机结合，根据这一文学审美取向，萧统在选编《文选》时，就更多地侧重于收录六朝的文学作品。就《文选》收录的466首诗歌而言，六朝诗歌共计318首，占所收录诗歌总数的68%，其中收录西晋诗歌126首、东晋诗歌10首、南朝宋诗歌105首、南朝齐诗歌24首、南朝梁诗歌53首；而收录六朝以前的诗歌仅148首，占《文选》所收录诗歌总数的32%，其中收录《楚辞》诗歌12首、汉代诗歌53首、魏朝诗歌83首。《文选》所收录的六朝诗歌与其所收录的六朝以前诗歌在数量上的这一巨大差异，不但表明了萧统对六朝"丽而不浮，典而不野"文学风尚的高度认同，而且也证明了文学在不断发展进步的客观现实。

二、唐代试律诗诗题用典与唐代文学审美取向

随着"文选学"在唐代的不断发展，继承六朝文风逐渐成为唐代文学创作的一大潮流，而作为唐代试律诗的命题者，就不可避免地要将这一潮流运用于试律诗的命题当中。于是他们就把典故类纯文学试律诗诗题的典源文献大多集中到了六朝的作品上。据统计，在现存的181例典故类唐代试律诗诗题中，共有40例试律诗诗题的典源文献为六朝作品，它们占典故类唐代试律诗诗题总数的22%。特别值得注意的是，在这40例唐代试律诗的诗题中，有多达31例来源于《文选》所收录的六朝文学作品，它们占源于《文选》类唐代试律诗诗题总数的78%。具体作家及试律诗诗题为：来源于东晋陶渊明作品的试律诗诗题《日暮天无云》《府试木向荣》《春风扇微和》；来源于东晋谢灵运作品的试律诗诗题《白日丽江皋》《新阳改故阴》《夏首犹清和》《空水共澄鲜》《飞鸿响远音》《落日山照耀》《原隰荑绿柳》；来源于南朝宋鲍照作品的试律诗诗题《朱丝弦》《清如玉壶冰》《玉壶冰》《锦带佩吴钩》；来源于南朝宋谢庄作品的试律诗诗题《圆灵水镜》；来源于南朝宋沈约作品的试律诗诗题《秋风生桂枝》；来源于南朝宋江淹作品的试律诗诗题《秋日悬清光》《日暮碧云合》《日暮山河清》《春水绿波》《春草碧色》；来源于南朝齐谢朓作品的试律诗诗题《日华川上动》《玉绳低建章》《春色满皇州》《风光草际浮》《天际识孤舟》《鸟散馀花落》《宣州试窗中列远岫》《日暖万年枝》《风动万年枝》；来源于南朝梁王褒作品的试律诗诗题《巨鱼纵大壑》。

唐代试律诗诗题的典源出自《文选》未收录的六朝作品的共有9例，它们是：来源

---

❶ （南朝梁）萧统编.梁昭明太子文集[M].四部丛刊景明本.

于南朝齐谢朓作品的试律诗诗题《风草不留霜》；来源于南朝梁何逊作品的试律诗诗题《月映清淮流》《寒流聚细文》《监试夜雨滴空阶》；来源于南朝梁吴均作品的试律诗诗题《春从何处来》；来源于南朝梁庾信作品的试律诗诗题《京兆府试残月如新月》；来源于北朝齐薛道衡作品的试律诗诗题《空梁落燕泥》和来源于南朝陈后主作品的试律诗诗题《寒云轻重色》。

唐代试律诗是唐代政治与文学的特定产物，试律诗诗题不仅体现着统治者的政治目的，更反映着当时文学的特定审美取向。通过以上分析，不难看出，《文选》所倡导的"丽而不浮，典而不野"❶的六朝文学审美取向一直是唐代文学创作所尊奉的。

三、唐代试律诗诗题用典与唐代诗歌艺术的审美特点

在唐代典故类试律诗诗题中，出典于前代诗文作品的试律诗诗题共有62例。其中，有9例是出典于《诗经》的，但此类诗题的命题者多取汉儒赋予其政治意义，而忽略了诗题自身的文学审美趣味，所以均应予以剔除。这样，实际上出典于前代诗文作品的唐代试律诗诗题应是53例。在这53例唐代试律诗诗题中，出典于前代诗歌作品的试律诗诗题所占的比重最大，共42例，其占出典于前代诗文作品试律诗诗题总数的79%。这些出典于前代诗歌作品的试律诗诗题，直接反映了唐代诗歌艺术的审美特点，并对唐代诗歌的创作实践起到了重要的导向作用。因此，我们通过对此类唐代试律诗诗题的具体分析，不仅可以弄清楚唐人的诗歌审美特点，而且对试律诗诗题出典诗歌的作者在唐代诗歌特质形成的过程中所起的重要作用会有更加深入和全面的了解。下面以出典诗题的多少为序对此展开论述。

在出典于前代诗歌作品的唐代试律诗的诗题中，以南朝齐谢朓诗歌为典源文献的为数最多，共计10例。

（1）诗题《日华川上动》，出典于谢朓的《和徐都曹》中"日华川上动，风光草际浮"一句。

（2）诗题《风光草际浮》（贞元九年）（793），典源同上。

（3）诗题《风动万年枝》（贞元十八年）（802），出典于谢朓的《直中书省》中"风动万年枝，日华承露掌"一句。

（4）诗题《日暖万年枝》，典源同上。

（5）诗题《春色满皇州》（元和十年）（815），出典于谢朓的《和徐都曹》中"苑洛佳遨游，春色满皇州"一句。

（6）诗题《鸟散馀花落》（长庆元年）（821），出典于谢朓的《游东田》："鱼戏新荷动，鸟散馀花落"一句。

（7）诗题《窗中列远岫》，出典于谢朓的《郡内高斋闲坐答吕法曹》中"窗中列远岫，庭际俯乔林"一句。

❶（南朝梁）萧统编．梁昭明太子文集[M]．四部丛刊景明本．

（8）诗题《玉绳低建章》，出典于谢朓的《暂使下都夜发新林至京邑赠西府同僚》中"金波丽鳷鹊，玉绳低建章"一句。

（9）诗题《天际识归舟》，出典于谢朓的《之宣城郡出新林浦向板桥》中"天际识归舟，云中辨江树"一句。

（10）诗题《风草不留霜》，出典于谢朓的《冬绪羁怀示萧谘议虞田曹刘江二常诗》中"风草不留霜，冰池共如月"一句。

在出典于谢朓诗歌作品的唐代试律诗的诗题中，有9例是对谢朓诗句的直接取用，仅有《日暖万年枝》一例是对诗句"风动万年枝，日华承露掌"一句的化用。谢朓是唐人最为喜爱的六朝诗人之一，唐朝大诗人李白、杜甫对其均称赞有加。李白"一生低首谢宣城"❶，杜甫则认为"谢朓每篇堪讽诵"❷。谢朓的诗歌作品多描写自然景物，诗风清新秀丽、圆美流转、意境新颖、富于情致，而唐人对谢朓这一创作风格的继承正是形成"唐诗主情，故多蕴藉"❸特点的主要原因之一。

在唐代试律诗的试题中，以东晋诗人谢灵运诗歌作品为典源文献的试题也比较多，共计7例。

（1）试题《夏首犹清和》，出典于谢灵运的《游赤石进帆海》中"首夏犹清和，芳草亦未歇"一句。

（2）试题《飞鸿响远音》，出典于谢灵运的《登池上楼》中"潜虬媚幽姿，飞鸿响远音"一句。

（3）试题《新阳改故阴》，出典于谢灵运的《登池上楼》中"初景革绪风，新阳改故阴"一句。

（4）试题《落日山照耀》，出典于谢灵运的《七里濑》中"石浅水潺湲，日落山照曜"一句。

（5）试题《空水共澄鲜》，出典于谢灵运的《登江中孤屿》中"云日相辉映，空水共澄鲜"一句。

（6）试题《白日丽江皋》，出典于谢灵运的《从游京口北固应诏》中"远岩映兰薄，白日丽江皋"一句。

（7）试题《原隰荑绿柳》，出典于谢灵运的《从游京口北固应诏》中"原隰荑绿柳，墟囿散红桃"一句。

以上7例唐代试律诗诗题均出典于谢灵运的山水诗，多是直接取用诗中的写景名句。谢灵运是我国文学史上山水诗派的开创者，其诗作充满"天然雕饰，道法自然"的精神，蕴含一种"内无乏思，外无遗物"❹的神韵。谢诗的这一风格特点备受唐人推崇，成为唐

❶ （清）翁方纲.石洲诗话 [M].清粤雅堂丛书本.

❷ （清）曹寅，彭定求编.全唐诗 [M].清文渊阁四库全书本.

❸ （清）王士祯.带经堂诗话 [M].清乾隆二十七年刻本.

❹ （南朝梁）钟嵘.诗品 [M].明夷门广牍本.

代诗歌艺术的重要审美标准之一。李白盛赞唐朝山水田园派大诗人孟浩然"高山安可仰，徒此揖清芬"❶，赞美韦良宰的诗"清水出芙蓉，天然去雕饰"❷。据此我们不难看出，谢灵运对唐人诗歌创作的影响之大。

在典故类唐代试律诗的诗题中，来源于三国魏曹植作品的试律诗诗题共有6例：《御箭连中双兔》《膏泽多丰年》《泾渭扬清浊》《好鸟鸣高枝》《良田无晚岁》和《求自试》。其中，有4例是来源于曹植的诗歌作品。

（1）诗题《泾渭扬清浊》，来源于曹植的《又赠丁仪王粲》中"山岑高无极，泾渭扬浊清"一句。

（2）诗题《好鸟鸣高枝》，来源于曹植的《公宴诗》中"潜鱼跃清波，好鸟鸣高枝"一句。

（3）诗题《良田无晚岁》，来源于曹植的《赠徐干》中"良田无晚岁，膏泽多丰年"一句。

（4）诗题《膏泽多丰年》，典源同上。

曹植是"建安文学"的代表人物之一，其诗歌大都遒劲质朴，带有慷慨悲凉的阳刚之气。在诗歌语言上，曹植又特别注重对艳词丽句的运用，重视诗歌的华茂词采。所以，钟嵘在《诗品》中评之为："骨气奇高，词采华茂，情兼雅怨，体被文质，粲溢今古，卓尔不群。"❸曹植这种风骨与词采兼备的诗歌创作风格备受推崇六朝文风的唐代诗人所重视。

在出典于前人诗歌作品的典故类唐代试律诗诗题中，来源于南朝宋鲍照诗歌的诗题，共有4例。

（1）诗题《朱丝弦》，出典于鲍照的《代白头吟》中"直如朱丝绳，清如玉壶冰"一句。

（2）诗题《清如玉壶冰》，典源同上。

（3）诗题《玉壶冰》，典源同上。

（4）诗题《锦带佩吴钩》，出典于鲍照的《代结客少年场行》中"骢马金络头，锦带佩吴钩"一句。

鲍照诗歌的艺术风格"俊逸豪放，奇矫凌厉"，直接继承了建安风骨。钟嵘在《诗品》中评之为"不避危仄，颇伤清雅之道"❹，但为唐人所重视。特别是他的乐府诗，突破了传统乐府格律的限制，节奏变化多样，辞藻华美流畅，情致慷慨激昂，思想幽深含蓄，意境清新幽邃。四例试律诗诗题就均出自鲍照的乐府诗，这说明唐人对鲍照乐府诗的艺术风格是极为推崇的。

---

❶ （清）曹寅，彭定求编.全唐诗[M].清文渊阁四库全书本.

❷ （清）曹寅，彭定求编.全唐诗[M].清文渊阁四库全书本.

❸ （南朝梁）钟嵘.诗品[M].明夷门广牍本.

❹ （南朝梁）钟嵘.诗品[M].明夷门广牍本.

在出典于前人诗歌作品的典故类唐代试律诗的诗题中，来源于东晋陶渊明诗歌的诗题，共有3例。

（1）诗题《秋菊有佳色》，出典于陶渊明的《饮酒二十首》之二中"秋菊有佳色，裛露掇其英"一句。

（2）诗题《日暮天无云》，出典于陶渊明的《拟古诗》中"日暮天无云，春风扇微和"一句。

（3）诗题《春风扇微和》，典源同上。

陶渊明在六朝时期并不被重视，南朝梁刘勰的《文心雕龙》对其根本未加提及，与刘勰同时期的钟嵘在其《诗品》中也只是将他列为中品，萧统编纂的《文选》收录陶渊明诗歌也不过8首。从现存的唐代试律诗诗题的数量来看，来源于陶渊明诗歌的试律诗诗题共有3例，仅排在谢朓、谢灵运、曹植和鲍照之后，位列第五。特别值得一提的是，诗题《春风扇微和》分别于唐德宗贞元十年（794）进士科和唐懿宗咸通十三年（872）博学宏词科，两次被选用作科举考试的试题。据考证，这种情况在现存的唐代试律诗的诗题中，是绝无仅有的。因此，在唐代陶渊明是极受重视和推崇的。陶渊明的诗歌独具艺术特色，兼平淡与爽朗之胜，语言质朴自然，而又极为精确凝练，这都给唐代的诗歌创作带来了深远的影响。

在出典于前人诗歌作品的典故类唐代试律诗的诗题中，来源于南朝梁何逊诗歌的诗题，也为3例。

（1）诗题《月映清淮流》，来源于何逊的《与胡兴安夜别》中"露湿寒塘草，月映清淮流"一句。

（2）诗题《寒流聚细纹》，来源于何逊的《九日侍宴乐游苑》中"疏树翻高叶，寒流聚细纹"一句。

（3）诗题《夜雨滴空阶》，来源于何逊的《临行与故游夜别》中"夜雨滴空阶，晓灯暗离室"一句。

何逊出身贫寒，仕途坎坷，其诗歌作品在当时评价并不高，很少被重视。北齐颜之推的《颜氏家训·文章篇》就认为何逊诗歌虽有"清巧"之长，但多"苦辛""饶贫寒气"，不及同时代的诗人刘孝绰。但是在唐代，何逊颇受推崇，如唐文宗开成二年（837）知贡举的高锴，就赞美当年及第状元李肱的应试诗歌作品说："进士李肱，《霓裳羽衣曲》诗一首，最为迥出，更无其比。词韵既好，人才俱美，前场吟咏近三五十遍，虽使何逊复生，亦不能过。"❶不难看出，知贡举的高锴已经将何逊诗歌作为衡量当时诗歌作品的最高标准。何诗多写离情别绪或描绘景物，通过对客观事物的细致描写来衬托自身的主观感受，写景抒情极为精妙，格调含蓄婉转。何逊的这一诗歌艺术特点符合唐人的审美心理，对唐代的诗歌创作产生了积极影响。

我们对唐代试律诗诗题源出数量较多的前朝诗人的创作风格对唐代诗歌艺术的积极

---

❶（北宋）计有功.唐诗纪事[M].四部丛刊景明嘉靖本.

影响进行了详细的分析，对唐代诗歌艺术的审美取向有了更加深入和全面的了解。唐人在遵循诗歌自身发展规律的同时，积极地吸收和继承了前代特别是六朝诗歌创作的艺术精华，从而最终促成了唐诗的全面繁荣。

第四节　唐代试律诗诗题用典与唐代史鉴思想及祥瑞尚奇文化

唐代统治者特别重视历史，重视"以史为鉴"对维护自身统治的重要意义。早在唐朝建立初年，唐太宗李世民就说："以古为镜，可以知兴替；以人为镜，可以明得失。"❶正是在这一史鉴思想的指导下，唐朝初年设立了史馆，并对唐以前几个朝代的历史进行了整理，修成《梁书》《陈书》《北齐书》《周书》《隋书》等五史，后来又陆续修成《晋书》《南史》《北史》等史书。唐代的史鉴思想在科举制度中也有较为明显的体现，唐太宗贞观八年（634）"诏加进士试读经史一部"❷，唐穆宗于长庆三年（823）设立了史科，使史书正式成为科举考试的必考内容。唐代的史鉴思想在唐代试律诗的诗题中也有所反映。据统计，出典于唐以前史书的试律诗诗题共有 39 例，其占典故类唐代试律诗诗题总数的21%。

祥瑞尚奇文化是我国封建社会文化体系的重要组成部分，特别是在尊奉道教的唐代，这一文化倾向尤为明显，在唐代试律诗诗题中对此也多有反映。据统计，在所存的唐代试律诗诗题中，涉及唐代祥瑞尚奇文化的试律诗诗题就有 32 例，其占典故类唐代试律诗诗题总数的 18%。在这 32 例试律诗诗题中，有 18 例试律诗诗题反映了唐人对祥瑞的崇奉，有 14 例试律诗诗题表现了唐人的尚奇心理。

一、唐代试律诗诗题用典与唐代的史鉴思想

隋朝的快速灭亡，特别是隋炀帝因奢华与暴政而招致亡国的惨痛教训极大地触动了唐代的统治者。他们意识到采取怎样的治国思想、实施怎样的治国策略，直接决定着王朝的兴衰，而"以史为鉴"就成为其最佳选择。他们期盼从历史中汲取治国的经验教训，"有则改之，无则加勉"，以便更加有效地维护自己的政权统治。正是受这种史鉴思想的影响，在唐代试律诗的命题中，命题者往往选择蕴涵着治国思想的历史典故来进行出题。

试律诗诗题《归马华山》，出典于伪古文尚书《周书·武成》：

王朝步自周，于征伐商。厥四月，哉生明，王来自商至于丰。乃偃武修文，归马于华山之阳，放牛于桃林之野，示天下弗服 ❸。

---

❶　（五代）刘昫撰 . 旧唐书 [M]. 清乾隆武英殿刻本 .

❷　（北宋）王钦若编 . 册府元龟 [M]. 明刻初印本 .

❸　（西汉）孔安国传，（唐）陆德明音义 . 尚书 [M]. 四部丛刊景宋本 .

周武王灭商后，把军用的牛马放养于桃林，以示不再用兵。这种偃武休兵的政策，不仅是饱经战乱的唐朝初民所向往的，更是与唐初所奉行的"文德之治"的政治策略相统一。唐代统治者虽然是以武力夺得天下，但在政权建立之初，更多的是尊奉儒术，敦于教化，追求一种"文质彬彬"的政治状态和社会文明，力求以文德治理天下，使国家休养生息。试律诗的命题者以此典命题，既顺应了民心，又顺应了唐初"文德之治"的治国策略，利于维护社会的稳定。

试律诗诗题《闻击壤》，出典于东汉王充的《论衡·感虚篇》：

尧时，五十之民击壤于涂。观者曰："大哉，尧之德也！"击壤者曰："吾日出而作，日入而息，凿井而饮，耕田而食，尧何等力？"尧时已有井矣❶。

相传帝尧治理天下时，天下太平，百姓无事，但五十之民不觉其力，这是圣君治理天下的最高境界，也是历代封建帝王所追求和向往的。唐代试律诗的出题者以此典命题，反映了唐代君王的这一追求。

试律诗诗题《临渊羡鱼》，出典于西汉刘安的《淮南子·说林训》：

食其食者不毁其器，食其实者不折其枝。塞其源者竭，背其本者枯。交画不畅，连环不解，其解之不以解。临河而羡鱼，不如归家织网❷。

此例典故常用来比喻空有愿望，而无实际行动。出题者以此典命题就是劝诫统治者，对先王圣君的治世伟业不能只有敬仰和羡慕，更要身体力行，勤恳为政。

试律诗诗题《吴宫教战》，出典于西汉司马迁的《史记·孙子吴起列传》：

孙子武者，齐人也。以兵法见于吴王阖庐。阖庐曰："子之十三篇，吾尽观之矣，可以小试勒兵乎？"对曰："可。"阖庐曰："可试以妇人乎？"曰："可。"于是许之，出宫中美女，得百八十人。孙子分为二队，以王之宠姬二人各为队长，皆令持戟。令之曰："汝知而心与左右手背乎？"妇人曰："知之。"孙子曰："前，则视心；左，视左手；右，视右手；后即视背。"妇人说："诺。"约束既布，乃设鈇钺，即三令五申之，于是鼓之右，妇人大笑。孙子曰："约束不明，申令不熟，将之罪也；既已明而不如法者，吏士之罪也。"乃欲斩左右队长。吴王从台上观，见且斩爱姬，大骇。趣使使下令曰："寡人已知将军能用兵矣。寡人非此二姬，食不甘味，愿勿斩也。"孙子曰："臣既已受命为将，将在军，君命有所不受。"遂斩队长二人以徇。用其次为队长，于是复鼓之。妇人左右前后跪

❶（东汉）王充.论衡[M].四部丛刊景通津草堂本.

❷（西汉）刘安撰，（东汉）许慎注.淮南鸿烈解[M].四部丛刊景钞北宋本.

起皆中规矩绳墨，无敢出声❶。

　　天下太平，国家大治，不但需要开明的人治，更需要严格而公正的法治。只有法律面前君民平等，国家才会秩序井然。此处以孙子于吴宫教战之事为出题典源，就是为了强调法治严明的重要性，对唐代统治者有明显的警示意义。

　　试律诗诗题《焚裘》，出典于唐房玄龄等所著《晋书·武帝本纪》：

　　咸宁元年十一月辛巳，太医司马程据献雉头裘，帝以奇技异服典礼所禁，焚之于殿前❷。

　　这是一则赞美帝王抵制豪奢的典故。试律诗的命题者以此典为诗题来源，就是告诫人们，在平时的生活中应抵制"奇技异服"，摒弃奢华，崇尚简朴。

　　在唐代试律诗的诗题中，以蕴含治国思想的历史典故为出题来源的还有很多，如出典于旧题春秋左丘明的《左传·文公七年》的试律诗诗题《冬日可爱》和《夏日可畏》，就是通过采用生动形象的比喻手法，表达对开明政治的向往和对残酷暴政的批判；出典于西汉司马迁的《史记·项羽本纪》的试律诗诗题《亚父碎玉斗》，则是借项羽在鸿门宴上错失良机的故事，告诫统治者在政治斗争的关键时刻，应该当机立断，绝不可优柔寡断，错失良机；出典于《战国策》的试律诗诗题《骐骥长鸣》，则是借伯乐相马的故事，强调了统治者识才、选才的重要性。

　　唐代的史鉴思想还表现在对优秀历史人物的尊敬和赞美上。唐代的试律诗诗题常以涉及历史上优秀人物的典故为出题来源，命题者希望通过这些人物的高尚形象和崇高品格来感召世人，以培养淳朴的民风，营造和谐的社会环境，从而维护当权者的有效统治。

　　试律诗诗题《云母屏风隔坐》，出典于南朝宋范晔的《后汉书·郑弘传》：

　　郑弘，字巨君，会稽山阴人也……少为乡啬夫，太守第五伦行春，见而深奇之，召署督邮，举孝廉……元和元年，代邓彪为太尉。时举将第五伦为司空，班次在下。每正朔朝见，弘曲躬而自卑，帝问知其故，遂听置云母屏风，分隔其间❸。

　　这一典故借东汉郑弘受太守第五伦举荐，得以入朝为官，后官职高于第五伦，但每次正朔朝见时，郑弘总是对第五伦曲躬而自卑的故事，赞扬了其为人知恩图报、不忘旧恩的高尚品格。唐代试律诗诗题的命题者以此典为诗题来源，就是想借郑弘的这一优秀

❶ （西汉）司马迁撰，（南朝宋）裴骃集解，（唐）司马贞索隐，（唐）张守节正义.史记[M].清乾隆武英殿刻本.

❷ （唐）房玄龄撰.晋书[M].清乾隆武英殿刻本.

❸ （南朝宋）范晔撰.后汉书[M].百衲本景宋绍熙刻本.

品德来教育世人，以营造重情重义的淳朴民风。

试律诗诗题《麦穗两岐》，出典于南朝宋范晔编撰的《后汉书·张堪传》：

> 拜渔阳太守。捕击奸猾，赏罚必信，吏民皆乐为用。匈奴尝以万骑入渔阳，堪率数千骑奔击，大破之，郡届以静。乃于狐奴开稻田八千余顷，劝民耕种，以致殷富。百姓歌曰："桑无附枝，麦穗两岐。张君为政，乐不可支。"视事八年，匈奴不敢犯塞❶。

张堪，东汉南阳苑人，曾任蜀郡太守，仁惠廉明，后拜渔阳太守八年，对外抵御匈奴，对内打击奸猾，开田劝耕，民生富足，当时百姓以麦穗"两岐"为兴作歌，赞美他的政绩。与此相类似的唐代试律诗诗题还有出典于南朝宋范晔的《后汉书·循吏传·孟尝传》的《珠还合浦》。唐代统治者一直特别重视和珍惜人才，唐太宗早在贞观二年（628）就指出："为政之要，惟在得人，用非其才，必难致治。今所任用，必须以德行、学识为本。"❷唐代试律诗的命题者以此类人物典故为题，一方面表现了唐代统治者对理政清明、造福一方的优秀地方官吏的赞美，一方面更是体现了统治者想以此来激励唐朝地方官吏的良苦用心。

试律诗诗题《齐优开笼飞去所献楚王鹄》，出典于西汉司马迁的《史记·滑稽列传·淳于髡》：

> 昔者，齐王使淳于髡献鹄于楚。出邑门，道飞其鹄，徒揭空笼，造诈成辞，往见楚王，曰："齐王使臣来献鹄，过于水上，不忍鹄之渴，出而饮之，去我飞，亡。吾欲刺腹绞颈而死。恐人之议吾王以鸟兽之故令士自伤杀也。鹄，毛物，多相类者，吾欲买而代之，是不信而欺吾王也。欲赴佗国奔亡，痛吾两主使不通。故来服过，叩头受罪大王。"楚王曰："善，齐王有信士若此哉！"厚赐之，财倍鹄在也❸。

此典故是关于俳优淳于髡的故事，淳于髡受齐王差遣出使楚国献鹄于楚王，但在途中"飞其鹄"，到楚国后，他通过巧编诈词不仅取得了楚王的信任，而且得到了楚王的重赏。整个故事中贯穿着淳于髡的高超智慧和他对齐王的无限忠诚。唐代试律诗的命题者以此典为出题来源，不仅表现了他们对淳于髡高超智慧和崇高品格的肯定与赞赏，更是体现了唐代统治者对这类人才的深切期盼。

在唐代试律诗的诗题中，以此类与优秀历史人物故事相关的典故为出题来源的还有几例，如出典于西汉司马迁的《史记·李将军列传》的试律诗诗题《桃李无言》，就体现

---

❶ （南朝宋）范晔撰.后汉书[M].百纳本景宋绍熙刻本.

❷ （唐）吴兢撰，（元）戈直集论.贞观政要[M].四部丛刊续编景明成化刻本.

❸ （西汉）司马迁撰，（南朝宋）裴骃集解，（唐）司马贞索隐，（唐）张守节正义.史记[M].清乾隆武英殿刻本.

了出题者对李广身上所具有的那种凛然正气、忠实诚信人格的高度赞赏；出典于西汉司马迁的《史记·孔子世家》的试律诗诗题《夫子鼓瑟得其人》，则体现了命题者对孔子虚怀若谷、勤恳好学精神的高度认同；出典于东汉班固的《汉书·郑崇传》的试律诗诗题《澄心如水》，则表现了出题者对汉朝谏臣郑崇"澄心如水"、刚正严直、有礼有节高尚品格的高度赞扬。

在体现唐代史鉴思想的试律诗诗题中，有些还表现了对历史上重要人物失败原因的反思，试律诗的出题者希望时人能从这些人的失败当中汲取教训。出典于《金谷诗序》的试律诗诗题《石季伦金谷园》《金谷园花发怀古》《金谷园怀古》，均体现了出题者对石崇因豪奢而灭亡的深切反思，告诫世人应以此为戒。

在唐代试律诗诗题中，之所以存在如此多的蕴含史鉴精神的诗题，从表面上看，是由于唐代统治者出于巩固自身政治统治的客观需要，但实际上，其是与唐代社会重史思想相一致的。

二、唐代试律诗诗题用典与唐代祥瑞尚奇文化

（一）唐代试律诗诗题用典与唐代祥瑞文化

祥瑞文化，最早萌芽于商周时期，于汉代得到了长足发展，汉儒董仲舒将其提升到了理论化的高度。祥瑞古时又称为"嘉瑞""符瑞""瑞应""祯祥""福应"等，被认为是政治清明、国运昌盛、天下太平的征验或吉兆。战国秦吕不韦的《吕氏春秋·名类》曰："凡帝王者之将兴也，天必先见祥乎下民。黄帝之时，天先见大螾大蝼。黄帝曰：'土气胜。'土气胜，故其色尚黄，其事则土。及禹之时，天先见草木秋冬不杀。禹曰：'木气胜。'木气胜，故其色尚青，其事则木。及汤之时，天先见金刃生于水。汤曰：'金气胜。'金气胜，故其色尚白，其事则金。及文王之时，天先见火赤乌衔丹书集于周社。文王曰：'火气胜。'火气胜，故其色尚赤，其事则火。"❶东汉班固的《白虎通德论·封禅》曰："王者承天统理，调和阴阳，阴阳和，万物序，休气充塞，故符瑞并臻，皆应德而至。"❷

唐朝所尊奉的儒学主要强调的是人对天时节令的顺应，并不重视董仲舒所倡导的天人感应论，因此唐代君王很少公开主张祥瑞感应之说。但是，因受传统祥瑞文化的巨大影响，特别是唐代统治者有借祥瑞之象以维护自身统治的心理需要，所以在现实统治中，唐代君王对祥瑞之事仍是采取了默认和接受的态度。唐代各级官员频繁奏报祥瑞之象，而皇帝对其又往往不加责怪，就证明了这一点。

唐代试律诗的命题者，出题时不仅要考虑到当时的政治、思想、文化等因素，还要特别重视对当朝皇帝心理喜好的揣摩。在唐代试律诗诗题中，相当数量以祥瑞命题的诗题的存在，正是出题者准确把握当时君王崇尚祥瑞心理的体现。

龙、凤、龟、麒麟和白虎古时皆属于最高等级的瑞兆——嘉瑞。在谶纬书中，嘉瑞

---

❶ （秦）吕不韦撰，（东汉）高秀注.吕氏春秋[M].四部丛刊景明刊本.

❷ （东汉）班固撰.白虎通德论[M].四部丛刊景元大德覆宋监本.

出现的地方主要有两种情况：一是圣主继承天下大位，天帝降下嘉瑞以表天意，其既是授予天命的象征，又是上天对圣主主政的肯定，纬书中的此类描述多与伏羲、黄帝、尧、舜、禹等圣主有关；二是若人世间的统治者因实施仁政，出现了国泰民安、天下太平的盛世局面，天帝对主政的圣主予以褒奖和肯定时，也会降下一些嘉瑞现象。在唐代试律诗的诗题中，涉及嘉瑞现象的诗题有两例：《仪凤》和《龟负图》（大历十年）（775）。其中，试律诗诗题《仪凤》，出典于《尚书·虞书·益稷》：

夔曰："戛击鸣球，搏拊琴瑟以咏。"祖考来格，虞宾在位，群后德让。下管鼗鼓，合止柷敔，笙镛以间，鸟兽跄跄。《箫韶》九成，凤凰来仪。夔曰："於！予击石拊石，百兽率舞。"❶

《韶》乐是舜所作用以歌颂帝尧圣德的音乐，代表着天下太平、民生富足。"五灵"之一的凤凰闻《韶》乐而来，象征着吉祥福瑞。唐代试律诗的命题者以此典出题，目的就是歌颂唐朝君王的文治武功，感念皇恩之浩荡，颂扬天下之太平。

试律诗诗题《龟负图》（大历十年）（775），出典于《尚书·洪范》的《伪孔传》：

天与禹洛出书，神龟负文而出，列于背，有数至于九。禹遂因而第之，以成九类，常道所以次叙❷。

神龟于洛水负文而出，乃是帝王、圣者受天命之瑞兆，预示着天下大治。命题者以此典出题，意在颂扬唐代宗李豫。

"庆云"古为祥瑞中等级比嘉瑞低一级的大瑞，是一种五彩的云，也叫作卿云、景云。古时多以之为吉祥福瑞之气，它的出现常被认为是圣君继承大位或天下太平的吉兆。在唐代试律诗的诗题中，与"庆云"有关的诗题共有三例：《观〈庆云图〉》《华山庆云见》《上党奏庆云见》。它们均出典于东汉班固的《汉书·天文志》：

若烟非烟，若云非云，郁郁纷纷，萧索轮囷，是谓庆云。庆云见，喜气也❸。

唐代试律诗的命题者以此典出题，目的就是通过对唐代时世的赞美，以迎合唐代君王的盛世心理。

试律诗诗题《梢云》，出典于南朝梁孙柔之的《孙氏瑞应图》：

---

❶（西汉）孔安国传，（唐）陆德明音义．尚书 [M]．四部丛刊景宋本．

❷ 同上。

❸（东汉）班固撰，（唐）颜师古注．汉书 [M]．清乾隆武英殿刻本．

梢云，瑞云。人君德至则出，若树木梢梢然也❶。

梢云是天帝对实施德治人君的祥瑞之象，它的出现表现了上天对人君实施仁政的赞扬和肯定。出题者以此典命题，意在对当时之君的颂扬。

试律诗诗题《嘉禾合颖》，出典于伪古文尚书《微子之命》：

唐叔得禾，异亩同颖，献诸天子。王命唐叔，归周公于东，作《归禾》。周公既得命禾，旅天子之命，作《嘉禾》❷。

旧题西汉孔安国的《传》曰："唐叔，成王母弟，食邑内得异禾也。亩，垄也。颖，穗也。禾各生一垄而合为一穗。异亩同颖，天下和同之象，周公之德所致。"周时，唐叔虞所在的晋地发现嘉禾，嘉禾即双穗之禾，古人以之为祥瑞，认为其是天下昌盛的瑞象。与此相类似的唐代试律诗诗题还有出典于南朝宋范晔编撰的《后汉书·张堪传》的《麦穗两岐》。唐代试律诗的出题者以此类典故命题，目的在于通过美化当时的太平景象，以迎合时君之心理。

除以上所述之外，与祥瑞之象有关的唐代试律诗题还有：出典于《周易·系辞》的《洛出书》（开元十九年）（731）；出典于旧题东晋葛洪《西京杂记》的《风不鸣条》（会昌三年）（843）；出典于《孝经援神契》的《冬至日祥风应候》；出典于西汉司马迁《史记·天官书》的《老人星》《府试观老人星》；出典于西汉司马迁《史记·孝武本纪》的《白云起封中》《寿星见》；出典于旧题西汉东方朔《海内十洲记》的《青云干吕》；出典于《列子·汤问》的《景风扇物》；出典于《礼记·乐记》的《八风从律》；出典于北魏郦道元《水经注》的《河出荣光》；出典于东晋王嘉《拾遗记》的《海水不扬波》；出典于《礼记·月令》的《律中应钟》；出典于《庄子·天地篇》的《襄州试白云归帝乡》等。

唐代试律诗试题中诸多有关祥瑞诗题的存在，充分证明了唐代社会对祥瑞文化的重视和尊崇。同时，这证明口头上反对祥瑞思想的唐代统治者在现实中面对涉及祥瑞的事情时，还是采取了开明和欣赏的态度。

（二）唐代试律诗诗题用典与唐代尚奇文化

唐代尚奇之风蔚为壮观，唐人创作的传奇小说和唐人笔记对此多有体现。如王度的《古镜纪》，小说以一面镜子为主线，贯串了十二则神异的故事，包括千年老狐现形、与薛侠宝剑比光、胡僧试镜、屠杀大蛇、芮城治病、照杀雄鸡精等等。每则故事都神奇怪异，极具浪漫主义色彩。李朝威的传奇小说《柳毅传》，故事情节更是离奇曲折：洞庭龙王之女远嫁泾川，受尽丈夫泾阳君及公婆的虐待，幸遇书生柳毅为其传家书至洞庭龙宫，获叔父钱塘君营救，得以回到洞庭，钱塘君即令柳毅与龙女成婚。但因柳毅传信乃救人

---

❶ 转引自（南朝梁）萧统编，（唐）李善注.文选[M].胡刻本.

❷ （西汉）孔安国传，（唐）陆德明音义.尚书[M].四部丛刊景宋本.

之危，本无私心，且不满钱塘君的强势蛮横，故严词拒绝，执意离去。但龙女对柳毅已生爱慕之心，发誓不嫁他人。最终二人喜结良缘、终成眷属。故事情节构思之巧妙，令人叹服。

唐代著名的志怪传奇小说还有很多，如《任氏传》《离魂记》《枕中记》《南柯太守传》等，均体现了唐代浓郁的尚奇文化。唐代试律诗诗题作为当时政治、思想与文化的结合体，对唐代这种尚奇之风也多有体现。唐代试律诗诗题《秦镜》《府试古镜》，均出典于旧题东晋葛洪的《西京杂记》：

> 有方镜广四尺，高五尺九寸，表里有明。人直来照之影则倒见。以手扪心而来，则见肠胃五脏历然无硋。人有疾病在内则掩心而照之，则知病之所在。又女子有邪心，则胆张心动。秦始皇常以照宫人，胆张心动者则杀之。高祖悉封闭以待项羽，羽并将以东，后不知所在❶。

镜子可以照见人的肠胃五脏，可以检验人心之善恶，可谓极具神异色彩。出题者以此典命题，明显受唐代尚奇之风的影响。

试律诗诗题《学诸进士作精卫衔石填海》，出典于《山海经·北山经》：

> 又北二百里，曰发鸠之山，其上多柘木，有鸟焉，其状如乌，文首、白喙、赤足，名曰精卫，其鸣自詨。是炎帝之少女，名曰女娃。女娃游于东海，溺而不返，故为精卫，常衔西山之木石，以堙于东海。漳水出焉，东流注于河❷。

这则故事构思奇异、寓意深刻。"精卫"是古代神话故事中溺水少女所化的一只小鸟，它不断衔西山之木石，志在将东海填平。后用"精卫填海"比喻有冤仇志在必报，或比喻不畏艰辛、奋斗不息，亦喻难以实现的忠贞之志。唐代试律诗的出题者以此典命题，除受唐代尚奇风气的影响外，可能更多是被故事本身的神奇魅力所吸引。

试律诗诗题《鲛人潜织》，出典于西晋张华的《博物志》：

> 南海之外有鲛人，水居如鱼，不废织绩，其眼能泣珠，从水出，寓人家，积日卖绡。将去，从主人索一器，泣而成珠，满盘以与主人❸。

此典说的是居于南海海底的一种鱼尾人身的似人生物，以织绩为业，它们眼睛哭出的泪水能变为珍珠，实乃怪异至极。

❶ （东晋）葛洪撰．西京杂记[M]．四部丛刊景明嘉靖本．
❷ （东晋）郭璞撰．山海经[M]．四部丛刊景明成化本．
❸ （西晋）张华撰．博物志[M]．清道光指海本．

在古代，人们一直对月亮充满着无尽的遐想，由此产生了许多与月亮有关的典故。典故"捣药"，出典于西晋傅玄的《拟天问》：

月中何有？白兔捣药❶。

古代传说月亮中有白兔捣药，因此后世常以"捣药"用作咏月之典，如杜甫《月》："入河蟾不没，捣药兔长生。"❷典故"蟾蜍"，出典于西汉刘向的《五经通义》：

月中有兔与蟾蜍何？月，阴也；蟾蜍，阳也，而与兔并明，阴系阳也❸。

古代神话传说月亮中有蟾蜍，故"蟾蜍"也用作咏月之典，如杜甫《八月十五夜月二首》其二："刁斗皆催晓，蟾蜍且自倾。"❹

就唐代试律诗的诗题而言，诗题《月中桂树》和《华州府试月中桂》均与典故"月桂"有关，此典源于东晋虞喜的《安天论》：

俗传月中仙人桂树，今视其初生，见仙人之足，渐已成形，桂树后生❺。

古代传说月亮中有仙人桂树，故常以"月桂"用作咏月之典，此典也常和"折桂"结合，借以咏科考及第。典故"折桂"，源于唐房玄龄等所著《晋书·郤诜传》：

（郤诜）以对策上第，拜议郎……累迁雍州刺史。武帝于东堂会送，问诜曰："卿自以为何如？"诜对曰："臣举贤良对策，为天下第一，犹桂林之一枝，昆山之片玉。"帝笑❻。

《月中桂树》与《华州府试月中桂》两例诗题出得极为巧妙，不仅体现了出题者的尚奇心理，更是暗含了士子们对登科及第的深切期盼。

在唐代试律诗的诗题中，体现唐人尚奇心理的试律诗诗题还有几例，如出典于《庄子·列御寇》的《骊龙》《骊珠》；出典于《山海经·中山经》的《寒夜闻霜钟》《听霜钟》；出典于《辛氏三秦纪》的《河鲤登龙门》；出典于《汉宫阙疏》的《昆明池织女石》《晦

---

❶ （北宋）李昉编.太平御览[M].四部丛刊三编景宋本.

❷ （清）曹寅，彭定求编.全唐诗[M].清文渊阁四库全书本.

❸ （唐）欧阳询.五经通义[A].艺文类聚[M].清文渊阁四库全书本.

❹ （清）曹寅，彭定求编.全唐诗[M].清文渊阁四库全书本.

❺ 虞喜.安天论[A].//（唐）徐坚.初学记[M].清咸丰刻本.

❻ （唐）房玄龄撰.晋书[M].清乾隆武英殿刻本.

日同志昆明池泛舟》；出典于唐房玄龄等所著《晋书·张华传》的《剑化为龙》等。

通过以上论述，不难看出，此类唐代试律诗诗题一方面很好地表现了唐代的祥瑞尚奇文化；另一方面，这些试律诗诗题又反过来推动了唐代这一独特文化风尚的发展。

本章小结

唐代试律诗的诗题是唐代科举选官制度与唐代思想、政治、文化等结合最为直接和紧密的部分之一。本章重点探讨了唐代试律诗的诗题用典情况，目的是通过此项研究弄清唐代社会的思想倾向、文学传承与文化风尚等特点。

本章的论述共分四个部分展开：首先是对唐代试律诗诗题用典典故的本体进行了研究，重点分析了唐代试律诗诗题用典的典源、典面及典源文献等情况；其次是对唐代试律诗诗题用典所表现出的唐代尊儒崇道思想进行了探讨；再次，分析了唐代试律诗诗题用典所表现出的唐代文学对六朝文风的继承情况；最后，集中探讨了唐代试律诗诗题用典与唐代的史鉴思想、唐代的祥瑞尚奇文化之间的相互关系等问题。

第三章　唐代试律诗正文用典典源文献研究

　　唐代试律诗是唐代科举选官制度与唐代诗歌创作的特定产物，是应试士子在特定情况下、特定时间内的"为文造情"之作。参试者在进行试律诗的创作时，在做到诗歌音律符合规范、内容不偏离命题者所允许范围的条件下，总是力求表现出自己的博学多识和强烈的及第夙愿，而用典就成了他们实现这一目标的最佳选择。据笔者考察，在唐代试律诗的正文用典中共选用典故 1 031 次，在这 1 031 次用典中，总共涉及典源文献 113种。从典源文献所出典故被唐代试律诗正文选用次数的多少来看，排在前十位的典源文献依次为：西汉司马迁《史记》108 次、《诗经》85 次、《礼记》52 次、《庄子》51 次、南朝梁萧统《文选》46 次、唐房玄龄等《晋书》44 次、《周易》41 次、《尚书》40 次、战国秦吕不韦《吕氏春秋》37 次、西汉刘向《楚辞》30 次。在这十种典源文献中，经部典籍有 4 种，史籍类典籍有 2 种，诸子类典籍有 2 种，集部典籍有 2 种。另据统计，来源于这十种文献的典故，共被唐代试律诗的正文选用了 530 次，其占唐代试律诗正文用典总次数的 51%。

第一节　唐代试律诗正文用典经部典源文献考察

　　唐代试律诗正文用典典源文献共涉及经部典籍 13 种。在唐代试律诗的正文用典中，对源于这 13 种经部典籍的典故共选用了 318 次，其占唐代试律诗正文用典总次数的31%。其中，对出典于《诗经》的典故，选用有 85 次；对出典于《礼记》的典故，选用有 52 次；对出典于《周易》的典故，选用有 41 次；对出典于《尚书》的典故，选用有40次；对出典于《左传》的典故，选用有 26 次；对出典于《周礼》的典故，选用有 25 次；对出典于《论语》的典故，选用有 17 次；对出典于伪古文尚书的典故，选用有 13 次；对出典于《孟子》的典故，选用有 6 次；对出典于西汉刘向《五经通义》的典故，选用有 4 次；对出典于旧题西汉韩婴《韩诗外传》的典故，选用有 4 次；对出典于《孔子家语》的典故，选用有 3 次；对出典于《尔雅》的典故，选用有 2 次。

　　在唐代试律诗的正文用典中，对出典于《诗经》的典故选用次数为最多，共 85 次。例如，殷寅的试律诗《玄元皇帝应见贺圣祚无疆》"北阙心超矣，南山寿固然"一句中所用的典故"南山寿"，出典于《诗经·小雅·天保》：

如月之恒，如日之升。如南山之寿，不骞不崩。如松柏之茂，无不尔或承。●

"南山寿"用作祝福长寿之典。另如，沈亚之的试律诗《九月九日勤政楼下观百僚献寿》"献寿皆鸳鹭，瞻天尽冕旒"一句中所用的典故"鸳鹭"，出典于《诗经·周颂·振鹭》：

振鹭于飞，于彼西雝。我客戾止，亦有斯容。❷

"鸳鹭"比喻百官上朝时的整齐行列，亦喻指同署僚友。这里选用此典，是为了描写百官献寿时的恢宏场面。又如，陈彦博的试律诗《恩赐魏文贞公诸孙旧第以导直臣》"阿衡随逝水，池馆主他人"一句中所选用的典故"阿衡"，出典于《诗经·商颂·长发》：

昔在中叶，有震且业。允也天子，降予卿士。实维阿衡，实左右商王。❸

阿衡本为商代官名，相当于后世的宰相。伊尹曾为阿衡，辅佐汤王。此句是以"阿衡"借指魏徵。诗言魏徵早已离世，他的旧宅早已属于他人。又如，佚名的试律诗《河出荣光》"渐没孤槎影，仍呈一苇杭"一句中所选用的典故"一苇"，出典于《诗经·卫风·河广》：

谁谓河广？一苇杭之。谁谓宋远？跂予望之。谁谓河广？曾不容刀，谁谓宋远？曾不崇朝。❹

诗中是以"一苇"代指小船。再如，康翊仁的试律诗《鲛人潜织》"七襄牛女恨，三日大人嫌"一句中所选用的典故"七襄牛女恨"，出典于《诗经·小雅·大东》：

维天有汉，监亦有光。跂彼织女，终日七襄。虽则七襄，不成报章。睆彼牵牛，不以服箱。❺

此典一说织女星一日七移也难以织成布帛，一说织女织纹七襄之多还是不成报章，多用来表达怨恨之情。

● （西汉）毛亨传，（东汉）郑玄笺，（唐）陆德明音义.毛诗[M].四部丛刊景宋本.

❷ 同上。

❸ 同上。

❹ 同上。

❺ 同上。

唐代试律诗的正文对源于《礼记》的典故，选用次数也比较多，共 52 次，仅次于对源于《诗经》典故的选用次数。例如，王良士的试律诗《南至日隔霜仗望含元殿炉香》"霏微双阙丽，容曳九门连"一句中所选用的典故"九门"，出典于《礼记·月令》：

（季春之月）田猎、置罘、罗网、毕翳、餧兽之药，毋出九门。❶

东汉郑玄注曰："天子九门者，路门也、应门也、雉门也、库门也、皋门也、城门也、近郊门也、远郊门也、关门也。"❷诗句以"九门"代指宫门。又如，柳宗元的试律诗《省式观庆云图诗》"抱日依龙衮，非烟近御炉"一句中所选用的典故"龙衮"，出典于《礼记·礼器》：

礼有以文为贵者，天子龙衮，诸侯黼，大夫黻，士玄衣纁裳。❸

古代皇帝的朝服（衮）上都绣有龙纹，诗中以"龙衮"代指皇帝。再如，李频的试律诗《府试老人星见》"岂比周王梦，徒言得九龄"一句中所选用的典故"周王梦"，出典于《礼记·文王世子》：

文王谓武王曰："女何梦矣？"武王对曰："梦帝与我九龄。"文王曰："女以为何也？"武王曰："西方有九国焉，君王其终抚诸。"文王曰："非也。古者谓年龄，齿亦龄也。我百，尔九十，吾与尔三焉。"文王九十七乃终。❹

传说周武王曾梦见天帝给他"九龄"，代表九十年的寿命。这首试律诗选用此典，意在衬托寿星之兆更为可贵。

在唐代试律诗的正文用典中，对出典于《周易》的典故选用次数也比较多，共 41 次。例如，李绛的试律诗《恩赐耆老布帛》"涣汗中天发，殊私海外存"一句中所选用的典故"涣汗"，出典于《周易·涣卦》：

九五：涣汗其大号。涣王居，无咎。❺

---

❶ （东汉）郑玄注，（唐）陆德明音义 . 礼记 [M]. 四部丛刊景宋本 .

❷ 同上。

❸ 同上。

❹ 同上。

❺ （三国魏）王弼注，（东晋）韩康伯注 . 周易 [M]. 四部丛刊景宋本 .

南宋朱熹《周易本义》曰："九五巽体，有号令之象。汗，谓如汗之出而不反也。"❶古人认为皇帝发布诏书号令，会给天下带来福祉，皇恩浩荡，流布四方，故美称皇帝的圣旨、号令为"涣汗"。此句选用"涣汗"之典，就是以其借指皇帝下诏令嘉奖天下长寿的老人。又如，郭邕的试律诗《洛出书》"德合天贶呈，龙飞圣人作"一句中所选用的典故"龙飞"，出典于《周易·乾卦》：

九五：飞龙在天，利见大人。《象》曰："飞龙在天"，大人造也。❷

唐孔颖达疏云："若圣人有龙德，飞腾而居天位，德备天下，为万物所瞻睹，故天下利见此居王位之大人。"❸《周易》以"飞龙在天"比喻圣人有龙德而飞腾居于天位，后因以"龙飞"比喻帝王兴起或圣君即位。再如，张正元的试律诗《临川羡鱼》"不应同逐鹿，讵肯比从禽"一句中所选用的典故"从禽"，出典于《周易·屯卦》：

六三：即鹿无虞，惟入于林中；君子几，不如舍。往吝。《象》曰："即鹿无虞"，以从禽也。君子舍之，往吝穷也。❹

唐孔颖达疏曰："即鹿当有虞官，即有鹿也。若无虞官，以从逐于禽，亦不可得也。"❺"从禽"用为追捕禽兽之典，诗句中选用此典以衬托对求鱼的吟咏，同时，在结构上与出句的"逐鹿"相对应。

在唐代试律诗的正文用典中，对源于经部典籍、典故的大量选用，体现了唐代尊奉儒术的社会风尚。

第二节　唐代试律诗正文用典史籍类典源文献考察

在唐代试律诗正文所选用的典故中，有一部分典故是出典于史籍类典籍的。据笔者统计，这类典故所涉及的史籍类典源文献共有 28 种。它们是：西汉司马迁的《史记》108 次、唐房玄龄等的《晋书》44 次、东汉班固的《汉书》38 次、南朝宋范晔的《后汉书》27 次、西晋陈寿的《三国志》11 次、北魏郦道元的《水经注》8 次、南朝宋沈约的《宋书》

❶（南宋）朱熹.周易正义[M].宋咸淳刻本.
❷（三国魏）王弼注，（东晋）韩康伯注.周易[M].四部丛刊景宋本.
❸（三国魏）王弼注，（东晋）韩康伯注，（唐）孔颖达疏.周易[M].清嘉庆二十年南昌府学重刊宋本十三经注疏本.
❹（三国魏）王弼注，（东晋）韩康伯注.周易[M].四部丛刊景宋本.
❺（三国魏）王弼注，（东晋）韩康伯注，（唐）孔颖达疏.周易[M].清嘉庆二十年南昌府学重刊宋本十三经注疏本.

8次、西汉刘向的《战国策》6次、东汉赵岐的《三辅决录》4次、东汉应劭的《汉官仪》4次、《汉官殿疏》4次、东晋虞喜的《安天论》3次、北魏魏收的《魏书》3次、《竹书纪年》3次、唐李延寿等的《南史》3次、春秋左丘明的《国语》2次、东汉赵晔的《吴越春秋》2次、东汉袁康和吴平的《越绝书》2次、南朝梁萧子显的《南齐书》2次、唐李延寿等的《北史》2次、《逸周书》1次、《三辅黄图》1次、东汉张衡的《灵宪》1次、西晋谢承的《后汉书》1次、西晋皇甫谧的《帝王世纪》1次、南朝宋檀道鸾的《续晋阳秋》1次、南朝宋孔晔的《会稽记》1次、唐魏徵等的《隋书》1次。在唐代试律诗的正文用典中，对出典于史籍类典籍的典故共选用了292次，占唐代试律诗正文用典总次数的28%。

从上文的统计数据不难看出，被鲁迅誉之为"史家之绝唱，无韵之离骚"的《史记》，是唐代试律诗正文用典选用典故次数最多的典源文献，共达108次，占唐代试律诗正文用典总次数的10%。值得一提的是，在唐代试律诗的正文对源于《史记》中典故的选用时，有时会出现在同一首试律诗中，有多个典故均是出典于《史记》现象的发生。例如，蒋防的试律诗《望禁苑祥光》"山雾宁同色，卿云未可彰"一句中所选用的典故"卿云"，出典于《史记·天官书》：

若烟非烟，若云非云，郁郁纷纷，萧索轮囷，是谓庆云。云，喜气也。❶

庆云也叫作卿云、景云，是一种云气，古人认为它的出现是祥瑞的象征。诗句用此典，就是为了烘托禁苑的吉祥氛围。同诗中"眺汾疑鼎气，临渭想荣光"一句中选用的典故"鼎气"，也是出典于《史记》，具体出典于《史记·封禅书》：

天子使使验问巫得鼎无奸诈，乃以礼祠，迎鼎至甘泉，从行，上荐之。至中山，曣㗊，有黄云盖焉。❷

《史记》载天子迎鼎至甘泉时，有黄云盖于鼎上，后因以"鼎气"代指国运昌盛的吉祥之兆。此典与诗题"祥光"的主旨较相吻合。

在唐代试律诗的正文用典中，甚至会出现在同一句中所用的两个典故均是来源于《史记》的情况，它们在形式上形成整齐的偶对。例如，钱众仲的试律诗《玉壶冰》"色莹连城璧，形分照乘珠"一句中所选用的两个典故"连城璧"和"照乘珠"，就均是出典于《史记》，且在形式上对偶严整。这其中，典故"连城璧"，出典于《史记·廉颇蔺相如列传》：

---

❶（西汉）司马迁撰，（南朝宋）裴骃集解，（唐）司马贞索隐，（唐）张守节正义. 史记 [M]. 清乾隆武英殿刻本.

❷ 同上。

赵惠文王时，得楚和氏璧。秦昭王闻之，使人遗赵王书，愿以十五城请易璧。❶

战国时，赵国得到了和氏璧，而秦昭王愿意用十五座城池来交换此璧，后以"连城璧"比喻优秀的人才或珍贵的物品。诗句选用此典就是为衬托玉壶之珍贵。典故"照乘珠"，出典于《史记·田敬仲完世家》：

（齐威王）二十四年，与魏王会田于郊。魏王问曰："王亦有宝乎？"威王曰："无有。"梁王曰："若寡人国小也，尚有径寸之珠照车前后各十二乘者十枚，奈何以万乘之国而无宝乎？"❷

"照乘珠"本是战国魏惠王的宝珠，据说珠光能远照前后十二乘车，后喻指杰出的人才或珍异的宝物。其典故义和"连城璧"相似。

在唐代试律诗的正文用典中，对出典于《晋书》的典故选用次数也比较多，共计 44 次，但这些用典多是对某些典故的重复选用，其只是在典面的构成上有所差异。例如，韩濬的试律诗《清明日赐百僚新火》"应怜萤聚夜，瞻望及东邻"一句中所用的典故"萤聚"以及郑辕的同题诗"皇明如照隐，顾及聚萤人"一句中所选用的典故"聚萤"，两者就实为同一典故，典故源于《晋书·车胤传》：

车胤，字武子，南平人也……太守王胡之名知人，见胤于童幼之中，谓胤父曰："此儿当大兴卿门，可使专学。"胤恭勤不倦，博学多通。家贫不常得油，夏月则练囊盛数十萤火以照书，以夜继日焉。❸

晋车胤为官前家贫但好学，经常捉萤火虫置于练囊中，借以照明读书，后以"萤聚"用作家贫苦读的典故。两首诗均以"萤聚"典借指寒窗苦读之窘境。同时，此典与诗题中"赐百僚新火"相照应，表达作者对皇恩恤身的期盼。

另外，在唐代试律诗的正文用典中，对源于天文、地理、典制类史籍文献的典故也多有选用，共选用了 17 次。例如，出典于地理类文献《汉宫殿疏》的典故"九陌"，试律诗正文共选用了 4 次，分别是在封敖的试律诗《春色满皇州》"千门歌吹动，九陌绮罗游"一句、张蒙的试律诗《晓过南宫闻太常清乐》"迥出重城里，傍闻九陌中"一句、曹著的试律诗《曲江亭望慈恩寺杏园花发》"异香飘九陌，丽色映千门"一句和张仲素的试律诗《上元日听太清宫步虚》"谁知九陌上，尘俗仰遗声"一句。"九陌"原指汉代长安

---

❶ （西汉）司马迁撰，（南朝宋）裴骃集解，（唐）司马贞索隐，（唐）张守节正义. 史记 [M].清乾隆武英殿刻本.

❷ 同上。

❸ （唐）房玄龄. 晋书 [M].清乾隆武英殿刻本.

城中的街道，唐代诗歌中多用来泛指京城的大街。四首试律诗的正文之所以选用此典，目的就是以其代指唐代京城长安的大街，以衬托皇都的繁华。另如，张随的试律诗《早春送郎官出宰》"粉署时回首，铜章已在身"一句中所用的典故"粉署"，出典于东汉应劭《汉官仪》：

尚书郎奏事明光殿，省中皆胡粉涂壁。其边以丹漆地，故曰丹墀。尚书郎含鸡舌香，伏其下奏事。黄门侍郎，对揖蹄受。❶

汉代尚书省用胡粉涂壁，后以"粉署"作为尚书省的代称。诗句选用此典就是以之代指尚书省这一行政机构。

在唐代试律诗正文所选用典故的史籍类典源文献中，有些典源文献现已亡佚，我们之所以能将其确定为某一典故的典源文献，所依据的是某些类书的引用材料。例如，范传正的试律诗《谢真人仙驾还旧山》"白鹿行为卫，青鸾舞自闲"一句中所选用的典故"白鹿"，之所以将西晋谢承的《后汉书》作为它的典源文献，所依据的就是类书《艺文类聚》卷九十五所引的材料。《艺文类聚》卷九十五引文曰：

晋谢承《后汉书》："郑弘为临淮太守，行春，有两白鹿随车，侠毂而行。弘怪问主簿黄国：'鹿为吉凶？'国拜贺曰：'闻三公车辅画过鹿，明府当为宰相。'弘果为太尉。"❷

根据所引材料可知，东汉郑弘原为临淮太守，一次行春时，有白鹿跟随着他出行的车子，不久其就升官为太尉。后因以"白鹿"表示州郡长官将有升迁的典故，而西晋谢承的《后汉书》也就成了此典的典源文献。

唐朝历来重视历史，重视以史为鉴的现实意义，并在社会上形成了浓郁的学史之风，而唐代试律诗正文对源于史书典故的大量选用就是对这一社会现象的有力证明。

第三节   唐代试律诗正文用典诸子类典源文献考察

在唐代试律诗的正文用典中，有些典故是出典于诸子类典籍的。据笔者统计，此类典故共被唐代试律诗正文选用了 182 次，所涉及的诸子类典源文献共有 18 种。具体为：源于《庄子》的典故，被选用 51 次；源于战国秦吕不韦主编的《吕氏春秋》的典故，被选用 35 次；源于《老子》的典故，被选用 13 次；源于《韩非子》的典故，被选用 12 次；源于西汉刘安《淮南子》的典故，被选用 12 次；源于旧题西汉刘向《列仙传》的典故，

❶ （清）孙星衍辑.汉官六种[M].清平津馆丛书本.
❷ （唐）欧阳询编.艺文类聚[M].清文渊阁四库全书本.

被选用 11 次；源于《辛氏三秦纪》的典故，被选用 8 次；源于东晋葛洪《抱朴子》的典故，被选用 7 次；源于西晋张华《博物志》的典故，被选用了 7 次；源于《尸子》的典故，被选用了 5 次；源于《列子》的典故，被选用了 6 次；源于《荀子》的典故，被选用了 4 次；源于东汉王充《论衡》的典故，被选用了 4 次；源于西汉刘向《列女传》的典故，被选用了 3 次；源于《尹文子》的典故，被选用了 1 次；源于《商君书》的典故，被选用了 1 次；源于西汉扬雄《法言》的典故，被选用了 1 次；源于北齐颜之推《颜氏家训》的典故，被选用了 1 次。另据统计，在唐代试律诗的正文用典中，对出典于诸子类典籍的典故共选用了 182 次，其占唐代试律诗正文用典总次数的 18%。

　　具体就诸子类典源文献而言，在唐代试律诗的正文用典中，出典于《庄子》的典故选用的次数为最多，共计 51 次。庄子是先秦道家学派的主要代表人物之一，庄子的文章想象丰富，文笔变化多端，并且虚构了大量的寓言故事，极具讽刺意味。这些寓言故事后来多发展成为典故，如蒋防的试律诗《藩臣恋魏阙》"如何子牟意，今古道斯存"一句中所选用的典故"子牟意"，就出典于《庄子·让王》：

　　中山公子牟谓瞻子曰："身在江海之上，心居乎魏阙之下，奈何？"瞻子曰："重生。重生则利轻。"中山公子牟曰："虽知之，未能自胜也。"瞻子曰："不能自胜则从，神无恶乎！不能自胜而强不从者，此之谓重伤。重伤之人，无寿类矣！"魏牟，万乘之公子也，其隐岩穴也，难为于布衣之士，虽未至乎道，可谓有其意矣！❶

　　《庄子》这则寓言故事中的魏公子，名牟，自称"身在江海之上，心居乎魏阙之下"。后世因以"子牟意"喻指对朝廷的深切眷念之心。诗句选用此典与诗题之意正相吻合。又如，吴晃的试律诗《鱼上冰》"终希泮涣泽，为化北溟鱼"一句中所选用的典故"北溟鱼"，出典于《庄子·逍遥游》：

　　北冥有鱼，其名为鲲。鲲之大，不知其几千里也。化而为鸟，其名为鹏。鹏之背，不知其几千里也。怒而飞，其翼若垂天之云。是鸟也，海运则将徙于南冥。南冥者，天池也。❷

　　《庄子》这则寓言故事中的鲲乃是一种大鱼，可以变为大鸟——鹏，远飞天池。后以此典比喻杰出的人物或得意的事情。诗句"为化北溟鱼"就是借此典比喻科举及第。

　　源于《庄子》的典故，有些是出典于庄子与友人的对话，如失名的试律诗《海水不扬波》"不挠鱼弥乐，无澜苇可杭"一句所选用的典故"鱼弥乐"，出典于《庄子·秋水》：

---

❶ （春秋战国）庄周撰，（东晋）郭璞注．南华真经 [M]．四部丛刊景明世德堂刊本．

❷ 同上。

庄子与惠子游于濠梁之上。庄子曰："儵鱼出游从容，是鱼之乐也。"惠子曰："子非鱼，安知鱼之乐？"庄子曰："子非我，安知我不知鱼之乐？"惠子曰："我非子，固不知子矣；子固非鱼也，子之不知鱼之乐，全矣。"庄子曰："请循其本。子曰'汝安知鱼之乐'云者，既已知吾知之而问我。吾知之濠梁之上也。"❶

庄子曾经与友人惠施游于濠水的拦河堤之上，辩论鱼快乐与否的问题。因此，后世常以"鱼乐"用作咏闲适之游的典故。诗句选用此典，意在通过水中鱼儿的闲适安逸，来衬托"海水不扬波"的主题。

由秦国丞相吕不韦组织门客集体编纂的杂家著作《吕氏春秋》，"兼儒墨，合名法"，汇合了先秦各派学说，受到了唐代士子们的极大重视。据统计，在唐代试律诗的正文用典中，共选用了出典于《吕氏春秋》的典故 35 次，其仅次于对《庄子》所出典故的选用，位居诸子类典籍之二。值得一提的是，在这 35 次用典中，实际涉及的典故仅为 4 例。其中，与节令有关的名典"入律"共被唐代试律诗正文选用了 32 次，诗句中对其运用时的差异仅是典面的构成不同。另外，被选用的源于《吕氏春秋》的 3 例典故为"欧冶""流水"和"鸣琴"。裴夷直的试律诗《观淬龙泉剑》"欧冶将成器，风胡幸见逢"一句中所选用的源于《吕氏春秋》的典故为"欧冶"，其具体出典于《吕氏春秋·不苟论·赞能》：

得十良马，不若得一伯乐；得十良剑，不若得一欧冶；得地千里，不若得一圣人。❷

欧冶即欧冶子，春秋时著名的铸剑工，传说是龙泉宝剑的铸造者之一。后借指著名的铸剑工匠。白行简的试律诗《夫子鼓琴得其人》"稍殊流水引，全辨圣人心"一句中所选用的源于《吕氏春秋》的典故为"流水"，其具体出典于《吕氏春秋·孝行览·本味》：

伯牙鼓琴，钟子期听之。方鼓琴而志在太山，钟子期曰："善哉乎鼓琴！巍巍乎若太山。"少选之间，而志在流水，钟子期又曰："善哉乎鼓琴！汤汤乎若流水。"钟子期死，伯牙破琴绝弦，终身不复鼓琴，以为世无足复为鼓琴者。❸

伯牙弹琴，好友钟子期能够准确地理解琴声中时而"意在高山"时而"意在流水"的演奏意图。后以此典咏知己之交或喻琴声之美妙。诗句选用此典，就是表示琴声之高雅、美妙。张随的试律诗《早春送郎官出宰》"鸣琴化欲展，起草恋空频"一句中所选用的源于《吕氏春秋》的典故为"鸣琴"，此典出于《吕氏春秋·开春论·察贤》：

---

❶ （春秋战国）庄周撰，（东晋）郭璞注.南华真经[M].四部丛刊景明世德堂刊本.

❷ （秦）吕不韦撰，（东汉）高秀注.吕氏春秋[M].四部丛刊景明刊本.

❸ 同上.

宓子贱治单父，弹鸣琴，身不下堂，而单父治。巫马期以星出，以星入，日夜不居，以身亲之，而单父亦治。巫马期问其故于宓子。宓子曰："我之谓任人，子之谓任力。任力者故劳，任人者故逸。"宓子则君子也。逸四肢，全耳目，平心气，而百官以治，义矣，任其数而已矣。巫马期则不然，弊生事精，劳手足，烦教诏，虽治犹未至也。❶

宓子贱，春秋时期的鲁国人，孔子的得意弟子之一，曾出任单父宰，擅于任人而治，大受孔子及时人的赞赏。后用作称美县令的典故。诗句选用此典，表现了对郎官出宰的美好期待及祝愿。

第四节 唐代试律诗正文用典源于《文选》之考察

南朝梁昭明太子萧统编订的《文选》是我国现存最早的文学总集，其收录了先秦至齐梁时期的许多优秀诗文作品，堪称诗文之楷式。初唐文风沿袭六朝之余绪，加上唐朝大一统之后对文学发展的内在要求，共同促使了唐人对《文选》的认同和研究。就唐代科举试诗制度与唐人对《文选》研究的关系而言，可以说《文选》在唐代的广泛普及推动了唐代科举试诗制度的发展，而唐代科举试诗制度的确立又进一步促进了唐人对《文选》的重视和研究。

在唐代，无论是知贡举的出题者，还是参加各类考试的一般士子，无不对《文选》烂熟于心。前文已经提到，在现存的 300 例唐代试律诗的诗题中，共有 73 例试律诗诗题是与《文选》有关的。据此，我们不难看出，唐代试律诗的命题者对《文选》是极为重视和熟悉的。另就唐代试律诗的正文用典而言，共有 62 次用典是与《文选》有关的。

所谓选用出典于《文选》的典故，有两种情况。一种情况是，典故直接来源于《文选》所收录的诗文的正文。例如，李绅的试律诗《山出云》"姑射朝凝雪，阳台晚伴神"一句中所选用的典故"阳台"，出典于《文选·宋玉〈高唐赋〉》：

昔者楚襄王与宋玉游于云梦之台，望高唐之观，其上独有云气……王问玉曰："此何气也？"玉对曰："所谓朝云者也。"王曰："何谓朝云？"玉曰："昔者先王尝游高唐，怠而昼寝，梦见一妇人曰：'妾，巫山之女也，为高唐之客。闻君游高唐，愿荐枕席。'王因幸之，去而辞曰：'妾在巫山之阳，高丘之阻。旦为朝云，暮为行雨。朝朝暮暮，阳台之下。'"❷

宋玉《高唐赋》中描写了巫山神女与楚王于阳台幽会之事，神女说她朝为云而暮为

---

❶ （秦）吕不韦撰，（东汉）高秀注. 吕氏春秋 [M]. 四部丛刊景明刊本.

❷ （南朝梁）萧统编，（唐）李善注. 文选 [M]. 胡刻本.

雨。李诗选用此典不但与诗题"山出云"相切，而且增强了诗的审美情趣。

另如，张丰的试律诗《景风扇物》"开襟若有日，愿睹大王风"一句中所选用的典故"大王风"，出典于《文选·宋玉〈风赋〉》：

> 楚襄王游于兰台之宫，宋玉景差侍。有风飒然而至，王乃披襟而当之，曰："快哉此风，寡人所与庶人共者耶？"宋玉对曰："此独大王之风耳，庶人安得而共之？"❶

战国时宋玉为讽喻楚王之骄奢，将风区别为"大王之风"和"庶人之风"。后世以"大王风"作为对君王的颂词，也用以咏风。张诗选用此典，即是以"大王风"切题。

再如，张仲素的试律诗《玉绳低建章》"稍复临鳷鹊，方疑近露寒"一句中所选用的典故"鳷鹊"和"露寒"，两例典故均出典于《文选·司马长卿〈上林赋〉》：

> 蹷石阙，历封峦，过鳷鹊，望露寒。❷

李善注引三国魏张辑曰："此四观，武帝建元中作，在云阳甘泉宫外。"❸诗句选用这两例典故均是借指唐代长安城内的宫阙。

选用出典于《文选》的典故，另一种情况是《文选》所收录的诗文作品已将先前文献中的故事或现成话用作了典故，然后试律诗的作者通过李善等人的注释了解了这一典故，进而再将此例典故用在自己的诗歌作品中。这种情况的用典，如蒋防的试律诗《藩臣恋魏阙》"剖竹随皇命，分忧镇大藩"一句中所选用的典故"剖竹"，此典出于《文选·谢灵运〈过始宁墅〉》：

> 剖竹守沧海，枉帆过旧山。山行穷登顿，水涉尽洄沿。❹

李善注云："《汉书》曰：'初与郡守为使符。'《说文》曰：'符，信也。汉制以竹，分而相合。'"❺汉代在任命诸郡太守时，以分竹符以为信，后因以"剖竹"作为出任地方官的典故。诗句选用此典表示藩国之臣遵皇命出任地方官。另如，吕价的试律诗《浊水求珠》"蚌胎应自别，鱼目岂能俦"一句中所选用的典故"鱼目"，出典于《文选·任彦升〈到大司马记室笺〉》：

---

❶ （南朝梁）萧统编，（唐）李善注．文选[M]．胡刻本．

❷ 同上。

❸ 同上。

❹ 同上。

❺ 同上。

府朝初建，俊贤翘首。唯此鱼目，唐突玙璠。●

　　李善注云："《雒书》曰：'秦失金镜，鱼目入珠。'《韩诗外传》曰：'白骨类象，鱼目似珠。'"●鱼目似珠而非珠，在诗文中一般用作自谦非类之典，有时也用来咏珍珠。本诗句即是用"鱼目"之典咏珍珠。

　　从上面所举的一些出典于《文选》的典故来看，其之所以成为典故并被唐代应试者选用于试律诗的正文创作之中，李善为《文选》所做的注起到了明显的推动作用。

第五节　唐代试律诗正文用典其他类典源文献考察

　　在唐代试律诗的正文用典中，对来源于经部典籍、史籍类典籍、诸子类典籍和《文选》的典故共选用了 855 次，其占唐代试律诗正文用典总次数的 83%。另外，176 次用典的典源文献相对复杂，根据典源文献具体内容的不同，将其分为诗赋类典源文献、专著评论类典源文献、志怪轶闻小说类典源文献、书信序铭记类典源文献、谶纬道藏佛经类典源文献等五类。以下对它们做简要分析。

　　一是诗、赋类典源文献。具体为：西汉刘向的《楚辞》22 次；三国魏曹植的《美女篇》2 次、《惟汉行》2 次、《善哉行》1 次；西晋陆机的《云赋》2 次；南朝宋汤惠休的《楚明妃曲》2 次；南朝梁何逊的《车中见新林分别甚盛诗》2 次、《临行与故游夜别》1 次；西汉司马相如的《琴歌二首》1 次；东汉班固的《白虎通》1 次；东汉崔骃的《七依》1 次；西晋陆机的《长安有狭邪行》1 次；东晋陶渊明的《四时诗》1 次、《咏贫士诗》1 次、《桃花源记》1 次；东晋谢混的《游西池诗》1 次；南朝梁庾信的《和王少保遥伤周处士诗》1 次；南朝宋谢惠连的《雪赋》1 次；南朝齐谢朓的《三日侍宴曲水代人应诏诗》1 次、《直中书省诗》1 次；南朝梁陶弘景的《诏问山中何所有赋诗以答》1 次；南朝宋沈约《高松赋》1 次。

　　二是专著、评论类典源文献。具体为：南朝宋鲍照的《鲍参军集》3 次；西晋傅玄的《拟天问》2 次；西晋崔豹的《古今注》2 次；西晋皇甫谧的《高士传》2 次；西汉刘向的《说苑》1 次；西汉刘向、刘歆的《七略》1 次；西汉焦赣的《易林》1 次；东汉崔寔的《四民月令》1 次；东汉卫宏的《汉旧仪》1 次；东汉桓谭的《新论》1 次；东汉应劭的《风俗通》1 次；南朝宋王愔的《文字志》1 次；南朝梁钟嵘的《诗品》1 次；南朝梁萧统的《昭明太子集》1 次。

　　三是志怪、轶闻小说类典源文献。具体为：南朝宋刘义庆主编的《世说新语》12 次、旧题东晋葛洪的《西京杂记》10 次、《穆天子传》10 次、东晋王嘉的《拾遗记》6 次、旧

●（南朝梁）萧统编，（唐）李善注.文选[M].胡刻本.

● 同上。

题西汉东方朔《海内十洲记》5 次、东晋干宝的《搜神记》4 次、东汉班固的《汉武帝内传》
3 次、南朝梁任昉的《述异记》2 次、西汉东方朔的《神异经》1 次、东汉郭宪的《洞冥记》
1 次、东晋陶渊明的《搜神后记》1 次、南朝宋刘敬叔的《异苑》1 次、南朝梁吴均的《续
齐谐记》1 次、西晋张方的《楚国先贤传》1 次、《宋齐语》1 次。

四是书信、序、铭、记类典源文献。具体为：西汉东方朔的《与友人书》4 次、南
朝宋沈约的《齐太尉文宪王公墓铭》1 次、南朝梁江淹的《到主簿日事诣右军建平王》
1 次、南朝梁宗懔的《荆楚岁时记》1 次。

五是谶纬、道藏、佛经类典源文献。具体为：东汉班固的《汉武帝内传》4 次、《上
清大洞真经》3 次、《尚书中候》2 次、《黄庭内景经》2 次、南朝梁释慧皎的《高僧传》
2 次、《易纬乾凿度》1 次、南朝梁陶弘景的《登真隐诀》1 次。

在唐代试律诗的正文用典中，对来源于诗赋类文献典故的选用，西汉刘向《楚辞》
的典故选用次数为最多，共计 22 次。《楚辞》是西汉刘向在前人著述基础之上所辑录的
一部“楚辞”体的诗歌总集，其收录了战国楚人屈原、宋玉的作品以及汉代贾谊、淮南
小山、严忌、东方朔等人的仿骚作品。楚辞的创作手法极富浪漫主义气息，它感情奔放，
想象奇特，并且具有浓郁的楚国地方特色和神话色彩。与《诗经》古朴的四言体诗歌相
比，《楚辞》的句式更为灵活多变，对楚国方言时有采用，在节奏和韵律上也独具特色，
更适合表现丰富而复杂的思想感情。楚辞的这些艺术特点一定程度上适应了唐人诗歌创
作的审美需要。唐代文人对《楚辞》所收作品的重视，表现之一就是对源于《楚辞》典
故的选用。例如，严巨川的试律诗《太清宫闻滴漏》“惭非朝谒客，空有振衣情”一句中
所选用的典故“振衣”，就出典于《楚辞·渔父》：

> 屈原曰：“吾闻之，新沐者必弹冠，新浴者必振衣。安能以身之察察，受物之汶汶者
> 乎？宁赴湘流，葬于江鱼之腹中，安能以皓皓之白，而蒙世俗之尘埃乎？”❶

“振衣”原意为抖掉衣服上的尘土，屈原用以喻指洁身自好、远离世俗。后用作咏清
高自守的典故。诗句选用此典就是喻指作者品行高洁脱俗，以便和前句不能上朝拜见皇
帝形成对比。又如，薛少殷的试律诗《临川羡鱼》“不逐沧浪叟，还宗内外篇”一句中所
选用的典故“沧浪叟”，也出典于《楚辞·渔父》：

> 屈原既放，游於江潭，行吟泽畔，颜色憔悴，形容枯槁。渔父见而问之曰：“子非三
> 闾大夫与？何故至于斯！”屈原曰：“举世皆浊我独清，众人皆醉我独醒，是以见放！”
> 渔父曰：“圣人不凝滞於物，而能与世推移。世人皆浊，何不淈其泥而扬其波？众人皆醉，
> 何不餔其糟而歠其醨？何故深思高举，自令放为？”屈原曰：“吾闻之，新沐者必弹冠，
> 新浴者必振衣；安能以身之察察，受物之汶汶者乎！宁赴湘流，葬于江鱼之腹中。安能

---

❶ （东汉）王逸章句，（南宋）洪兴祖补注 . 楚辞 [M]. 四部丛刊景明翻刻本 .

以皓皓之白，而蒙世俗之尘埃乎！"渔父莞尔而笑，鼓枻而去，乃歌曰："沧浪之水清兮，可以濯吾缨。沧浪之水浊兮，可以濯吾足。"遂去，不复与言。❶

《沧浪歌》为楚地广为流传的古歌谣，《楚辞·渔父》中的渔父唱此歌以规劝屈原隐退以求自保。后用作咏归隐江湖的典故。诗句就是以"沧浪叟"之典借指归隐之人。另如，张叔良的试律诗《长至日上公献寿》"九重初启钥，三事尽（一作正）称觞"一句中所选用的典故"九重"，出典于《楚辞·九辩》：

岂不郁陶而思君兮，君之门以九重。❷

"君之门以九重"一句形容天子深居，深不可及。后因以"九重""九重门"代指皇宫。诗句用"九重"之典就是借指长安城皇宫气势之恢宏。

有些源于《楚辞》的典故，之所以被后人采用，最主要的原因可能是因为别人对它所作的注。例如，石殷士的试律诗《日华川上动》"孰假咸池望，幽情得古篇"一句中所选用的典故"咸池"，出典于《楚辞·离骚》：

饮余马于咸池兮，总余辔乎扶桑。❸

东汉王逸注曰："咸池，日浴处也。"后人因此才将"咸池"用作咏日的典故。

在唐代试律诗的正文用典中，对源于专著、评论类文献的典故选用次数并不是很多，仅有19次。其中，以对出典于南朝宋鲍照《鲍参军集》的典故选用次数为最多，共3次，一共涉及两例典故。一例是王维的试律诗《秋日悬清光》"余辉如可托，云路岂悠悠"和施肩吾的试律诗《早春残雪》"云路迷初醒，书堂映渐难"两句中共同选用的典故"云路"，即出典于南朝宋·鲍照的《鲍参军集·侍郎报满辞阁疏》：

臣所居职限满，今便收迹，金闺云路，从兹自远。❹

"云路"也就是"青云路"，古人用以喻指宦途。两诗句用"云路"均代指仕途，用来表明自己的入仕意愿。另一例是马戴的试律诗《府试水始冰》"即堪金井贮，会映玉壶清"一句中所选用的典故"玉壶"，出典于南朝宋鲍照的《鲍参军集·代白头吟》：

❶ （东汉）王逸章句，（南宋）洪兴祖补注.楚辞[M].四部丛刊景明翻刻本.

❷ 同上。

❸ 同上。

❹ （南朝宋）鲍照.鲍氏集[M].四部丛刊景宋本.

直如朱丝绳，清如玉壶冰。何惭宿昔意，猜恨坐相仍。❶

鲍照诗以"玉壶冰"比喻人的品德高尚、情操高洁，后世沿用此典。诗句选用"玉壶"之典既与出句的"金井"形成了比对，又喻指了自己高洁的品性。

在唐代试律诗的正文用典中，对出典于轶闻、志怪小说类文献的典故，选用的次数相对比较多，共选用了 53 次。例如，薛存诚的试律诗《御制段大尉碑》"雅词黄绢妙，渥泽紫泥分"一句中所选用的典故"黄绢"，此典源于南朝宋刘义庆《世说新语·捷语》：

魏武尝过曹娥碑下，杨修从，碑背上见题作"黄绢幼妇，外孙齑臼"八字。魏武谓修曰："解不？"答曰："解。"……修曰："黄绢，色丝也，于字为绝。幼妇，少女也，于字为妙。外孙，女子也，于字为好。齑臼，受辛也，于字为辞。所谓'绝妙好辞'也。"❷

东汉时期的邯郸淳曾为孝女曹娥撰写过碑文，后来蔡邕又于碑文后题八个字："黄绢幼妇，外孙齑臼"，意为绝妙好辞。后世因以为典，称美诗文佳作。薛诗选用此典意在赞美御制段大尉碑文辞之典雅绝妙。另如，裴达的试律诗《南至日太史登台书云物》"应念怀铅客，终朝望碧雾"一句中所选用的典故"怀铅客"，出典于旧题东晋葛洪的笔记小说集《西京杂记》：

扬子云好事，常怀铅提椠，从诸计吏，访殊方绝域四方之语，以为裨补《輶轩》所载，亦洪意也。❸

西汉辞赋家、学者扬雄曾担任校书郎，著有《輶轩使者绝代语释别国方言》一书，他曾经携带铅椠遍访由各地前来中央上计的官吏，以收集方言。后因以"怀铅""怀铅客"用作咏校书的典故。诗句中"怀铅客"即是代指校书之人。再如，李肱的试律诗《霓裳羽衣曲》"蓬壶事已久，仙乐功无替"一句中所选用的典故"蓬壶"，出典于东晋王嘉志怪小说集《拾遗记·高辛》：

三壶，则海中三山也。一曰方壶，则方丈也；二曰蓬壶，则蓬莱也；三曰瀛壶，则瀛洲也。❹

"蓬壶"为方壶、蓬壶、瀛壶三座神山之一，诗文中常用来泛指仙界。诗句用"蓬

---

❶ （南朝宋）鲍照.鲍氏集[M].四部丛刊景宋本.

❷ （南朝宋）刘义庆撰，（南朝梁）刘孝标注.世说新语[M].四部丛刊景明袁氏嘉趣堂本.

❸ （东晋）葛洪.西京杂记[M].四部丛刊景明嘉靖本.

❹ （东晋）王嘉撰，（南朝梁）萧绮录.拾遗记[M].明刻汉魏丛书本.

壶"之典衬托《霓裳羽衣曲》的高雅脱俗。

对来源于书信、序、铭、记等类文献的典故，唐代试律诗正文选用的次数并不是很多，仅选用了7次，共涉及4个典故。其中，出典于西汉东方朔《与友人书》一文的典故"瑶草"，被选用的次数为最多，共计4次。其他3种文献所出的典故均被选用1个，且各被选用1次。例如，许康佐的试律诗《日暮碧云合》"余辉澹瑶草，浮影凝绮席"一句中所选用的典故"瑶草"，出典于西汉东方朔《与友人书》：

> 不可使尘网名缰拘锁，怡然长笑，脱去十洲三岛，相期拾瑶草，侍日月之光华，共轻举耳。❶

瑶草为神话传说中的仙草，诗文中常用以表现仙境。《日暮碧云合》选用此典是以之代指珍美之草，进而映衬日暮余光之美。

另如，冷朝阳的试律诗《立春》"土牛呈岁稔，彩燕表年春"一句中所选用的典故"彩燕"，出典于南朝梁·宗懔《荆楚岁时记》：

> 立春之日，悉翦彩为燕以戴之，帖"宜春"二字。❷

彩燕，是剪彩为之的燕子形装饰品，为古代立春之日的一种应节饰物，后世以此典代指立春。

唐代试律诗正文所选用的典故，共涉及谶纬、道藏、佛经类典源文献7种。其中，选用出典于东汉班固《汉武帝内传》的典故4次、选用出典于《上清大洞真经》的典故3次、选用出典于《尚书中候》的典故2次、选用出典于《黄庭内景经》的典故2次、选用出典于南朝梁释慧皎《高僧传》的典故2次、选用出典于《易纬乾凿度》的典故1次、选用出典于南朝梁陶弘景《登真隐诀》的典故1次。

第六节　唐代试律诗正文用典典源文献简评

从前文的分析不难看出，唐代试律诗正文用典的典源文献主要是经部典籍、史籍类典籍、诸子类典籍和《文选》等。唐代试律诗正文用典所涉及的这四类文献，共包括58部著作，它们占唐代试律诗正文用典典源文献总数的44%。来源于这四类文献的典故，共被唐代试律诗正文选用了855次，其约占唐代试律诗正文用典总次数的83%。

经书类典源文献有《诗经》《礼记》《周易》《尚书》《左传》《周礼》《论语》《孟子》《五

---

❶　（明）张溥编．汉魏六朝一百三家集[M]．清文渊阁四库全书本．

❷　（清）章藻功编．思绮堂文集[M]．清康熙六十一年刻本．

经通义》《韩诗外传》和《尔雅》等。就文献所出典故被唐代试律诗正文选用次数的多少而言，所出典故被选用次数超过40次的典源文献有《诗经》《礼记》《周易》和《尚书》。《诗经》是我国第一部诗歌总集，西汉时就已被列为儒家经典，其所收录的作品具有极高的思想性和艺术性，对后世影响深远。唐代试律诗正文从《诗经》中所选用的典故，主要涉及自然、人物、礼制、孝悌、节操等方面。《礼记》是一部记载我国古代典章制度的重要典籍，内容主要涉及礼制、祭祀、道德、政治、法律、哲学、历史、地理、历法等诸多方面，其对汉文化的形成和发展起到了巨大的推动作用。在唐代试律诗的正文用典中，对出典于《礼记》的典故，共选用了52次。《周易》被儒家奉为群经之首。它是一部占筮用书，又是一部充满丰富哲理的古代哲学典籍，成书于西周。周易文化被认为是中华文化的根本和源头，它的产生对后来历代的政治、经济、思想、文化等诸多方面均产生了重大影响。源于《周易》的典故，唐代试律诗正文共选用了41次。《尚书》，又称《书经》，或简称《书》。尚者，本义是上古；书者，本义是记录，又指历史简册。《尚书》是我国第一部对上古历史文件和部分追述古代事迹著作的文献汇编，它保存了夏、商、周三代的一些重要史料。出典于《尚书》的典故，唐代试律诗正文共选用了40次。

　　史书类典源文献主要是正史，如：西汉司马迁的《史记》、东汉班固的《汉书》、西晋陈寿的《三国志》、南朝宋范晔的《后汉书》、北魏魏收的《魏书》、南朝宋沈约的《宋书》、南朝梁萧子显的《南齐书》、唐房玄龄等的《晋书》、唐李延寿等的《南史》《北史》等。在唐代试律诗的正文用典中，共选用源于正史的典故256次，占唐代试律诗正文用典总次数的25%。其中，出典于《史记》的典故被唐代试律诗正文选用的次数最多，共108次。这些典故大多与《史记》所记载的历史人物或历史事件有关。唐代试律诗的正文对出典于唐房玄龄等编著的《晋书》的典故选用次数也比较多，共计44次，仅次于对《史记》典故的选用次数，位居史籍类典籍第二位。这反映了唐代文人思想较为开明，无厚古薄今之偏见。唐代试律诗正文用典的典源文献，除涉及正史类史书外，还涉及其他类史书，如典源文献《竹书纪年》为编年类史书，《逸周书》为别史类史书，西汉刘向的《战国策》为杂史类史书。

　　唐代试律诗正文用典的典源文献共涉及诸子类典籍18种，占典源文献总数的16%。在这18种诸子类典源文献中，道家典籍最多，共有5种，它们是《老子》《庄子》《列子》《淮南子》和东晋葛洪的《抱朴子》。其中，出典于《庄子》的典故，被唐代试律诗正文选用的次数最多，共计51次。《庄子》中采用并虚构了大量的寓言故事，擅于用比喻说明事理，产生了不少典故，深得后人喜爱。唐代试律诗正文用典所涉及的诸子类典源文献，除包括以上5部道家类典籍外，还包括杂家类的《吕氏春秋》《尸子》《博物志》，儒家类的《荀子》《法言》，法家类的《韩非子》《商君书》，名家类的《尹文子》等。

　　《文选》是我国现存最早的一部文学总集，其大体上囊括了先秦至齐梁时期所有重要的诗文作品。唐李善为其作注后，《文选》得到了更为广泛的流传。初唐文风沿袭六朝之余绪以及唐朝大一统之后对文学发展的内在要求，更是提高了唐人对《文选》的重视程度。唐代试律诗正文用典中，对源于《文选》的典故共选用了62次之多。

唐代试律诗正文用典的典源文献除了经部典籍、史籍类典籍、诸子类典籍和《文选》之外，对诗赋类文献、专著评论类文献、志怪轶闻小说类文献、书信序铭记类文献、谶纬道藏佛经等类文献也均有涉及。诗赋类文献有西汉刘向的《楚辞》、西晋陆机的《云赋》、南朝宋汤惠休的《楚明妃曲》等；专著评论类文献有西汉刘向的《说苑》、东汉应劭的《风俗通》、西晋傅玄的《拟天问》、西晋皇甫谧的《高士传》、东汉桓谭的《新论》、南朝宋王愔的《文字志》、南朝梁钟嵘的《诗品》、南朝梁萧统的《昭明太子集》等；志怪轶闻小说类文献有西汉东方朔的《神异经》、旧题东晋葛洪的《西京杂记》、东晋王嘉的《拾遗记》、东晋干宝的《搜神记》、东晋陶渊明的《搜神后记》、南朝梁任昉的《述异记》、南朝梁吴均的《续齐谐记》等；书信序铭记类文献有西汉东方朔的《与友人书》、南朝宋沈约的《齐太尉文宪王公墓铭》、南朝梁江淹的《到主簿日事诣右军建平王》、南朝梁宗懔的《荆楚岁时记》等；谶纬道藏佛经类文献有《易纬乾凿度》《尚书中候》、东汉班固《汉武帝内传》《上清大洞真经》《黄庭内景经》、南朝梁释慧皎《高僧传》、南朝梁陶弘景《登真隐诀》等。

在唐代试律诗正文用典的典源文献中，有些作品同属于一人，如《风赋》《高唐赋》《对楚王问》等典源文献的作者均为战国的宋玉，《风俗通》《汉官仪》等典源文献的作者均为东汉的应劭，《汉书》《白虎通》《汉武帝内传》《东都赋》《西都赋》等典源文献的作者均为东汉的班固等。

本章小结

本章重点探讨了唐代试律诗正文用典典源文献的分布情况。先将唐代试律诗正文用典的典源文献分为了五类，即经部典源文献、史籍类典源文献、诸子类典源文献、《文选》所收录的典源文献以及其他类典源文献等。然后，分五节对唐代试律诗正文用典所涉及的这五类典源文献逐一进行了统计与分析。在统计和分析的基础之上，又对唐代试律诗正文用典所涉及的这五类典源文献作了简单的评述。

第四章　唐代试律诗正文用典事典分类考察

在唐代试律诗的正文用典中，选用了大量事典。应试士子欲借前人之事以表达自己的思想及情感。据统计，在唐代试律诗的正文用典中，共选用事典 400 余次。这些典故涉及政治人物、游侠隐士、神仙道徒、寓言故事等。以下我们就对这些事典进行分类考察和分析。

第一节　与政治人物相关的事典

士子参加科举考试就是为了进入仕途，执政为官。因此，他们平时就对历代政治人物多有了解。在科场考试作诗时，他们自然会将涉及这些政治人物的典故运用于诗中，以表达自己的思想及情感。政治人物类事典大致可以分为以下几个小类。

一、与尧舜禹相关的事典

黄帝之后，黄河流域先后出现了尧、舜、禹三位部落联盟首领。他们德高望重，施恩于民，深得人民的爱戴。有关于他们的典故，在中华民族的文化长河中一直广为流传。就唐代试律诗的正文用典而言，对有关尧、舜、禹典故的选用，以涉及尧的事典为最多，共计选用了 19 次。其中，典故"击壤"被选用的频次最高，共计 4 次。其分别被选用于张复元的试律诗《恩赐耆老布帛》"击壤将何幸，徘徊对九门"一句、薛存诚的试律诗《闻击壤》"尧年听野老，击壤复何云"一句、薛存诚的试律诗《膏泽多丰年》"候时勤稼穑，击壤乐农功"一句以及杨嗣复的试律诗《仪凤》"比屋初同俗，垂恩击壤人"一句。相传尧在位时，天下太平，人民安居乐业，有老人击壤而歌。后用作歌颂太平盛世的典故，如张复元诗句选用典故"击壤"，就是为了表现耆老受赐后的感戴明君、庆逢盛世的喜悦心情。在唐代试律诗的正文用典中，对有关舜帝的典故也选用了几次，如典故"苍梧"，被选用于钱起的试律诗《湘灵鼓瑟》"苍梧来怨慕，白芷动芳馨"一句。苍梧，山名，又叫九疑山，在今湖南省宁远县境内，相传舜埋葬于苍梧之野。后用作追忆帝舜的典故，也用于咏帝王之死。在唐代试律诗的正文用典中，对有关禹帝典故的选用，多与其治水之功有关，如李子昂的试律诗《西戎即叙》"圣理符轩化，仁恩契禹功"一句中所选用的典故"禹功"，即大禹"凿山川，通河汉"的治水之功。

二、与建立不朽功业的政治人物相关的事典

自古以来，儒家所宣扬的"兼济天下"的人生价值取向以及"立功不朽"的功名观念都深深地影响着古代的读书人。辅佐君王建立不朽的功业一直是中国古代读书人的最终目标。历史上的伊尹、皋陶、傅说、管仲、范蠡、诸葛亮等辅弼君王建立伟业的杰出代表一直是后来读书人的崇拜对象。在唐代试律诗的正文用典中，对涉及此类人物的典故多有选用，如典故"伊皋"，被选用于孙昌彻的试律诗《越裳献白翟》"圣哲符休运，伊皋列上台"一句。"伊皋"为伊尹和皋陶的合称，伊尹为商汤时的贤相。西汉司马迁《史记·殷本纪》曰："伊尹名阿衡。阿衡欲奸汤而无由，乃为有莘氏媵臣，负鼎俎，以滋味说汤，至于王道。"❶皋陶为舜时之贤臣。后世以"伊皋"用作颂扬宰臣的典故。孙昌彻诗句选用此典就是代指当朝宰臣。典故"求傅野"与殷之贤臣傅说有关，此典被选用于赵铎的试律诗《玄元皇帝应见贺圣祚无疆》"岂唯求傅野，更有叶钧天"一句。据西汉司马迁《史记·殷本纪》载："武丁夜梦得圣人，名曰说。以梦所见视群臣百吏，皆非也。于是乃使百工营求之野，得说于傅险中。是时说为胥靡，筑于傅险。见于武丁，武丁曰是也。得而与之语，果圣人，举以为相，殷国大治。故遂以傅险姓之，号曰傅说。"❷殷高宗武丁，因为梦兆，于傅岩之野得到贤相傅说，后建立功业。后世以此典代指起用贤才。典故"投石"与汉之名臣张良有关，张良为"汉初三杰"之一，他以出色的谋略，帮助汉高祖刘邦在楚汉之争中夺得了天下，并辅佐刘氏建立了大汉伟业。典故"投石"被选用于李沛的试律诗《四水合流》"顺物宜投石，逢时可载舟"一句。"投石"即"以石投水"，《文选·李康〈运命论〉》用其比喻游说之言受到君主的欢迎，后世用作称美臣下献言的典故。李沛用此典表面是指水流顺畅，实际是期望自己科举考试能够顺利及第。

三、与政治失意人物相关的事典

仕途得意、建有功业的政治人物固然有之，但仕途失意、备受仕途厄运打击的落魄者可能更多。古代的读书人对仕途失意、怀才不遇之人无不怀有惋惜之情。这种惋惜之情在他们的诗歌创作中多有体现。在唐代试律诗的正文用典中，对涉及政治失意人物的典故多有采用，其中选用次数较多的，是有关屈原的典故。例如，张子容的试律诗《璧池望秋月》"能将千里意，来照楚乡愁"一句中的典故"楚乡愁"就和屈原有关。屈原曾任楚国左传、三闾大夫，爱国直谏，受谗被逐，流落他乡，后投汨罗江而亡。后以"楚乡愁"喻指仕途不得意。张子容诗句选用此典，就表达了自己寓居江南的失意之情。又如，魏璀的试律诗《湘灵鼓瑟》"扁舟三楚客，蓑竹二妃灵"一句中的典故"三楚客"，也是代指仕途失意的屈原。

---

❶ （西汉）司马迁撰，（南朝宋）裴骃集解，（唐）司马贞索隐，（唐）张守节正义.史记[M].清乾隆武英殿刻本.

❷ 同上。

四、与封建帝王相关的事典

在我国古代社会，不乏雄才大略的封建帝王。他们或抵御外侵，或消除割据，或休养生息，建立了庞大的封建王朝，深得后人敬佩。因此，相应的，在我国古代文化典籍中就留下了很多有关于他们的典故，如典故"五株封"就和秦始皇有关，秦始皇曾经封泰山上的一棵松树为五大夫，后用作咏颂松树的典故。此典被选用于陆贽的试律诗《禁中春松》"愿符千载寿，不羡五株封"一句。诗句选用此典，目的就是以禁苑中的松树和五大夫松形成对比，当然这里是反用此典。

唐人习惯以汉喻唐，所以在唐代试律诗的正文用典中，多选用与汉代帝王有关的典故，如薛存诚的试律诗《嵩山望幸》"万岁声长在，千岩气转雄"一句中所选用的典故"万岁声长在"，就和汉武帝有关。史载汉武帝登泰山封禅时，在其登山途中，侍从曾听到山呼"万岁"之声。后世以典喻指帝王为得道之君，或用之咏与帝王相关的重大盛典时的场面之宏大。薛存诚诗选用此典，目的就是以之衬托唐朝皇帝嵩山望幸时的场面之恢宏，当时盛况给人们留下了深刻的印象。

第二节　与隐士、名士、游侠相关的事典

唐朝不仅是一个崇尚功名的时代，还是一个追慕隐逸的时代。对隐逸生活的执着追求是唐人诗歌创作的永恒主题之一，即使是正汲汲于功名的士子们也少有例外。隐逸是他们科考失意时的精神家园，是生活困苦时的精神依托，是崇高人格的重要载体，更是饱经磨砺之后个人心灵的最终归宿。唐代试律诗虽为科场考试之作，但部分作品仍然体现出了参试士子们的归隐之情。诗句中这种归隐之情的表现方式之一就是对与归隐相关典故的选用，如周弘亮的试律诗《曲江亭望慈恩寺杏园花发》"地闲分禁苑，景胜类桃源"一句中所选用的典故"桃源"，出典于东晋陶渊明的《桃花源记》。桃源即桃花源，是陶渊明虚构的一个与世隔绝的乐园。为逃避秦时战乱而迁入其中的居民，数代相传，民风淳朴，生活富足，安居乐业，不知外界经历的改朝换代。后世以"桃花源（或桃源）"喻指隐居胜境，有时也喻指仙境。周诗选用此典，在衬托杏园花发美景的同时，多少体现了其内心深处的归隐情结。当然，自两晋南北朝以来，就一直有真隐和假隐之争。所谓假隐，是指一些人借隐居之名以提高自己的知名度，从而博得朝廷的注意，进而得到朝廷破格任用的一种行为。而到了唐朝，君民多崇信道教，道士"神仙"往往山居隐逸，因而通过隐逸以求官这一捷径一度很盛行。因此，唐代的考生大多喜欢选用此类典故入诗，如吕牧的试律诗《泾渭扬清浊》"御猎思投钓，渔歌好濯缨"一句中所选用的典故"投钓"，出典于西汉司马迁《史记·齐太公世家》。吕尚曾在渭水之滨垂丝钓鱼，因遇文王而得到重用。诗句中的"思投钓"即表现了作者对仕途的强烈向往。

在我国古代，名士多具有隐士的情怀，隐士也多具有名士的放达。在唐代试律诗的

正文用典中，对有关名士的典故也多有选用，如张聿的试律诗《圆灵水镜》"乐广披云日，山涛卷露年"一句中所选用的典故"披云"，出典于南朝宋刘义庆的《世说新语·赏誉》：

> 卫伯玉为尚书，见乐广与中朝名士谈议，奇之曰："自昔诸人没已来，常恐微言将绝。今乃复闻斯言于君矣！"命子弟造之曰："此人，人之水镜也，见之若披云雾睹青天。"❶

乐广为晋之名士，尚清谈，卫伯玉将他比作人中之镜，说他给人以披云雾见青天之感，意在称颂他气质之非凡、丰神之俊逸。诗句选用此典，是以乐广之事切合水镜。例如，可频瑜的试律诗《墙阴残雪》"谁怜高卧处，岁暮叹袁安"一句，诗句化用了典故——"袁安卧雪"，此典源于《后汉书·袁安传》唐李贤注引《汝南先贤传》：

> 时大雪积地丈余，洛阳令身出案行，见人家皆除雪出，有乞食者。至袁安门，无有行路。谓安已死，令人除雪入户，见安僵卧。问："何以不出？"安曰："大雪人皆饿，不宜干人。"令以为贤，举为孝廉也。❷

袁安曾于大雪天闲卧家中，宁肯忍冻挨饿也不外出乞援。后世用作因雪居家的典故。诗句选用此典不但表达了作者自伤贫困之情，而且与诗题中的"雪"相契合。例如，蒋防的试律诗《题杜宾客新丰里幽居》"圣情容解印，帝里许悬车"一句中所选用的典故"悬车"，出典于东汉班固的《白虎通·致仕》：

> 臣七十悬车致仕者，臣以执事趋走为职，七十阳道极，耳目不聪明，跂踦之属，是以退去避贤者，所以长廉耻也。悬车示不用也；致仕者，致其事于君。❸

古代官员年七十就告老辞官，居家而废车。诗文中因以"悬车"代指官吏退休，辞官归隐。诗句选用此典即是指代辞官，废职家居。这可能就是古人所追求的"仕则隐"的理想境界吧。

在我国古代，先秦以来就有游侠，他们多豪爽好结交，勇于排难解纷，轻生重义。西汉·司马迁《史记》就为游侠单设有传，并认为游侠"其言必信，其行必果，已诺必诚，不爱其驱"。❹唐人对游侠义士颇为敬慕。在唐代试律诗的正文用典中，对与游侠相

---

❶（南朝宋）刘义庆撰，（南朝梁）刘孝标注.世说新语[M].四部丛刊景明袁氏嘉趣堂本.

❷（南朝宋）范晔撰，（唐）李贤等注.后汉书[M].百衲本景宋绍熙刻本.

❸（东汉）班固.白虎通德论[M].四部丛刊景元大德覆宋监本.

❹（西汉）司马迁撰，（南朝宋）裴骃集解，（唐）司马贞索隐，（唐）张守节正义.史记[M].清乾隆武英殿刻本.

关的典故也多有选用，如韩愈的省题诗《学诸进士作精卫衔石填海》"何惭刺客传，不著报仇名"一句中所选用的典故"刺客传"，出典于西汉司马迁《史记·太史公自序》：

曹子匕首，鲁获其田，齐明其信；豫让义不为二心。作《刺客列传》第二十六。❶

司马迁在《史记》中，为刺客游侠立传，褒扬了复仇行刺的游侠勇士。韩诗选用"刺客传"之典，是以《史记·刺客列传》所记录的复仇勇士为衬托，赞美精卫鸟锲而不舍、勇往直前的复仇精神。

第三节 与神话传说仙道有关的事典

在我国的古代典籍中，如《穆天子传》《山海经》《吕氏春秋》《淮南子》等，记载了大量的古代神话传说。这些神话传说多以故事的形式表现了远古初民对自然界及社会现象的认知与愿望。神话传说中的主人公大多为自然之神或神化了的英雄人物。其故事情节大多生动离奇，富于变化，并由此产生了大量的典故，这些典故对后世的文学创作产生了深远的影响。在唐代试律诗的正文用典中，就有一些典故是源于古代神话传说的，如席夔的试律诗《霜菊》"宁祛青女威，愿盈君子掬"一句中所用的典故"青女"，出典于西汉·刘安的《淮南子·天文训》：

至秋三月，地气不藏，乃收其杀，百虫蛰伏，静居闭户。青女乃出，以降霜雪。❷

东汉·高秀注曰："青女，天神，青霄玉女，主霜雪也。"青女为古代神话传说中主管霜雪的神仙，唐诗中常将其用作咏寒秋或下霜的典故，席诗就是以"青女"之典代指寒霜，进而称赞菊花傲霜的高贵品格。例如，张光朝的试律诗《天门街西观荣王聘妃》"桥成乌鹊助，盖转凤凰飞"一句中化用了"鹊桥"之典，此典出典于东汉应劭的《风俗通义》：

织女七夕当渡河，使鹊为桥。❸

古代神话传说，牛郎、织女二星原本为夫妻，因中间隔有银河而平时难以相见，但

---

❶ （西汉）司马迁撰，（南朝宋）裴骃集解，（唐）司马贞索隐，（唐）张守节正义. 史记 [M]. 清乾隆武英殿刻本.

❷ （西汉）刘安撰，（东汉）许慎注. 淮南鸿烈解 [M]. 四部丛刊景钞北宋本.

❸ （南宋）陈元靓. 岁时广记 [M]. 清光绪十万卷楼丛书本.

每年阴历的七月初七会有喜鹊填河为桥，以使牛郎与织女相会一次。这一神话故事常被用作咏颂新婚的典故。又因传说中织女是天帝之女，所以诗文中有时也以"鹊桥"指代公主的府第。张诗选用"鹊桥"之典，就是借喜鹊为牛郎织女相会搭桥的故事来衬托荣王迎娶妃子的场面之宏大，带有颂扬之意。

所谓神仙，是指中国古代神话传说或道教中有特殊能力且长生不老的人。东晋·葛洪《神仙传·彭祖》："仙人者或竦身入云，无翅而飞；或驾龙乘云，上造太阶；或化为鸟兽，浮游青云；或潜行江海，翱翔名山；或食元气；或茹芝草；或出入人间则不可识。"❶东晋葛洪《抱朴子·内篇》："盖闻身体不伤，谓之终孝，况得仙道，长生久视，天地相毕，过于受全归完不亦远乎？果能登虚蹑景，云舆霓盖，餐朝霞之沆瀣，吸玄黄之醇精，饮则玉醴金浆，食则翠芝朱英，居则瑶堂瑰室，行则逍遥太清。先鬼有知，将蒙我荣，或可以翼亮五帝，或可以监御百灵，位可以不求而自至，膳可以咀茹华璃，势可以总摄罗酆，威可以叱咤梁成，诚如其道，阍识其妙，亦无俄之者。"❷古人大多认为，只要潜心修炼，不断领悟，任何人都可以摆脱现实中的苦难而得道成仙。因李氏君王的提倡，唐代是一个崇尚道教的时代，唐人普遍具有一种浓郁的神仙情结。从参试士子的角度来讲，能通过科举考试而进入仕途无疑与道教中通过潜心修炼而得道成仙具有同样的意义。参试士子们科考及第就意味着可以入仕为官，也就有如飞升成仙了。因此，唐代文人常以遇到神仙作为科举及第的吉兆，常以成仙比喻科举及第。就唐代试律诗的正文用典而言，与仙道有关的典故诗中多有选用。具体而言，这些被选用的与仙道有关的典故可分为以下几个小类。

一、与传说中古人得道成仙者有关的典故

学道、求仙、炼丹、服药在唐代是十分流行的，甚至可以说，在唐代，上至帝王将相，下至文人名流无不热衷于此。帝王如唐穆宗、敬宗、武宗、宣宗，他们均服过丹药，以求得长生不老。文人如李白，其就曾有过寻道、炼丹的经历。因这种社会风气的影响，传说中古人得道升仙的故事在唐代就变得极为流行，其反映在诗文中的方式之一，就是对相关得道成仙者典故的选用。就唐代试律诗的正文用典而言，对与传说中古人得道成仙者相关典故的选用，以选用涉及王子乔的典故次数为最多。例如，刘得仁的试律诗《莺出谷》"稍类冲天鹤，多随折桂人"一句中所选用的典故"冲天鹤"，出典于旧题西汉刘向的《列仙传·王子乔》。传说周灵王太子王子乔得道成仙后，曾于七月七日骑鹤驻于缑氏山顶，与家人相见，经数日又离去。唐诗中常以"冲天""冲天鹤"咏王子乔仙去。刘诗选用此典，是喻指科考及第。另外，在形式上其与对句"折桂人"也相对应。被唐代试律诗正文选用的有关传说中古人得道成仙者的典故还有几例，如范传正的试律诗《谢真人仙驾过旧山》"岂惟辽海鹤，空叹令威还"一句中所选用的典故"辽海鹤"，

---

❶（东晋）葛洪.神仙传[M].清文渊阁四库全书本.

❷（东晋）葛洪.抱朴子内外篇[M].四部丛刊景明本.

出典于旧题东晋陶渊明的《搜神后记》：

> 丁令威本辽东人，学道于灵虚山。后化鹤归辽，集城门华表柱。时有少年举弓欲射之，鹤乃飞，徘徊空中而言曰："有鸟有鸟丁令威，去家千年今始归。城郭如故人已非，何不学仙冢垒垒。"遂高上冲天。今辽东诸丁云其先世有仙者，但不知名耳。❶

旧时传说辽东人丁令威在学道成仙后，曾化鹤回到家乡，并作歌以感叹千年已逝。唐诗中因以"辽海鹤""辽鹤"比喻学道成仙或感叹人世的沧桑巨变。范诗选用此典，以重申对人世沧桑的哀叹之意。

二、与神话传说中天上神仙有关的典故

在唐代试律诗的正文用典中，所涉及的天上神仙有王母和素娥两位。王母是西王母的简称，为古代神话传说中的女仙。其最早形象颇为狰狞，《穆天子传》卷三曰："吉日甲子，天子宾于西王母。"东晋·郭璞注曰："西王母，如人，虎齿，蓬发，戴胜，善啸。"❷传说，西周穆天子和西汉武帝刘彻均与西王母有来往，从之以访求长生不老之术。所以，西王母的形象在东汉班固的《汉武帝内传》中已被描绘为仪态端庄、冠冕堂皇的中年女性。后世帝王梦见西王母，即被认为是具有仙根的表现，如丁泽的试律诗《上元日梦王母献白玉环》"仿佛瞻王母，分明献玉环"一句即选用了典故"王母"，作者欲借君王梦见"王母"之典以喻指皇帝乃是真命天子，进而达到美化皇权的目的。素娥即嫦娥，神话传说中的人物，后羿之妻。据传说，嫦娥因偷食后羿自西王母处所盗得的不死之药而奔月，后世常以"嫦娥"咏月。朱华的试律诗《海上生明月》"素娥尝药去，乌鹊绕枝惊"一句，即选用"嫦娥"之典借以咏颂月亮。

三、与神话传说中仙境、仙物等相关的典故

在唐代试律诗的正文用典中，对涉及仙境的典故选用次数也比较多。例如，对涉及仙境"蓬莱"的典故，唐代试律诗的正文共选用了7次；涉及仙境"瑶池"的典故，唐代试律诗的正文共选用了6次。选用涉及"蓬莱"仙境典故的诗句，如戴叔伦的试律诗《晓闻长乐钟声》"已启蓬莱殿，初朝鹓鹭群"一句，所选用的典故"蓬莱"，出典于西汉司马迁的《史记·封禅书》：

> 自威、宣、燕昭使人入海求蓬莱、方丈、瀛洲。此三神山者，其傅在渤海中，去人不远；患且至，则船风引而去。盖尝有至者，诸仙人及不死之药皆在焉。其物禽兽尽白，

---

❶ （东晋）陶潜.搜神后记 [M].明崇祯津逮祕书本.

❷ （东晋）郭璞.穆天子传 [M].四部丛刊景明天一阁本.

而黄金银为宫阙。❶

　　蓬莱山为神话传说中的东海神山，后世泛指仙境。诗句选用此典，目的是以蓬莱仙境来衬托长乐宫之恢宏。例如，朱华的试律诗《海上生明月》"渐出三山口，将凌一汉横"一句中所选用的典故"三山"，三山即道家所说的东海中的三座神山，包括蓬莱仙山。选用与"瑶池"仙境有关典故的诗句，如叶季良的试律诗《月照冰池》"圆光生碧海，素色满瑶池"一句，句中典故"瑶池"，出典于《穆天子传》：

　　天子西征，至于王母之邦。吉日甲子，天子宾于西王母，乃执白圭玄璧以见西王母，好献锦组百纯、白组三百纯，西王母再拜受之。乙丑，天子觞西王母于瑶池之上。西王母为天子谣，曰："白云在天，丘陵自出。道里悠远，山川间之，将子无死，尚能复来。"天子答之曰："予归东土，和治诸夏。万民平均，吾顾见汝。比及三年，将复而野。"西王母又为天子吟曰："徂彼西土，爰居其野。虎豹为群，於鹊与处。嘉命不迁，我惟帝女。彼何世民，又将去子。吹笙鼓簧，中心翱翔。世民之子，惟天之望。"❷

　　瑶池为古代神话传说中神仙居住的地方，传说西王母曾经在这里宴请远道而来的周穆王。诗文中常借咏游览仙境，也用来比喻宫廷游宴的场所。叶诗选用此典，目的是以"瑶池"仙境衬托月照冰池之美。例如，章孝标的试律诗《骐骥长鸣》"瑶池期弄影，天路欲飞声"一句也选用了"瑶池"之典，诗句通过描写骐骥对"瑶池"仙境的深切期盼，来反衬千里马处境之悲苦。

　　"玉京"为道家所称的天帝所居之处，此典来源于北魏魏收的《魏书·释老志》：

　　道家之原，出于老子。其自言也，先天地生，以资万类。上处玉京，为神王之宗；下在紫微，为飞仙之主。❸

　　玉京是道家传说中的仙人宫阙，为三十二帝所居之都。诗文中常将其用作咏颂仙境之典，也用以代指帝都。例如，李绅的试律诗《山出云》"悠悠九霄上，应坐玉京宾"一句中的典故"玉京"，即是代指仙都。诗句"应坐玉京宾"体现了作者渴望及第的心愿。又如，钟辂的试律诗《缑山月夜闻王子晋吹笙》"此夕留烟驾，何时返玉京"一句中的典故"玉京"也是代指仙都，"紫府"为道家传说中位于天上的仙府，此典出典于东晋·葛洪的《抱朴子·内篇·祛惑》：

---

❶（西汉）司马迁撰，（南朝宋）裴骃集解，（唐）司马贞索隐，（唐）张守节正义 . 史记 [M]. 清乾隆武英殿刻本 .

❷（东晋）郭璞 . 穆天子传 [M]. 四部丛刊景明天一阁本 .

❸（北魏）魏收 . 魏书 [M]. 清乾隆武英殿刻本 .

又河东蒲坂有项曼都者，与一子入山学仙，十年而归家，家人问其故。曼都曰："在山中三年精思，有仙人来迎我，共乘龙而升天。良久，低头视地，窈窈冥冥，上未有所至，而去地已绝远。龙行甚疾，头昂尾低，令人在其脊上，危怖嵚巇。及到天上，先过紫府，金床玉几，晃晃昱昱，真贵处也。仙人但以流霞一杯与我，饮之辄不饥渴。忽然思家，到天帝前，谒拜失仪，见斥来还，令当更自修积，乃可得更复矣。"❶

唐诗中常用此典借指仙府或咏升天成仙，如张仲素的试律诗《上元日听太清宫步虚》"灵歌宾紫府，雅韵出层城"一句，即选用典故"紫府"以代指仙境，进而烘托太清宫步虚的神秘色彩。

在唐代试律诗的正文用典中，除了对有关仙境的典故选用次数较多，其对与仙物相关的典故也多有选用。这在一定程度上体现了仙道文化对唐代文学的影响之深，如咏仙物之典"五云车"，出典于旧题东汉班固的《汉武帝内传》：

汉武帝好仙道，七月七日夜漏七刻，王母乘云车而至于殿。❷

道家称神仙乘坐五色云车出行，后世以"五云车"咏道士出行，或用以喻指华丽的车。李虞仲的试律诗《初日照凤楼》"还如王母过，遥度五云车"一句选用"五云车"之典，目的是以神仙所乘的五色云车映衬初日照凤楼之美。

第四节　与寓言故事相关的事典

"寓言"一词最早见于《庄子》。《庄子·寓言》篇曰："寓言十九，重言十七，卮言日出，和以天倪。"❸唐陆德明《经典释文》对此句解释曰："寓，寄也。以人不信己，故托之他人，十言而九见信也。"❹寓言是以假托的故事或采用将自然物人格化的手法来说明某个道理的文学作品。寓言的篇幅虽然大多短小，但其寓意却精辟深刻，极富智慧与哲理。就出典于寓言故事的典故而言，与一般典故相比，它们所蕴含的道理则更为深刻、更有说服力。在我国古代的文化典籍中，包含寓言故事较多的是诸子类典籍，其中以《庄子》《列子》《韩非子》西汉刘向《说苑》等典籍所记录的寓言故事为多。相应的，源于这些典籍的寓言类典故也较多。就唐代试律诗的正文用典而言，其共选用寓言故事类典故 40

❶　（东晋）葛洪.抱朴子内外篇 [M].四部丛刊景明本.

❷　（南朝梁）庾信撰，（清）倪璠纂注.庾子山集 [M].清文渊阁四库全书本.

❸　（春秋战国）庄周撰，（西晋）郭象注.南华真经 [M].四部丛刊景明世德堂刻本.

❹　（唐）陆德明.经典释文 [M].清抱经堂丛书本.

多次，其中以选用出典于《庄子》的典故为最多。例如，蒋防的试律诗《至人无梦》"化蝶诚知幻，征兰匪契真"一句中所选用的典故"化蝶"，出典于《庄子·齐物论》：

> 昔者庄周梦为胡蝶，栩栩然胡蝶也。自喻适志与！不知周也。俄然觉，则蘧蘧然周也。不知周之梦为胡蝶与？胡蝶之梦为周与？❶

庄子梦蝶的故事表现了生活如梦幻的思想，后世以"化蝶""梦蝶"或"蝴蝶梦"比喻虚幻世界，并将其用作咏蝶、咏梦的典故。蒋诗选用"化蝶"之典，目的是通过说明庄子梦蝶之事本属虚幻，以切合"至人无梦"的题旨。

例如，蒋防的试律诗《藩臣恋魏阙》"如何子牟意，今古道斯存"一句中所选用的典故"子牟意"，出典于《庄子·让王》：

> 中山公子牟谓瞻子曰："身在江海之上，心居乎魏阙之下，奈何？"瞻子曰："重生。重生则利轻。"中山公子牟曰："虽知之，未能自胜也。"瞻子曰："不能自胜则从，神无恶乎！不能自胜而强不从者，此之谓重伤。重伤之人，无寿类矣！"魏牟，万乘之公子也，其隐岩穴也，难为于布衣之士，虽未至乎道，可谓有其意矣！❷

《庄子》寓言中的魏公子，名牟，其自称"身在江海之上，心居乎魏阙之下。"后世用来喻指对朝廷的眷念之心。蒋诗选用此典即是表示对朝廷的思念之情。

再如，吴晃的试律诗《鱼上冰》"终希泮涣泽，为化北溟鱼"一句中所选用的典故"北溟鱼"，出典于《庄子·逍遥游》：

> 北冥有鱼，其名为鲲，鲲之大，不知其几千里也。化而为鸟，其名为鹏，鹏之背，不知其几千里也。❸

诗句中的"北溟鱼"，是指《庄子》寓言故事中可以化为鹏的大鱼——鲲，诗文中常用以比喻杰出或得意的人物。吴诗选用此典是用来比喻科举及第。

在唐代试律诗的正文用典中，对出典于《列子》的寓言故事类典故也有所选用，如王起的试律诗《贡举人谒先师闻雅乐》"度曲飘清汉，余音遏晓云"一句中所选用的典故"遏晓云"出典于《列子·汤问》：

> 薛谭学讴于秦青，未穷青之技，自谓尽之；遂辞归。秦青弗止，饯于郊衢，抚节悲

---

❶（春秋战国）庄周撰，（西晋）郭象注.南华真经 [M].四部丛刊景明世德堂刻本.
❷（春秋战国）庄周撰，（东晋）郭璞注.南华真经 [M].四部丛刊景明世德堂刊本.
❸（春秋战国）庄周撰，（西晋）郭象注.南华真经 [M].四部丛刊景明世德堂刻本.

歌，声振林木，响遏行云。雪谭乃谢求反，终身不敢言归。❶

《列子》中寓言说，古代秦人秦青善于歌唱，传说其歌声可以响入云霄，空中行云都会为之停留。后世用作赞美歌声嘹亮动听的典故。王诗选用此典，就是以之形容雅乐的高亢动听、余音绕梁。例如，何儒亮的试律诗《亚父碎玉斗》"匪狗切泥功，将明怀璧辱"一句中所选用的典故"切泥"，出典于《列子·汤问》：

> 周穆王大征西戎，西戎献锟铻之剑，火浣之布。其剑长尺有咫，炼钢赤刃，用之切玉如切泥焉。❷

《汤问》篇说，古代有锟铻之剑，此剑切玉如泥。后世用以泛指宝剑，也用作比喻杰出的人才。何诗选用此典是代指宝剑。另外，其与诗题中"碎玉斗"也相切。

在唐代试律诗的正文用典中，对出典于《韩非子》的寓言故事类典故共选用了三例。它们是"抱璞""三献"和"齐竽"。其中，"抱璞"和"三献"均出典于《韩非子·和氏》：

> 楚人和氏得玉璞楚山中，奉而献之厉王。厉王使玉人相之。玉人曰："石也。"王以和为诳，而刖其左足。及厉王薨，武王即位。和又奉其璞而献之武王。武王使玉人相之，又曰："石也。"王又以和为诳，而刖其右足。武王薨，文王即位。和乃抱其璞而哭于楚山之下，三日三夜，泣尽而继之以血。王闻之，使人问其故，曰："天下之刖者多矣，子奚哭之悲也？"和曰："吾非悲刖也，悲夫宝玉而题之以石，贞士而名之以诳，此吾所以悲也。"王乃使玉人理其璞而得宝焉，遂命曰："和氏之璧。"❸

卞和因献玉璞被厉王和武王先后砍掉了左右脚。后来，他抱着玉璞于楚山之下哀声痛哭，悲痛君王把宝玉当作了石头，把忠诚看作了诳上。后世因以"抱璞""抱玉""泣玉"等表示怀才不遇、忠心见疑、蒙冤罹难，用"三献""献璞""卞和三献"等代指奉献才艺或优秀的作品。"抱璞"被选用于武翊黄的试律诗《瑕瑜不相掩》"抱璞应难辨，妍媸每自融"一句，诗句选用此典即是喻指怀才不遇。"三献"被选用于张子容的试律诗《璧池望秋月》"似璧悲三献，疑珠怯再投"一句，诗句选用此典是以和氏之美玉比拟天山的秋月，进而衬托明月之美。

"齐竽"出典于《韩非子·内储说上》：

> 齐宣王使人吹竽，必三百人。南郭处士请为王吹竽，宣王说之，廪食以数百人。宣

---

❶ （春秋战国）列御寇撰，（东晋）张湛注.冲虚至德真经 [M].四部丛刊景北宋本.

❷ 同上。

❸ （春秋战国）韩非.韩非子 [M].四部丛刊景清景宋抄校本.

王死，湣王立，好一一听之，处士逃。❶

　　战国时期，齐南郭处士本不会吹竽，但因齐宣王喜欢三百人齐吹，他就得以冒充其中。但等湣王即位后，其喜欢听一个人吹竽，南郭处士只能仓皇而逃。后世以"滥竽充数""滥吹""齐竽""齐吹"等比喻无真才实学而混在行家中充数，也常用作自谦之词。"齐竽"被选用于黄滔的试律诗《省试一一吹竽》"齐竽今历试，真伪不难知"一句，诗句选用此典是用"齐竽历试"喻指科举考试，借以切题，暗表自负之情。

　　上文我们将唐代试律诗正文所选用的事典简单地分为了四类，并逐类进行了考察。可以说，这些典故所涉及的内容极为广泛，三教九流，神仙凡人，无所不包。正是这些丰富的典故为唐代参试士子于试律诗创作中抒情言志提供了强大的支撑，而对这些典故的选用也就成了唐代试律诗的一大特点。我们在阅读唐代试律诗时，只有先把这些典故弄清楚了，才能真正理解诗歌的意旨，才能真正领悟参试士子的独特情怀。

本章小结

　　本章我们对唐代试律诗正文用典中所涉及的事典进行了分类考察。根据唐代试律诗正文所选用事典具体关涉内容的不同，我们将其细分为了四类，即与政治人物相关的事典，与隐士、名士、游侠相关的事典，与仙道有关的事典以及与古代神话传说或寓言故事相关的事典等。通过对这些所选用事典的详细分析，我们基本上弄清了唐代试律诗正文用典对事典的选用情况。

---

❶　（春秋战国）韩非．韩非子[M]．四部丛刊景清景宋抄校本．

第五章 唐代试律诗正文用典语典分类考察

清代诗人、诗论家赵执信在其《谈龙录》中曾谈到唐人学诗重师承的问题，他于书中曰："唐贤学诗，类有师承，非如后人第凭意见。窃尝求其深切著名者，莫如陆鲁望之叙张枯处士也，曰：'元和中，作宫体小诗，辞曲艳发。轻薄之流合噪得誉。及老大，稍窥建安风格，读乐府录，知作者本意，短章大篇，往往间出，讲讽怨谲，与六义相左右，善题目佳境，言不可刊置别处，此为才子之最也。'观此可以知唐人之所尚，其本领亦略可窥矣。"❶唐代参试士子也大多如此，他们对前人的诗文风格及诗文用语也均多有继承。而这种继承的表现方式之一，就是对前人诗文作品中语典的选用。就唐代试律诗的正文用典而言，其中就多有选用前人作品的语典。这些语典的来源非常广泛，上至《诗经》《尚书》《礼记》等儒家经典，下至魏晋六朝诗赋，甚至诸子散文、历史文献等无不是其来源。下面我们就对唐代试律诗正文用典对前代典籍中语典的选用情况作分类考察。

第一节 唐代试律诗正文用典对《诗经》
等儒家典籍中语典的选用

唐朝十分推崇儒学，上至君王，下至百姓，对儒家经典均极为重视。唐代社会形成了一种极其浓郁的儒学之风。这一风尚反映在唐代试律诗中，一方面是诗歌主题对儒家思想的尊奉，另一方面就是诗歌语言对儒家典籍语典的选用。据统计，在唐代试律诗的正文用典中，对儒家典籍中语典的选用达280多次，约占唐代试律诗正文用典总次数的27%。

一、唐代试律诗正文用典对《诗经》中语典的选用

《诗经》是我国第一部诗歌总集，也是我国现实主义诗歌的源头，其早在汉代就已被列为儒家经典之一，一直备受读书人所重视。据统计，在唐代试律诗的正文用典中，对《诗经》中语典的选用就多达65次，共涉及34个典故。这些语典有的取自《诗经》的正文，有的却是直接取用《诗经》的篇名。从总体上看，唐代试律诗的正文对《诗经》中语典的选用，多是摘其片辞，用其大义。所以，如果我们不能准确把握所选语典在《诗经》中的确切含义以及它们所涉及的《诗经》篇目的整体意义，我们就很难准确地理解

---

❶ （清）赵执信撰，陈迩东校点. 谈龙录[M]. 清文渊阁四库全书本. 北京：人民文学出版社，1981.

试律诗选用这些语典所要表达的真正意义。例如，郑孺华的试律诗《生刍一束》"蓻菲如堪采，山苗自可逾"一句，句中所选用的语典"蓻菲"，出典于《诗经·邶风·谷风》：

> 习习谷风，以阴以雨。黾勉同心，不宜有怒。采蓻采菲，无以下体。德音莫违，及尔同死。❶

东汉的郑玄笺说："此二菜者，蔓菁与葍之类也。皆上下可食。然而根有美时有恶时，采之者不可以根恶时并弃其叶。喻夫妇以礼义合，颜色相亲，亦不可以颜色衰，弃其相与之礼。"❷《谷风》是以女主人公认为采摘蓻菲应当根叶并食，不可因其根恶而弃其叶，来比喻丈夫对妻子不应只重颜色，因色衰而爱弛。这是《诗经》中常用的比兴手法。后世因以"蓻菲"喻指尚有一德可取。郑诗选用此典，就是以"蓻菲"自喻，谦谓自己尚有可取用之处，期望得到朝廷的擢用。

语典"九皋"被选用于失名的试律诗《鹤鸣九皋》"胎化呈仙质，长鸣在九皋"一句，此典出自《诗经·小雅·鹤鸣》：

> 鹤鸣于九皋，声闻于野。鱼潜在渊，或在于渚。乐彼之园，爰有树檀，其下维萚。他山之石，可以为错。
> 鹤鸣于九皋，声闻于天。鱼在于渚，或潜在渊。乐彼之园，爰有树檀，其下维榖。他山之石，可以攻玉。❸

郑玄笺说："皋，泽中水溢出所为坎，自外数至九，喻深远也。鹤在中鸣焉，而野闻其鸣声……喻贤者虽隐居，人咸知之。"❹《鹤鸣》是一首"招隐诗"，诗中多处采用了比喻的修辞手法。古人认为，"鹤鸣九皋"是喻指"身隐名著"，后世因以"九皋"比喻声名远扬。此首试律诗选用此典，是通过描写鹤长鸣于九皋，来喻指自己的才华出众。

在唐代试律诗的正文用典中，对出典于《诗经》的"迁乔"和"莺出谷"两例语典选用的次数比较多。据统计，这两例语典一共被选用了 18 次。这可能与参试士子们的最终目标——科考及第的夙愿有关。"迁乔"和"莺出谷"两例语典均出典于《诗经·小雅·伐木》：

> 伐木丁丁，鸟鸣嘤嘤。出自幽谷，迁于乔木。嘤其鸣矣，求其友声。❺

---

❶ （西汉）毛亨传，（东汉）郑玄笺，（唐）陆德明音义.毛诗[M].四部丛刊景宋本.
❷ 同上。
❸ 同上。
❹ 同上。
❺ 同上。

诗中"迁于乔木"原指鸟移于高树，后世因以"迁乔"用作移居的祝词，但在唐代诗歌中，更多还是将此典用于喻指仕途升迁或科考及第。例如，李程的试律诗《春台晴望》"更有迁乔意，翩翩出谷莺"一句、钱可复的试律诗《莺出谷》"求友心何切，迁乔幸有因"一句、窦洵直的试律诗《鸟散余花落》"万片情难极，迁乔思有余"一句等，诗中所选用的"迁乔"典就均喻指科考及第。又由于《伐木》篇有鸟鸣出幽谷迁乔之咏，且此鸟也被认为是莺，所以唐诗中常以"出谷莺""迁莺""莺迁""莺鸣"等表示官场升迁或科考及第。例如，李程的试律诗《春台晴望》"更有迁乔意，翩翩出谷莺"一句中的"出谷莺"、皇甫冉的试律诗《东郊迎春》"遥观上林树，今日遇迁莺"一句中的"迁莺"、张子容的试律诗《长安早春》"鸿渐看无数，莺迁听欲频"一句中的"莺迁"等，就均是指代科考及第。这些诗句均表现了参试士子对科考及第的强烈期盼。

在唐代试律诗的正文用典中，对出典于《诗经》的语典选用，有些是直接取用《诗经》的篇名。例如，失名的试律诗《嘉禾合颖》"薰风浮合颖，湛露净祥花"一句中的典故"湛露"，就出典于《诗经·小雅·湛露》之篇名。《诗经·小雅·湛露》序曰："《湛露》，天子燕诸侯也。"❶东汉的郑玄笺说："诸侯朝会同，天子与之燕，所以示慈惠。"❷其中，燕同"宴"。《左传·文公四年》中曰："昔诸侯朝正于王，王宴乐之，于是乎赋《湛露》。"❸后世因以"湛露"表示帝王等施行恩惠。诗句选用此典就是为了表达作者希望皇恩能够惠及自身，进而科考能顺利及第。

二、唐代试律诗正文用典对《尚书》中语典的选用

《尚书》又称《书》《书经》，是儒家经典之一，其颇受古代读书人的重视。在尊奉儒术的唐代，读书人更是对这部经典烂熟于心。《尚书》中所采用的以祥瑞天命观念解释历史兴亡，进而为现实提供借鉴的做法，更是受到了唐代读书人的极大关注。同时，《尚书》中还记载了大量有关尧舜商周时期圣王贤臣的言行事迹，显现了后世帝王所景仰的盛世、治世之气象。而以这些事迹、气象去比附唐代的朝廷与君臣，就成了参试士子们写作试律诗时的绝佳选择。在唐代试律诗的正文用典中，对源于《尚书》典故的多次选用，就在一定程度上体现了唐人的这些思想倾向。据统计，在唐代试律诗的正文用典中，共选用出典于《尚书》的典故40次，其中对《尚书》中语典的选用有32次，共涉及语典18例。唐代试律诗正文用典对《尚书》中语典的选用多是摘其片辞或是对相关语句的化用，如语典"百兽率舞"，出典于《尚书·舜典》：

帝曰："夔，命汝典乐，教胄子，直而温，宽而栗，刚而无虐，简而无傲。诗言志，

---

❶（西汉）毛亨传，（东汉）郑玄笺，（唐）陆德明音义．毛诗[M]．四部丛刊景宋本．

❷ 同上。

❸（春秋战国）左丘明撰，（西晋）杜预注，（唐）孔颖达疏．春秋左传[M]．宋本十三经注疏本．

歌永言，声依永，律和声。八音克谐，无相夺伦，神人以和。"夔曰："於！予击石拊石，百兽率舞。"❶

旧题西汉·孔安国传解释："石，磬也，磬音之清者。拊亦击也。举清者和，则其余皆从矣。乐感百兽使相率而舞，则神人和可知。"❷谓音乐和谐之声感动禽兽，令其相率而舞。后多用作称颂君王仁政之典。此典共被唐代试律诗正文选用了4次：崔琮的试律诗《长至日上公献寿》"率舞皆群辟，称觞即上公"一句中的"率舞"、白居易的试律诗《太社观献捷》"小臣同鸟兽，率舞向皇风"一句中的"率舞"、范传正的试律诗《范成君击洞阴磬》"何须百兽舞，自畅九天情"一句中的"百兽舞"以及失名的试律诗《笙磬同音》"兽因繁奏舞，人感至和通"一句中的"兽因繁奏舞"。其中，崔诗、白诗和范诗对语典"百兽率舞"的选用均采取了直接摘取关键词的方法，而诗句"兽因繁奏舞"则采用了对语典的化用，达到了"盐溶于水"的效果，用典方法更胜一筹。另外，从用典的目的与典故自身所表之意的对应关系而言，范诗为反用"百兽率舞"之典，而其他3例均为正用。

在唐代试律诗的正文用典中，有时会出现同一联的上下两句均是选用源于《尚书》语典的现象，这种现象可能更能说明唐代参试士子对《尚书》的重视程度之高。例如，薛存诚的试律诗《观南郊回仗》"阅兵貔武振，听乐凤凰来"一句中的语典"貔武"和"凤凰来"均出典于《尚书》。其中，出句所选用的语典"貔武"（"貔武"即"貔虎"。唐高祖李渊之祖名虎，故唐人因避其讳而改"虎"为"武"），出典于《尚书·周书·牧誓》：

勖哉夫子，尚桓桓，如虎如貔，如熊如罴，于商郊。❸

旧题西汉·孔安国传解释："貔……虎属也，四兽皆猛健，欲使士众法之奋击于牧野。"❹貔与虎均为猛兽，《尚书》用以比喻勇猛的战士。后世沿用此典。诗句选用"貔武（虎）"之典，就是以之喻指军士，赞誉军士之威武。诗句对句中所选用的语典"凤凰来"为典故"凤凰来仪"的省语，出典于《尚书·虞书·益稷》：

夔曰："戛击鸣球，搏拊琴瑟以咏。祖考来格，虞宾在位，群后德让。下管鼗鼓，合止柷敔，笙镛以间，鸟兽跄跄。《箫韶》九成，凤凰来仪。"❺

旧题西汉·孔安国传解释："仪，有容仪。备乐九奏而致凤凰，则余鸟兽不待九而率

❶ （西汉）孔安国传，（唐）陆德明音义.尚书[M].四部丛刊景宋本.

❷ 同上。

❸ 同上。

❹ 同上。

❺ 同上。

舞。"❶后因以"凤凰来仪"指代德化天下的瑞应，选用此典的目的就是称颂当时朝廷文教昌明，天下大治。

　　唐代试律诗正文用典对出典于《尚书》语典的选用还有很多，如王卓的试律诗《观北藩谒庙》"瑞气千重色，箫韶九奏声"一句中所选用的语典"箫韶"，出典于《尚书·虞书·益稷》；杜周士的试律诗《闰月定四时》"体元承夏道，推历法尧咨"一句中所选用的语典"尧咨"，出典于《尚书·尧典》；徐至的试律诗《闰月定四时》"积数归成闰，羲和职旧司"一句中所选用的语典"羲和"，出典于《尚书·尧典》；张良器的试律诗《河出荣光》"引派昆山峻，朝宗海路长"一句中所选用的语典"朝宗"，出典于《尚书·夏书·禹贡》；萧昕的试律诗《洛出书》"永赖至于今，畴庸未云毕"一句中所选用的语典"畴庸"，出典于《尚书·尧典》等。在此不再作具体分析。

三、唐代试律诗正文用典对《礼记》中语典的选用

　　《礼记》是阐述儒家礼学的一部经典著作，其主要记载了我国古代的各类典章制度，内容涉及礼制、祭祀、宗教、道德、政治、法律、哲学、历史、地理、历法等诸多方面，其对汉文化的形成和发展起到了极大的推动作用。在尊崇儒术的唐代，《礼记》受到了极大的重视。就唐代试律诗而言，在181例有出处的唐代试律诗的诗题中，就有多达21例诗题是来源于《礼记》的。另据统计，在唐代试律诗的正文用典中，对出典于《礼记》的典故选用次数也比较多，共计52次。这些被选用的源于《礼记》的典故大多为语典，共有21例。这些语典大多与古代的典章或礼仪制度有关，据统计，此类典故共有12例，如语典"九门"出典于《礼记·月令》：

　　是月也，命司空曰："时雨将降，下水上腾。循行国邑，周视原野，修利堤防，道达沟渎，开通道路，毋有障塞。田猎，罝罛、罗罔、毕翳、餧兽之药，毋出九门。"❷

　　东汉郑玄注曰："天子九门者，路门也，应门也，雉门也，库门也，皋门也，城门也，近郊门也，远郊门也，关门也。"❸按古制天子所居应有九门，后因用"九门"指代宫廷，也用来指代京城。在唐代试律诗正文用典中，共对语典"九门"选用了5次，它们是王士良的试律诗《南至日隔霜仗望含元殿炉香》"霏微霜阙近，溶曳九门连"一句、张复元的试律诗《恩赐耆老布帛》"击壤将何幸，徘徊对九门"一句、穆寂的试律诗《冬至日祥风应候》"微微万井遍，习习九门通"一句、张少博的试律诗《雪夜观象阙待漏》"九门传晓漏，五夜候晨扁"一句以及窦常的试律诗《花发上林》"色浮双阙近，春入九门深"一句。这些诗句中选用的语典"九门"均是代指皇宫。

---

❶　（西汉）孔安国传，（唐）陆德明音义.尚书[M].四部丛刊景宋本.

❷　（东汉）郑玄注，（唐）陆德明音义.礼记[M].四部丛刊景宋本.

❸　同上。

《礼记》中有关古代婚聘制度的语典，在唐代试律诗的正文用典中也有所选用，如张光朝的试律诗《天门街西观荣王聘妃》"三周初展义，百两遂言归"一句中所选用的语典"三周"，出典于《礼记·昏义》：

昏礼者，将合二姓之好，上以事宗庙而下以继后世也，故君子重之。是以昏礼纳采，问名，纳吉，纳征，请期，皆主人筵几于庙，而拜迎于门外。入，揖让而升，听命于庙，所以敬慎重正昏礼也。父亲醮子而命之迎，男先于女也。子承命以迎，主人筵几于庙，而拜迎于门外，婿执雁入，揖让升堂，再拜奠雁，盖亲受之于父母也。降出，御妇车，而婿授绥，御轮三周，先俟于门外。妇至，婿揖妇以入，共牢而食，合卺而酳，所以合体，同尊卑，以亲之也。❶

唐孔颖达疏曰："御轮三周者，谓婿御妇车之轮三匝，然后御者代婿御之。"❷周代迎亲之礼，新郎到新娘家迎娶新娘时，应先为新娘做象征性的驾车，然后下车先行，后由御者驾新娘车至新郎家。后世因将此用作咏迎亲之典。张诗选用"三周"典就是咏荣王亲自迎娶妃子。

在唐代试律诗正文所选用的源于《礼记》的语典中，有一些典故与礼仪典章制度无直接关系，而只是与行礼所用之器有关。例如，杜元颖的试律诗《玉水记方流》"斗回虹气见，磬折紫光浮"一句中所选用的典故"虹气"，出典于《礼记·聘义》：

子贡问于孔子曰："敢问君子贵玉而贱碈者，何也？为玉之寡而碈之多与？"孔子曰："非为碈之多故贱之也，玉之寡故贵之也。夫昔者君子比德于玉焉：温润而泽，仁也；缜密以栗，知也；廉而不刿，义也；垂之如队，礼也；叩之，其声清越以长，其终诎然，乐也；瑕不掩瑜，瑜不掩瑕，忠也；孚尹旁达，信也；气如白虹，天也；精神见于山川，地也；圭璋特达，德也；天下莫不贵者，道也。诗云：'言念君子，温其如玉。'故君子贵之也。"❸

孔颖达疏说："白虹，谓天之白气。言玉之白气似天白气，故云天也。"❹孔子说，玉发出的光彩有如白虹，这是圣人以玉比德的一个方面。后世因以"虹气"用作咏颂美玉之典。杜诗选用此典仅是化用孔子之语意以切咏玉，而与礼仪制度并无直接关系。

据考察，最能体现唐代参试士子对出典于《礼记》语典重视程度之高的是他们对典故"南风"的选用。"南风"典共被唐代试律诗正文选用了8次，这么高的选用频次，在

❶ （东汉）郑玄注，（唐）陆德明音义．礼记 [M]．四部丛刊景宋本．

❷ （东汉）郑玄注，（唐）孔颖达疏．礼记疏 [M]．重刊宋本十三经注疏本．

❸ （东汉）郑玄注，（唐）陆德明音义．礼记 [M]．四部丛刊景宋本．

❹ （东汉）郑玄注，（唐）孔颖达疏．礼记疏 [M]．重刊宋本十三经注疏本．

唐代试律诗的正文用典中是绝无仅有的。典故"南风"出典于《礼记·乐记》：

> 昔者舜作五弦之琴，以歌《南风》。❶

《史记》卷二十四《乐书》曰："以歌《南风》。"南朝宋·裴骃《史记集解》中记载，"王肃曰：《南风》，育养民之诗也。其词曰'南风之薰兮，可以解吾民之愠兮。'"❷相传舜帝曾作五弦琴，唱《南风》歌。后世因以此典代指帝王之歌，也用作咏颂帝王体恤臣民的典故，如蒋防的试律诗《藩臣恋魏阙》"政奉南风顺，心依北极尊"一句中的典故"南风"，即喻指帝王的恩惠。在唐代试律诗的正文用典中，"南风"典有多种表现形式，这也从一个侧面体现了参试士子对源于《礼记》语典的熟悉程度之高，如"南风"典在沈亚之的试律诗《九月九日勤政楼下观百僚献寿》"乐奏薰风起，杯醑瑞影收"一句中被写作"薰风"，在薛存诚的试律诗《闻击壤》"簧桴均下调，和木等南薰"一句中被写作"南薰"等。

四、唐代试律诗正文用典对其他儒家典籍中语典的选用

唐代试律诗正文用典除了对源于《诗经》《尚书》和《礼记》的语典有较多的选用外，其对出典于其他儒家典籍中的语典也多有选用。据考察，唐代试律诗正文选用的语典共涉及儒家典籍13种，这些儒家典籍所出语典被唐代试律诗正文选用的次数超过10次的，除了《诗经》《尚书》和《礼记》之外，还有《周易》《周礼》《左传》《论语》等4部。下面对源于这4部儒家典籍的语典各举一例进行简要分析。

在唐代试律诗的正文用典中，对出典于《周易》的语典共选用了27次，涉及语典8例。在这些被选用的语典中，语典"从龙"被选用的次数最多，共被选用了9次。语典"从龙"出典于《周易·乾卦·文言》：

> 九五曰"飞龙在天，利见大人"，何谓也？子曰："同声相应，同气相求。水流湿，火就燥；云从龙，风从虎。圣人作而万物睹。本乎天者亲上，本乎地者亲下，则各从其类也。"❸

唐孔颖达疏曰："龙是水畜，云是水气，故龙吟则景云出，是云从龙也。虎是威猛之

---

❶　（东汉）郑玄注，（唐）陆德明音义.礼记[M].四部丛刊景宋本.

❷　（西汉）司马迁撰，（南朝宋）裴骃集解，（唐）司马贞索隐，（唐）张守节正义.史记[M].清乾隆武英殿刻本.

❸　（三国魏）王弼注，（东晋）韩康伯注.周易[M].四部丛刊景宋本.

兽，风是震动之气，此亦是同类相感，故虎啸则谷风生，是风从龙也。"❶后世因以"从龙"比喻同类相感、同心同德，也用作咏云之典，如李行敏的试律诗《观庆云图》"尚驻从龙意，全舒捧日文"一句选用"从龙"典，就是表示愿意跟随皇帝，为皇帝效忠之意，许康佐的试律诗《日暮碧云合》"出岫且从龙，萦空宁触石"一句中选用"从龙"典，是用以咏云。

　　出典于《周礼》的语典，唐代试律诗正文共选用了 22 次，一共涉及语典 11 例，其中被选用次数较多的有"朝宗""鸡人""冕旒"等典。语典"朝宗"，出典于《周礼·春官·大宗伯》：

　　以宾礼亲邦国，春见曰朝，夏见曰宗，秋见曰觐，冬见曰遇，时见曰会，殷见曰同，时聘曰问，殷覜曰视。❷

　　朝宗指诸侯或百官觐见君王，诗文中常用以指代对朝廷的忠诚或思念。"朝宗"典还有一个来源，即《尚书·夏书·禹贡》：

　　江、汉朝宗于海，九江孔殷，沱、潜既道，云土、梦作乂。❸

　　汉孔安国传曰："二水经此州而入海，有似于朝。百川以海为宗。宗，尊也。"❹后因以比喻百川归于海。在唐代试律诗的正文用典中，有时会将两典合而用之，如失名的试律诗《海水不扬波》"岂只朝宗国，惟闻有越裳"一句中的语典"朝宗"，既有百川归于海之意，又含有属国朝拜宗主国之意。

　　源于《左传》的语典，唐代试律诗正文共选用了 16 次，一共涉及语典 11 例，如王履贞的试律诗《青云干吕》"须使留千载，垂芳在典坟"一句中所选用的语典"典坟"，出典于《左传·昭公十二年》：

　　左史倚相趋过。王曰："是良史也，子善视之。是能读《三坟》《五典》《八索》《九丘》。"❺

　　西晋杜预注曰："皆古书名。""坟典"是对古书《三坟》《五典》的合称，后世因以

❶　（三国魏）王弼注，（东晋）韩康伯注，（唐）孔颖达疏.周易[M].清嘉庆二十年南昌府学重刊宋本十三经注疏本.
❷　（东汉）郑玄注，（唐）陆德明.周礼[M].四部丛刊明翻宋岳氏本.
❸　（西汉）孔安国传，（唐）陆德明.尚书[M].四部丛刊景宋本.
❹　同上.
❺　（春秋战国）左丘明，（西晋）杜预注，（唐）孔颖达疏.春秋左传[M].重刊宋本十三经注疏本.

泛指古代典籍。王诗选用此典，即是以之代指典籍史册。典故所处的诗句是说，在他生活的那个时代，出现青云干吕，表明国泰民安、政通人和，如此圣迹善政，定会流芳百世、垂名史册。

通过以上分析，我们不难看出，儒家典籍是唐代试律诗正文用典所选用语典的重要来源，一方面体现了传统儒家思想的巨大影响力，另一方面也体现了唐人对传统儒术的尊奉和继承。

第二节　唐代试律诗正文用典对前代诗赋中语典的选用

一、来源于《文选》所收录的诗赋作品中的语典

在唐代试律诗的正文用典中，对前代诗赋中语典的选用共计 52 次，一共涉及语典 34 例。在这些被选用的语典中，共有 22 例是来源于《文选》所收录的唐以前的诗赋作品。据统计，来源于《文选》所收录的唐以前诗赋作品的语典数占唐代试律诗正文对前代诗赋中语典选用总数的 65%，这就在一定程度上体现了唐代文人对《文选》的格外重视。

在唐代试律诗正文所选用的源于《文选》所收录的诗赋作品的语典中，来源于诗歌作品的语典一共有 7 例，共被选用了 14 次；来源于赋体作品的语典一共有 15 例，共被选用了 20 次。具体地讲，出典于《文选》所收录诗歌作品中的语典被选用的情况为：出典于《文选·谢朓〈直中书省〉》的语典"万年枝"，被选用了 4 次；出典于《文选·鲍照〈白头吟〉》的语典"冰壶"，被选用了 3 次；出典于《文选·〈古诗十九首〉其十》的语典"河汉"，被选用了 2 次；出典于《文选·阮籍〈咏怀诗十七首〉其九》的语典"青门"，被选用了 2 次；出典于《文选·谢灵运〈过始宁墅〉》的语典"剖竹"，被选用了 1 次；出典于《文选·谢灵运〈登江中孤屿〉》的语典"澄鲜"，被选用了 1 次；出典于《文选·古乐府·〈饮马长城窟行〉》的语典"双鱼"，被选用了 1 次。

另据考察，在唐代试律诗正文用典中选用的出典于《文选》所收录的赋体作品的语典有：出典于《文选·陆机〈文赋〉》的语典"媚川"，被选用了 3 次；出典于《文选·扬雄〈长杨赋〉》的语典"太阶平"，被选用了 2 次；出典于《文选·班固〈西都赋〉》的语典"钩陈"，被选用了 2 次；出典于《文选·宋玉〈高唐赋〉》的语典"阳台"，被选用了 2 次；出典于《文选·宋玉〈风赋〉》的语典"大王(风)"，被选用了 2 次；出典于《文选·班固〈西都赋〉》的语典"金茎"，被选用了 2 次；出典于《文选·左思〈吴都赋〉》的语典"玉堂"，被选用了 1 次；出典于《文选·扬雄〈甘泉赋〉》的语典"上玄"，被选用了 1 次；出典于《文选·司马相如〈上林赋〉》的语典"鹔鹴"和"露寒"，各被选用了 1 次；出典于《文选·宋玉〈风赋〉》的语典"颒末"，被选用了 1 次；出典于《文选·张衡〈思玄赋〉》的语典"层城"，被选用了 1 次；出典于《文选·班固〈西都赋〉》的语典"鲛室"，被选用了 1 次。

根据上文所列举的材料不难看出，唐代试律诗正文选用的源于《文选》所收录的诗赋作品中的语典，大多出典于名家名篇。例如，诗歌有东晋谢灵运的《过始宁墅》、南朝宋鲍照的《白头吟》、南朝齐谢朓的《直中书省》等；赋有战国宋玉的《高唐赋》、西汉司马相如的《上林赋》、东汉班固的《西都赋》等。下面试举几例作简要分析。

（一）来源于《文选》所收录的诗歌作品的语典举隅

语典"青门"出典于《文选·阮籍〈咏怀诗十七首〉其九》：

昔闻东陵瓜，近在青门外。连畛距阡陌，子母相钩带。❶

唐李善注："《汉书》曰：'霸城门，民间所谓青门也。'"❷"青门"指汉代长安城的东南门，本被称为"霸城门"，因门漆为青色，故称为"青门"。唐诗中常用以代指京城长安或京城的东南门，如滕迈的试律诗《春色满皇州》"色媚青门外，光摇紫陌头"一句中所选用的语典"青门"，即代指京城长安的东南门，以咏京城内外的大好春色。

语典"双鱼"出典于《文选·古乐府·饮马长城窟行》：

客从远方来，遗我双鲤鱼。呼儿烹鲤鱼，中有尺素书。❸

古乐府有通过"双鱼"传递书信的佳话，后世因以"双鱼"代指书信。例如，白行简的试律诗《李太尉重阳日得苏属国书》"回头向南望，掩泪对双鱼"一句中所选用的语典"双鱼"，即代指苏属国给李都尉的书信。

（二）来源于《文选》所收录的赋体作品的语典举隅

罗泰的试律诗《暗投明珠》"媚川时未识，在掌共传名"一句中所选用的语典"媚川"，实为典故"川媚"，此语典出典于《文选·陆机〈文赋〉》：

石韫玉而山辉，水怀珠而川媚。❹

唐李善注曰："虽无佳偶，因而留之，譬若水石之藏珠玉，山川为之辉媚也。"❺"川媚"原来是指珍珠藏于水中会使河水生辉，又因西晋陆机曾用以比喻文中精妙的语句会使平庸的文章生色。后因以咏珍珠，也用作称颂人杰地灵的典故。罗诗直接选用此典，用"川媚"点明水中藏有珍珠，进而切"求珠"之题面。在唐代试律诗的正文用典中，

---

❶ （南朝梁）萧统编，（唐）李善注.文选[M].胡刻本.

❷ 同上。

❸ 同上。

❹ 同上。

❺ 同上。

语典"川媚"除被罗诗选用外，其还被选用了两次，且两次选用时，作者均采取了化用的手法，这样语用效果更佳。两例化用语典"川媚"的诗句分别为莫宣卿的试律诗《水怀珠》"长川含媚色，波底孕灵珠"一句和王起的试律诗《浊水求珠》"润川终自媚，照乘且何由"一句，两例用典均是以此典咏珠。

语典"钩陈"，出典于《文选·班固〈西都赋〉》：

> 周以钩陈之位，卫以严更之署。❶

唐李善注引《乐叶图》曰："钩陈，后宫也。"❷唐房玄龄等《晋书·天文志上》曰："北极五星，钩陈六星，皆在紫宫中……钩陈，后宫也，大帝之正妃也，大帝之常居也。"❸钩陈，星名，处在紫微垣内，位置靠近北极。古代天文学用"钩陈"比喻后宫，后因以用为典实。皇甫冉的试律诗《东郊迎春》"钩陈霜骑肃，御道雨师清"一句和张少博的试律诗《尚书郎上直闻春漏》"直庐残响曙，肃穆对钩陈"一句共同选用的语典"钩陈"，均代指后宫。

语典"大王风"共被唐代试律诗的正文选用了两次，此典出典于《文选·宋玉〈风赋〉》：

> 楚襄王游于兰台之宫，宋玉景差侍。有风飒然而至，王乃披襟而当之，曰："快哉此风！寡人所与庶人共者耶？"宋玉对曰："此独大王之风耳，庶人安得而共之？"❹

宋玉为了讽喻楚王骄奢，曾将风区分为"大王之风"和"庶民之风"。后世因将"大王风"作为对君王的颂词，也用以咏风。张耷的试律诗《景风扇物》"开襟若有日，愿睹大王风"一句和姚鹄的试律诗《风不鸣条》"大王初溥畅，少女正轻盈"一句中共同选用的语典"大王（风）"，均是用以咏大风。

二、唐代试律诗正文用典对源于非《文选》所收录诗赋作品中语典选用举隅

在唐代试律诗的正文用典中，对源于非《文选》所收录诗赋作品中的语典共选用了15次，一共涉及语典10例。在这10例语典中，有2例出典于赋体作品，有8例出典于诗歌。值得注意的是，这些被选用的语典所涉及的诗赋作品均为魏晋南北朝时期的名家作品，如赋体作品有西晋陆机的《云赋》、南朝沈约的《高松赋》，诗歌有三国曹植的《美女篇》、东晋陶渊明的《四时诗》、南朝谢朓的《三日侍宴曲水代人应诏诗》、南朝何逊

---

❶ （南朝梁）萧统编，（唐）李善注．文选[M].胡刻本．

❷ 同上。

❸ （唐）房玄龄，等．晋书[M].清乾隆武英殿刻本．

❹ （南朝梁）萧统编，（唐）李善注．文选[M].胡刻本．

的《车中见新林分别甚盛》等。唐代试律诗正文对这些诗赋作品中语典的集中选用，体现了唐代文人对魏晋南北朝文学的重视和继承。

在唐代试律诗正文对来源于非《文选》所收录诗赋作品语典的选用中，以对出典于曹植作品语典的选用次数为最多，一共选用了 5 次，共涉及典故 2 例。其中一例被选用的语典"二仪"出典于《惟汉行》：

太极定二仪，清浊始以形。三光照八极，天道甚著明。❶

旧时以二仪指天地，唐人沿用为典。穆寂的试律诗《冬至日祥风应候》"节逢清景空，占气二仪中"一句、李程的试律诗《竹箭有筠》"陶钧二仪内，柯叶四时春"一句以及张随的试律诗《河中献捷》"凯歌千里内，喜气二仪中"一句共同选用的语典"二仪"，均是用以代指天地。

另一例被选用的语典"青楼"出典于曹植《美女篇》：

借问女安居？乃在城南端。青楼临大路，高门结重关。❷

曹植以青楼代指贵族女子的豪华住处，后世因以为典实。严巨川的试律诗《太清宫闻滴漏》"青楼人罢梦，紫陌骑将行"一句和陶翰的试律诗《太清宫闻滴漏》"玉勒留将久，青楼梦不成"一句共同选用的语典"青楼"，均是代指贵族女子所居的豪华住所。

从以上分析我们不难看出，唐代试律诗正文对前代诗赋作品中语典的选用，大多集中在魏晋南北朝的诗赋中，一方面体现了魏晋南北朝文学的成就之高，另一方面也体现了唐代文学对魏晋齐梁文学的继承。

第三节　唐代试律诗正文用典对诸子散文中语典的选用

诸子散文是我国战国时期各个学术流派的思想及理论著作，它们反映了当时不同学派的政治主张、思想倾向和哲学观点，对后世的政治、思想及文化产生了深远的影响。据统计，在唐代试律诗的正文用典中，对出典于诸子散文中的典故共选用了 127 次，其占唐代试律诗正文用典总次数的 12%，不难看出此类典籍对唐代文人的影响还是比较深刻的。

在唐代试律诗正文所选用的源于诸子散文的典故中，绝大多数是对事典的选用，如唐代试律诗正文对出典于《韩非子》典故的 12 次选用，均为选用事典。这一现象的出现

---

❶ （三国魏）曹植．曹子建集 [M]．四部丛刊景明活字本．

❷ 同上。

与诸子散文经常所采用的利用寓言故事说明事理的表述方式是分不开的。

　　具体就唐代试律诗正文用典对源于诸子散文中语典的选用情况而言，唐代试律诗正文共选用出典于诸子散文中的语典 68 次，涉及语典 31 例，涉及诸子散文著作 12 种。以下就以所出语典被唐代试律诗正文选用次数的多少为序，分道家、杂家、儒家三类对各自源出语典被选用的情况作举例分析。

一、唐代试律诗正文用典对《庄子》《老子》等道家典籍中语典的选用

　　唐代试律诗正文用典对源于诸子散文语典的选用，以对出典于道家典籍语典的选用次数为最多，共计选用了 28 次，涉及 24 例语典。具体为《庄子》17 次，涉及语典 15 例；《老子》10 次，涉及语典 8 例；《列子》1 次，涉及语典 1 例。

　　《庄子》以其独特的语言及思想魅力，得到了唐代文人的格外重视。就源于《庄子》的典故被唐代试律诗正文所选用的情况而言，无论是事典还是语典，被唐代试律诗正文选用的次数都是诸子典籍中为数最多的。例如，语典"忘筌"出典于《庄子·外物》：

　　荃者所以在鱼，得鱼而忘荃；蹄者所以在兔，得兔而忘蹄。言者所以在意，得意而忘言。吾安得夫忘言之人而与之言哉！❶

　　《庄子》成玄英疏："筌，鱼笱也。以竹为之，故字从竹，亦有从草者。"筌、蹄为古代捕鱼和捕兔的两种工具。《庄子》中以得鱼忘筌、得兔忘蹄比喻得意而妄言，后世因以为典。语典"忘筌"共被唐代试律诗正文选用了两次，一次是在张正元的试律诗《临川羡鱼》"结网非无力，忘筌自有心"一句，一次是在薛少殷的同题诗"良辰难自掷，此日愿忘筌"一句。正元的诗句是说"（客）虽有结网之力，但却有'忘筌'之志"，薛少殷诗的诗句是说"虽良辰难以抛弃，但今日仍然愿意'忘筌'"。两例用典明显是对语典"忘筌"的化用。

　　又如，语典"白云乡"出典于《庄子·天地》：

　　千岁厌世，去而上仙，乘彼白云，至于帝乡。❷

　　帝乡指天帝所居之处。《庄子》中有"乘白云，至帝乡"之语，后世因以"白云乡""白云居"喻指京城或仙乡。王若岩的试律诗《越裳献白翟》"来从碧海路，入见白云乡"一句中所选用的语典"白云乡"，即是代指中原国家之京城，与"碧海路"所代指的南方小国形成对比。蒋防的试律诗《越裳献白翟》"应嗤紫芝客，远就白云居"一句中所选用的语典"白云乡"则是指代仙佛之居所。

---

❶ （春秋战国）庄周，（西晋）郭象注.南华真经 [M].四部丛刊景明世德堂刻本.

❷ 同上。

再如，语典"洪炉"出典于《庄子·大宗师》：

今一以天地为大炉，以造化为大冶，恶乎往而不可哉！ ❶

《庄子》中有"以天地为大炉"的比喻，后世因以"洪炉"喻指天地，或用以咏陶冶人的环境。柴宿的试律诗《瑜不掩瑕》"他山党磨琢，慕爱是洪炉"一句中选用的语典"洪炉"，即代指陶冶和锻炼人的外在大环境。

《老子》约五千言，是道家开宗立派的一部理论著作，其包含着朴素的辩证法思想，主张无为而治。在尊奉道教的唐代，《老子》受到了极大的重视。在唐代试律诗的正文用典中，对源于《老子》语典的选用就多达 10 次，共涉及语典 8 例。这些被选用的语典大多与老子的哲学思想有关，如语典"希微"出典于《老子》：

视而不见，名曰夷；听之不闻，名曰希；搏之不得，名曰微。此三者不可致诘，故混而为一。❷

西汉河上公注曰："无声曰希，无形曰微。"❸后世因以"希微"指道家所谓虚寂玄妙、无影无声的道。蒋防的试律诗《至人无梦》"已希微理，知将静默邻"一句中选用的语典"希微"，即代指玄妙的道。

语典"和光"为典故"和光同尘"之省，此典出典于《老子》：

挫其锐，解其纷，和其光，同其尘，是谓玄同。❹

三国王弼注曰："无所特显，则物无所偏争也；无所特贱，则物无所偏耻也。"❺后世因以"和光同尘"喻指遮掩锋芒，随俗而处。徐敞的试律诗《月映清淮流》"利物功难并，和光道已成"一句中选用此典，即指才华内蕴，不露锋芒。

《列子》又名《冲虚经》，是列子、列子弟子以及列子后学者言行记载的汇编，是道家学派的重要典籍之一。因其多以寓言故事的形式来阐述精妙的哲理，所以由其所出的典故中事典就比较多，而少有语典。据统计，在唐代试律诗的正文用典中，仅有一例语典是出典于《列子》的，即樊阳源的试律诗《风动万年枝》"长令占天眷，四气借全功"一句中所选用的语典"全功"。语典"全功"出典于《列子·天瑞》：

---

❶ （春秋战国）庄周，（西晋）郭象注．南华真经 [M]．四部丛刊景明世德堂刻本．

❷ （春秋战国）老聃，（三国魏）王弼注．道德真经注 [M]．古逸丛书景唐写本．

❸ （春秋战国）老聃，（西汉）河上公注．老子道德经 [M]．四部丛刊景宋本．

❹ （春秋战国）老聃撰，（三国魏）王弼注．道德真经注 [M]．古逸丛书景唐写本（上编）．

❺ 同上．

天地无全功，圣人无全能，万物无全用。❶

《列子》以全功喻指泽被万物之功，后因以为典。樊诗借"全功"之典咏风，赞誉"好风"泽被万物之功绩，进而表达了作者希望"长占天眷"、风调雨顺的美好夙愿。

二、唐代试律诗正文用典对诸子散文《尸子》中语典的选用

《尸子》是先秦杂家典籍之一，书中融合了儒、墨、道、法、阴阳等各家学术思想，对其后的思想及学术发展产生了深远影响。在唐代试律诗的正文用典中，对出典于《尸子》的语典共选用了 5 次，涉及语典 4 例，如语典"玉烛"出典于《尸子》：

四气和，正光照，此之谓玉烛。❷

《尔雅·释天》曰："四气和谓之玉烛。"❸后世因以"玉烛"代指四时之和畅，也用以咏太平盛世之景象。孟简的试律诗《嘉禾合颖》"玉烛将成岁，封人亦自歌"一句中所选用的语典"玉烛"，即咏风调雨顺的太平盛世，以与诗题"祥瑞"之意相切。

语典"圆折"出典于《尸子》：

凡水，其方折者有玉；其圆折者有珠也。❹

《尸子》中认为藏珠之水流圆折，后世因以为典，用"圆折"咏水流旋转曲折之貌。失名（一说崔立之）的试律诗《寒流聚细文》"寒文趋浦急，圆折逐烟浮"一句中选用此典，以咏寒流流动之貌，溪流湍急，泛起片片细纹。

三、唐代试律诗正文用典对诸子散文《荀子》中语典的选用

《荀子》是先秦儒家重要典籍之一，内容涉及哲学、逻辑、政治、道德等诸多方面，其在人性论、认识论、政治思想以及治国策略上都有自己独到的见解，得到了后人极大的重视。据统计，在唐代试律诗的正文用典中，对出典于《荀子》的典故共选用了 5 次，一共涉及语典 4 例，如语典"冰出水"出典于《荀子·劝学》：

❶（春秋战国）列御寇撰，（东晋）张湛注．冲虚至德真经 [M].四部丛刊景北宋本．
❷（春秋战国）尸佼撰．尸子 [M].清湖海楼丛书本．
❸（东晋）郭璞注．尔雅 [M].四部丛刊景宋本．
❹（春秋战国）尸佼撰．尸子 [M].清湖海楼丛书本．

青，取之于蓝，而青于蓝；冰，水为之，而寒于水。❶

　　《荀子》曾以冰成于水而寒于水为喻，说明学习的重要性，认为只要努力学习就会有所进步，就会超越前人，后世沿用为典。王季文的试律诗《青出蓝》"还同冰出水，不共草为萤"一句选用此典，目的是用"冰出水"引出"青出蓝"，进而说明青胜于蓝，以与诗题相切。这里用的是类比法。

　　语典"大君子"出典于《荀子·仲尼》：

其事行也，若是其险污淫汰也，彼固曷足称乎大君子之门哉。❷

　　《荀子》用大君子指称道德受人景仰或地位高的人，后世因以为典实。张籍的试律诗《行不由径》"今逢大君子，士节再应明"一句选用此典，是对考官的恭维之称。

　　语典"盘石"即典故"盘石之安"，出典于《荀子·富国》：

为名者否，为利者否，为忿者否，则国安于盘石，寿于旗翼。❸

　　《荀子》曾以盘石比喻国家安定、稳固，后因以为典，以喻指国家或关系稳固、持久。张光朝的试律诗《天门街西观荣王聘妃》"从兹盘石固，应为得贤妃"一句选用语典"盘石"，是指荣王娶得贤妃后，婚配会稳固、持久，带有赞美和恭贺之意。

　　根据以上分析，我们不难看出，虽然唐代试律诗的正文用典对源于诸子散文语典的选用，在总数上不是很多，但在具体取典上有明显的倾向性，即更多选用道家典籍所出的语典，这一方面是因为诗意的需要，另一方面可能与道家的思想及典籍的语言风格有关。

第四节　唐代试律诗正文用典对历史文献中语典的选用

　　在我国古代，历史与文学很难截然分开，它们在很大程度上是相辅相成的。例如，名列"前四史"之首的西汉司马迁的《史记》，就是历史与文学完美结合的典范，鲁迅先生将其赞誉为"史家之绝唱，无韵之离骚。"其他历史文献如东汉班固的《汉书》、南朝宋范晔的《后汉书》、西晋陈寿的《三国志》、北魏魏收的《魏书》、南朝宋沈约的《宋书》等，基本上都是集史书与文学作品于一身。它们通常在拥有史书价值的同时，在一定程

---

❶　（春秋战国）荀况撰，（唐）杨倞注．荀子[M].清乾隆抱经堂丛书本．

❷　同上。

❸　同上。

度上具有文学作品的风采，深得后人喜爱。因此，在古代留存下来的典故中，出典于历史文献的事典和语典就相对比较多，其为文人的诗文创作提供了丰富的语料。根据统计，在唐代试律诗的正文用典中，对出典于历史文献的典故共选用了 292 次，总共涉及典故 143 例。其中，选用事典 219 次，涉及典故 105 例；选用语典 73 次，涉及典故 38 例。

　　唐代试律诗正文所选用的源于历史文献的语典大多来源于正史典籍，具体为：选用源于西汉司马迁《史记》的语典 21 次，涉及典故 10 例；选用源于东汉班固《汉书》的语典 19 次，涉及典故 10 例；选用源于南朝宋范晔《后汉书》的语典 3 次，涉及典故 3 例；选用源于西晋陈寿《三国志》的语典 3 次，涉及典故 3 例；选用源于北魏魏收《魏书》的语典 3 次，涉及典故 1 例。另外，唐代试律诗正文用典对源于南朝宋沈约《宋书》和南朝梁萧子显《南齐书》的语典各选用了 1 例，均为选用 1 次。值得注意的是，在唐代试律诗的正文用典中，对源于唐朝所编著的有关前代历史的史书中的语典也有所选用，具体为：选用源于唐房玄龄等编著的《晋书》的语典 9 次，涉及典故 5 例；选用源于唐李延寿等编著的《北史》的语典 1 次。下面，我们对唐代试律诗正文所选用的源于历史文献的语典作举例分析。

一、唐代试律诗正文用典对源于"前四史"的语典选用举隅

　　在唐代试律诗正文所选用的源于历史文献的语典中，以选用出典于《史记》的语典"桃李不言，下自成蹊"的次数为最多，共计 6 次，且 6 次均采用了化用的手法。例如，李商隐的试律诗《赋得桃李无言》"应候非争艳，成蹊不在言"一句、吕敞的试律诗《潘安仁戴星看河阳花发》"桃李今无数，从兹愿比方"一句、王质的试律诗《金谷园花发怀古》"山川终不改，桃李自无言"一句、曹著的试律诗《曲江亭望慈恩寺杏园花发》"愿莫随桃李，芳菲不为言"一句等。

　　对其他 9 例源于《史记》语典的选用，唐代试律诗正文均采用了直取的手法。例如，滕迈的试律诗《春色满皇州》"蔼蔼复悠悠，春归十二楼"一句中对语典"十二楼"的选用，即为直接取用。语典"十二楼"，出典于《史记·封禅书》：

　　方士有言"黄帝时为五城十二楼，以候神人于执期，命曰迎年。"❶

　　十二楼为神话传说中仙人所居之处，坐落于昆仑山上，后世用作咏颂仙境之典。滕诗选用此典是以神仙所居的城楼喻指长安城内的高楼。

　　语典"陶钧"出典于《史记·邹阳列传》：

---

❶ （西汉）司马迁撰，（南朝宋）裴骃集解，（唐）司马贞索隐，（唐）张守节正义. 史记 [M]. 清乾隆武英殿刻本.

是以圣王制世御俗，独化于陶钧之上，而不牵于卑乱之语，不夺于众多之口。❶

南朝裴骃在《史记集解》中引《汉书音义》曰："陶家名模下圆转者为钧，以其能制器大小，比之于天。"❷陶钧本为古代制作陶器的工具之一——转轮，汉人用之比喻操纵时局的朝廷，也用以比喻决定乾坤的造物者。李程的试律诗《竹箭有筠》"陶钧二仪内，柯叶四时春"一句、李衢的试律诗《都堂试贡士日庆春雪》"因歌大君德，率舞咏陶钧"一句以及员南溟的试律诗《禁中春松》"山苗荫不得，生植荷陶钧"一句共同选用的语典"陶钧"，均是喻指天地造化之力。

唐代试律诗正文用典对源于东汉班固《汉书》语典的选用共有19次，总计涉及典故10例。其中，被选用次数最多的是语典"北阙"，此典出典于《汉书·高帝纪下》：

二月至长安，萧何治未央宫，立东阙、北阙、前殿、武库、太仓。❸

唐颜师古注曰："未央宫虽南向，而上书、奏事、谒见之徒皆诣北阙。"❹北阙本是古代宫殿北面的门楼，是臣子候朝或上书奏事之所，后因以为典，用以代指宫廷，有时也用以指代君王。例如，郑师贞的试律诗《日暖万年枝》"光摇连北阙，影泛满南枝"一句和潘孟阳的试律诗《元日和布泽》"北阙祥云迥，东方嘉气繁"一句中选用此典，即均是代指京师宫殿。而殷寅的试律诗《玄元皇帝应见贺圣祚无疆》"北阙心超矣，南山寿固然"一句和梁锽的试律诗《方士进恒春草》"北阙颜弥驻，南山寿更长"一句选用此典却是代指皇帝。

语典"龙媒"出典于《汉书·礼乐志》：

《天马歌》："天马徕，龙之媒，游阊阖，观玉台。"❺

唐颜师古注引东汉应劭曰："言天马者乃神龙之类，今天马已来，此龙必至之效也。"❻汉武帝时的《天马歌》有"天马徕，龙之媒"之语，后世因以为典，用以指称骏马，如徐仁嗣的试律诗《天骥呈材》"至德符天道，龙媒应圣明"一句中选用此典，即用以代指骏马，以和诗题中"天骥"相切。

出典于南朝范晔《后汉书》的语典，共被唐代试律诗正文选用了3次，总计涉及典

---

❶ （西汉）司马迁撰，（南朝宋）裴骃集解，（唐）司马贞索隐，（唐）张守节正义.史记[M].清乾隆武英殿刻本.

❷ 同上。

❸ （东汉）班固撰，（唐）颜师古注，汉书[M].清乾隆武英殿刻本.

❹ 同上。

❺ 同上。

❻ 同上。

故 3 例，如语典"貂蝉"，出典于《后汉书·舆服志下》：

> 武冠，一曰武弁大冠，诸武官冠之。侍中、中常侍加黄金珰，附蝉为文，貂尾为饰，谓之"赵惠文冠"。胡广说曰："赵武灵王效胡服，以金珰饰首，前插貂尾，为贵职。秦灭赵以其君冠赐近臣。"❶

貂尾和附蝉均为古代侍中、常侍等贵近之臣的冠饰，后因以为典，代指朝中的达官显宦。例如，裴次元的试律诗《南至日隔霜仗望含元殿炉香》"芬馨流远近，散漫入貂蝉"一句所选用的语典"貂蝉"，即代指朝廷显贵大臣。

出典于西晋·陈寿《三国志》的语典，也被唐代试律诗正文选用了 3 次，涉及典故 3 例。例如，语典"骥足"出典于《三国志·蜀书·庞统传》：

> 庞统字士元，襄阳人也。……先主领荆州，统以从事守耒阳令，在县不治，免官。吴将鲁肃遗先主书曰："庞士元非百里才也，使处治中、别驾之任，始当展其骥足耳。"❷

三国时期蜀人庞统，年轻时曾被誉为"南州士之冠冕"，但起初并没有得到刘备的重用。吴将鲁肃至书刘备，将庞统比作良马，认为只有委以重任才能"展其骥足"，后世因以为典，用"骥足"喻指杰出的人才。例如，失名的试律诗《人不易知》"龙门峻且极，骥足庶来驰"一句所选用的语典"骥足"，即喻指俊杰英才。

二、唐代试律诗正文用典对"前四史"之外历史文献中语典的选用举隅

唐代试律诗正文对出典于"前四史"之外历史文献中语典的选用次数并不是很多，据统计仅有 16 次，共涉及语典 10 例。下面试举几例作简单分析。

语典"玉京"出典于北魏魏收的《魏书·释老志》：

> 道家之原，出于老子。其自言也，先天地生，以资万类，上处玉京，为神王之宗；下在紫微，为飞天之主。❸

玉京为道家传说中天帝所居之处，后世因以为典，用以泛指仙都或借指帝京。例如，李绅的试律诗《山出云》"悠悠九霄上，应坐玉京宾"一句、钟辂的试律诗《缑山月夜闻王子晋吹笙》"此夕留烟驾，何时返玉京"一句以及范传正的试律诗《范成君击洞阴磬》"历历闻金奏，微微下玉京"一句共同选用的语典"玉京"，均是代指仙都。

---

❶　（南朝宋）范晔撰，（唐）李贤注．后汉书[M]．百衲本景宋绍熙刻本．

❷　（西晋）陈寿撰．三国志[M]．百衲本景宋绍熙刊本．

❸　（北魏）魏收撰．魏书[M]．清乾隆武英殿刻本．

语典"芳尘"出典于南朝宋沈约的《宋书·谢灵运传论》：

> 周室既衰，风流弥著。屈平、宋玉导清源于前，贾谊、相如振芳尘于后，英辞润金石，高义薄云天，自兹以降，情志愈广。❶

芳尘本指好的风气或声誉，后世用以为典。陈彦博的试律诗《恩赐魏文贞公诸孙旧第以道直臣》"生前由直道，殁后振芳尘"一句选用此典，即喻指魏征美好的名声。

在唐代试律诗正文所选用的出典于"前四史"之外历史文献的语典中，有5例是来源于唐人所编撰的史书，这在一定程度上体现了唐人的开放心态，无"厚古薄今"之偏见。当然，这种情况的出现，也有可能是因为唐人编撰两晋南北朝史时所依据的是唐之前就已存在并流传到唐代的材料，而且用典者有可能自己看到了这些材料。

试律诗正文所选用的源于唐人所编撰史书的典故，如语典"银钩"出典于唐房玄龄等编著的《晋书·索靖传》：

> （靖）又作《草书状》，其词曰："……盖草书之为状也，婉若银钩，漂若惊鸾。舒翼未发，若举复安；虫蛇虬蟉，或往或还。类阿那以赢形，欻奋芉而桓桓。"❷

西晋索靖论书法，以"宛若银钩"形容草书形体之刚劲有力，后世因以为典，用以称美书法之绝妙。薛存诚的试律诗《太学创置石经》"银钩互交映，石壁靡尘翳"一句选用此典，即用以赞美石经上遒健刚劲的书法艺术。

另如，语典"殊私"出典于唐李延寿等编著的《北史·姚僧垣传》：

> （宣帝）谓曰："尝闻先帝呼公为姚公，有之？"对曰："臣曲荷殊私，实如圣旨。"❸

南北朝时北周姚僧垣曾以"殊私"代指皇帝对他的特别恩宠，后世因以为典。李绛的试律诗《恩赐耆老布帛》"涣汗中天发，殊私海外存"一句和张复元同题试律诗"殊私及耆老，圣虑轸黎元"一句共同选用的语典"殊私"，均是代指帝王对臣民的特别恩宠，以与诗题相切。

本章小结

本章主要讨论了唐代试律诗正文用典对语典的选用情况。我们根据所选用语典典源文献性质的不同，将唐代试律诗正文所选用的语典分为了四类，即源于《诗经》等儒家

---

❶ （南朝宋）沈约撰. 宋书 [M]. 清乾隆武英殿刻本.

❷ （唐）房玄龄撰. 晋书 [M]. 清乾隆武英殿刻本.

❸ （唐）李延寿撰. 北史 [M]. 清乾隆武英殿刻本.

典籍中的语典、源于前代诗赋等单篇作品中的语典、源于诸子散文中的语典以及源于历史文献的语典等。

从各自源出语典被唐代试律诗正文所选用的次数多少来看，以源于《诗经》等儒家典籍中的语典被唐代试律诗正文选用的次数为最多，一方面体现了传统儒家思想的巨大影响力，另一方面也印证了唐人的尊儒思想。

另外，源于《文选》的典故被唐代试律诗正文选用的次数也比较多，而且被选用的这些典故大多集中在魏晋南北朝的诗赋中，一方面体现了魏晋南北朝文学的成就之高，另一方面也体现了唐代文学对魏晋齐梁风格的继承。

唐代试律诗的正文对源于诸子散文语典的选用，以对源于《庄子》的语典选用的次数为最多，一方面印证了唐代的崇道思想，另一方面也体现了《庄子》独特的语言与思想魅力对唐人的影响之大。

唐代试律诗正文用典对源于史书语典的大量选用，也体现了唐代的重史思想。

第六章 唐代试律诗正文用典典面研究

前面三章，我们分别从典源文献、事典类属、语典来源三个角度对唐代试律诗的正文用典进行了系统研究，基本上弄清了唐代试律诗正文用典典源文献的分布情况、所选事典的类属情况以及所选语典的来源情况。本章我们将就唐代试律诗正文用典的典面作具体分析，以探求唐代试律诗正文所选用典故典面的形成方式、音节构成、语法关系等特点，以求对唐代试律诗的正文用典有更为深入和全面的了解与研究。

第一节 唐代试律诗正文用典典面形成方式考察

典面即典故的语用表达形式，是用典者为了表情达意或满足特定修辞目的的需要，而将典故用于文章或话语中的语词表现形式。典面脱胎于典源，它在表义时不仅要依靠典面语词本身，更要依靠典源文献所提供的具体语言环境。就信息的接受者而言，他们在阅读或话语的交流中遇到典故时，更多只是通过典面语词的信息提示与典源建立一定的联系，最终通过典源语境来理解所遇典故的真正含义。所以，从一定程度上讲，一例典面更多只是起到标志该典故的作用。在字面上，无论是对信息的发出者还是对信息的接受者而言，典面对理解典故的意义并不起决定性作用。因此，用典者在对一例典故的典面进行选取时，就相对比较自由，会有多种方式可供选择。就唐代试律诗正文用典典面的形成方式而言，大致可分为以下三大类型：一是从典源语词中直接截取；二是对从典源语词中截取出来的语用单位另行组合，但在组构典面的过程中并不选用典源语词以外的字词；三是通过加字、替换、概括等方式对取用于典源语词的语用单位进行再加工，在组构典面的过程中选用典源语词以外的字词。通常情况下，我们把第一种典面形成方式称为直接截取式，把第二种典面形成方式称为选字组合式，把第三种典面形成方式称为变换组合式。其中，每一种典面的形成方式还包含一些小类，下面对它们作详细分析。

一、直接截取式

对用典者而言，直接截取式是三种典面形成方式中最为方便的一种，典故的选用者只需根据需要，把典源文献中有关语词直接截取出来即可。在唐代试律诗的正文用典中，很多典故的典面就是通过采用这种方式而形成的。根据典面所选用语词单位性质的不同，直接截取式典面形成方式又可分为以下几个小类。

（一）对典源文献中普通词语的截取

此处所说的普通词语是相对于下面所要讨论的专有名词和熟语而言的。在唐代试律诗的正文用典中，直接截取典源语词中的普通词语为用典典面的情况较多。在这些被选用的用作典面的普通词语中，多数为名词。例如，薛存诚的试律诗《御制段大尉碑》中"雅词黄绢妙，渥泽紫泥分"一句，该句所选用的典故典面为"黄绢"。典故"黄绢"，出典于南朝宋刘义庆《世说新语·捷语》：

> 魏武尝过曹娥碑下，杨修从，碑背上见题作"黄绢幼妇，外孙齑臼"八字。魏武谓修曰："解不？"答曰："解。"……修曰："黄绢，色丝也，于字为绝。幼妇，少女也，于字为妙。外孙，女子也，于字为好。齑臼，受辛也，于字为辞。所谓'绝妙好辞'也。"❶

薛诗在选用此典赞美御制段大尉碑文辞之妙时，直接截取了典源语词中的普通名词"黄绢"为其典面。此处选用名词"黄绢"为该典典面，既满足了表意的需要，又与下句中的"紫泥"构成了完美的对仗。另如，乐伸的试律诗《闰月定四时》中"愿言符大化，永永作元龟"一句所选用的典故典面为"元龟"。典故"元龟"，出典于西晋陈寿《三国志·吴志·吴主传》：

> 近汉高祖受命之初，分裂膏腴以王八姓，斯则前世之懿事，后王之元龟。❷

乐诗在选用此典时，也是直接截取了典源语词中的普通名词"元龟"为其典面，以之代指典源，喻指可资借鉴的往事。

在唐代试律诗的正文用典中，通过从典源语词中直接截取普通名词作为用典典面的还有一些。例如，张何的试律诗《织鸟》"所寄一枝在，宁忧弋者猜"一句中所选用的典故典面"一枝"、失名的试律诗《玉壶冰》"幽人若相比，还得咏生刍"一句中所选用的典故典面"生刍"、周存的试律诗《禁中春松》"影密金茎近，花明凤沼通"一句中所选用的典故典面"金茎"、陈羽的试律诗《曲江亭望慈恩寺杏园花发》"紫陌传香远，红泉落影斜"一句中所选用的典故典面"红泉"、殷文圭的试律诗《春草碧色》"细草含愁碧，萋绵南浦滨"一句中所选用的典故典面"南浦"等。

在唐代试律诗的正文用典中，一些用典典面是通过直接截取典源语词中的普通动词而形成的。例如，张复元的试律诗《恩赐耆老布帛》"情均皆挟纩，礼异贲丘园"一句中所选用的典故典面为"挟纩"。典故"挟纩"，出典于《左传·宣公十二年》：

> 冬，楚子伐萧……王怒，遂围萧。萧溃。申公巫臣曰："师人多寒。"王巡三军，拊

❶　（南朝宋）刘义庆撰，（南朝梁）刘孝标注.世说新语[M].四部丛刊景明袁氏嘉趣堂本.
❷　（西晋）陈寿撰.三国志[M].百衲本景宋绍熙刊本.

而勉之，三军之士，皆如挟纩。❶

　　张诗选用此典，意在喻指耆老受到君王的抚慰而感到温暖，而其用典典面即是直接截取典源文献中的动词"挟纩"而为之。另如，李沛的试律诗《四水合流》"顺物宜投石，逢时可载舟"一句中所选用的典故的典面为"投石"。典故"投石"，出典于南朝梁萧统《文选·李康〈运命论〉》：

　　张良受黄石之符，诵《三略》之说，以游于群雄。其言也，如以水投石，莫之受也；及其遭汉祖，其言也，如以石投水，莫之逆也。❷

　　此典原比喻游说之言受到君王的欢迎，后世用作称美臣下献言、君臣相得的典故。李诗选用此典表面是指水流顺畅，实际是期望自己科举考试能够顺利及第。其典面也是直接截取典源文献中的动词成分。

　　在唐代试律诗的正文用典中，通过从典源语词中直接截取普通动词作用典典面的还有几例。例如，严巨川的试律诗《太清宫闻滴漏》"惭非朝谒客，空有振衣情"一句中所选用的典故的典面"振衣"、蒋防的试律诗《至人无梦》"化蝶诚知（一作知成）幻、征兰匪契真"一句中所选用的典故的典面"征兰"、李绛的试律诗《恩赐耆老布帛》"涣汗中天发，殊私海外存"一句中所选用的典故的典面"涣汗"等。

（二）对典源文献中人名、地名等专有名词的截取

　　典源中的人名、地名等专有名词一旦被选作典面，它们的意义一般会发生变化，有的词义范围会缩小，趋于特指；有的词义范围会扩大，趋于泛指；还有的专有名词会通过修辞上的借代、比喻等方法而产生新的意义。

　　典源中的专有名词被选作典面后，其词义范围缩小，趋于特指。此类用典如薛存诚的试律诗《御题国子监门》"张英圣莫拟，索靖妙难言"一句中所选用的典故"张英"和"索靖"，它们的典面即是从典源文献中直接选取人名而为之。其中，典故"张英"出典于南朝宋范晔《后汉书·张奂传》。张奂，字伯英，也称张英，东汉著名书法家，三国魏韦仲将谓之"草圣"。后世因将"张英"或"张伯英"用作称美人精于书法的典故。典故"索靖"出典于唐房玄龄等《晋书·卫瓘传》。西晋尚书郎索靖与同朝尚书令卫瓘皆工草书，被时人称为"一台二妙"。后世因将"索靖"用作赞美他人善于书法的典故。人名"张英"和"索靖"被薛存诚选作典面用于诗句时，仅是特指两人工于书法的特长，并以此形容皇帝的御笔题字之精妙，意在赞美。另如，张籍的试律诗《罔象得玄珠》"离娄徒肆目，罔象乃通玄"一句中所选用的典故"离娄"，其典面也是直接取用典源中的人名。典故"离娄"源于《孟子·离娄上》，离娄是上古以视力好而闻名的人，传说其能距百步

---

❶（春秋战国）左丘明撰，（西晋）杜预注，（唐）孔颖达疏．春秋左传 [M]．清重刊宋本十三经注疏本．
❷（南朝梁）萧统编，（唐）李善注．文选 [M]．胡刻本．

而见毫末。后因将"离娄""离娄至明"用作咏视力好、可明察秋毫的典故。张诗选用此典即是以离娄为衬托,谓罔象的眼睛更亮。

　　典源中的专有名词被选作典面后,其词义范围扩大,趋于泛指。此类用典如徐敞的试律诗《白露为霜》"鲜辉袭纨扇,杀气掩干将"一句中所选用的典故"干将",此典典面直接取用典源文献中的一把宝剑名。此典源于东汉赵晔《吴越春秋·阖闾内传第四》:

　　干将者,吴人也,与欧冶子同师,俱能为剑。越前来献三枚,阖闾得而宝之,以故使剑匠作为二枚,一曰干将,一曰莫耶。莫耶,干将之妻也。❶

　　春秋时期吴人干将善于铸剑,曾为吴王阖闾铸有雄雌两把宝剑,其中雄剑名曰干将。后世因以"干将"泛指宝剑、利剑。徐诗选用典源中的专有名词"干将"作为该典故的典面即是泛指宝剑。另如,典故"蓬莱"被选用于戴叔伦的试律诗《晓闻长乐钟声》"已启蓬莱殿,初朝鸳鹭群"一句。典面"蓬莱"也为直接取自典源文献中的专有名词。蓬莱山为神话传说中的东海神山之一,后世因以泛指仙境。戴诗选用此典,目的是用传说中的仙境来衬托长乐宫之恢宏。再如,典故"九陌"的典面也是直接取用典源文献中的专有名词。此典源自《汉宫殿疏》。九陌,原指汉代长安城中的街道,唐诗中多用其泛指京城中的大街。封敖的试律诗《春色满皇州》"千门歌吹动,九陌绮罗游"一句、张蒙的试律诗《晓过南宫闻太常清乐》"迥出重城里,旁闻九陌中"一句、曹著的试律诗《曲江亭望慈恩寺杏园花发》"异香飘九陌,丽色映千门"一句、张仲素的试律诗《上元日听太清宫步虚》"谁知九陌上,尘俗仰遗声"一句在选用此典时,均是选用"九陌"为该典典面,用以泛指都城长安城中的大道和繁华闹市。

　　典源文献中的专有名词被选作典面时,因修辞上的借代而产生了新的意义。此类用典如张聿的试律诗《圆灵水镜》"回首看云液,蟾蜍势正圆"一句中所选用的典故"蟾蜍",其典面直接取用典源文献中的专有名词,用以代指月亮。典故"蟾蜍"源于西汉刘向《五经通义》。古代神话传说月中有蟾蜍。后世因以"蟾蜍"用作咏月之典,代指月亮。另如,滕迈的试律诗《春色满皇州》"色媚青门外,光摇紫陌头"一句中所选用的典故"青门",其典面也是直接取自典源文献。典故"青门"源于《文选·阮籍〈咏怀诗十七首〉其九》。"青门"本指汉代长安城的东南门,原称为"霸城门",因门漆为青色,故称为"青门"。唐诗中常用以代指京城长安或长安的东南门,滕诗即是以此典代指京城长安的东南门。再如,典故"科斗"源于旧题西汉孔安国的《尚书序》。李衢的试律诗《都堂试贡士日庆春雪》"蜉蝣吟更古,科斗映还新"一句在选用此典时,其典面即是直接取自典源文献中的专有名词。科斗文为古文字的一种,因头粗尾细,形似科斗而得名。相传鲁共王坏孔子墙壁时所得到的一些古籍即是用科斗文写成。后因以指代古奥的文字或典籍。李诗选用此典即是代指古奥的文字。

典源文献中的专有名词被选作典面时，因修辞上的比喻而产生了新的意义。此类用典如张子容的试律诗《长安早春》"草迎金埒马，花伴玉楼人"一句中所选用典故"金埒"，其典面虽是直接取自典源文献中的专有名词，但选用的却是其比喻义。典故"金埒"出典于南朝宋刘义庆《世说新语·汰侈》：

> 王武子被责，移第北邙下。于时人多地贵，济好马射，买地作埒，编钱匝地竟埒。时人号曰"金埒"❶

晋王济字武子，尚常山公主，官至太仆，性豪侈，曾以钱币编成马射场的界墙，人称"金埒"。后世因以为典，用以喻指豪侈。另如，典故"陶钧"出典于《史记·邹阳列传》。陶钧本为古代制作陶器的工具——转轮，汉人用之比喻操纵时局的朝廷，也用以比喻决定乾坤的造物者。李程的试律诗《竹箭有筠》"陶钧二仪内，柯叶四时春"一句选用"陶钧"典，即是喻指天地造化之力。再如，典故"南风"出典于《礼记·乐记》。传说舜作五弦琴，唱《南风》歌。后世因以"南风"比喻帝王之歌，用作咏颂帝王恤民的典故。蒋防的试律诗《藩臣恋魏阙》"政奉南风顺，心依北极尊"一句选用"南风"典，其典面即是直接取自典源文献，用以喻指仁德之政。

（三）对典源文献中所引熟语的截取

在唐代试律诗的正文用典中，有些典故的典面是直接取自典源文献中所引用的熟语。例如，周弘亮的试律诗《曲江亭望慈恩寺杏园花发》"愿莫随桃李，芳菲不为言"一句中所引用的典故的典面为"桃李"，此典面即是直接取自典源文献所引用的熟语。典故"桃李"，源于西汉司马迁《史记·李将军列传传赞》：

> 余睹李将军悛悛如鄙人，口不能道辞。及死之日，天下知与不知，皆为尽哀。彼其忠实心诚信于士大夫也！谚曰："桃李不言，下自成蹊"。此言虽小，可以谕大也。❷

《史记》引熟语"桃李不言，下自成蹊"称美李广不尚言辞，以诚信赢得人心。后世沿用为典。周诗此处是反用此典，直接取用熟语中语词"桃李"为典面，表明花或人还是应该适当自我宣扬的，不应过于矜持。

（四）从典源文献中所截取的用作典面的语词片段原本并不是词或词组

在唐代试律诗的正文用典中，有些典面在从典源文献中直接截取时，其所选用的语词片段本身既不是词也不是固定词组。这些被选用的语词片段只是在被选作典面后，其意义和结构才得以固定，并最终成了汉语词汇中的词或固定词组。在唐代试律诗正文用

---

❶ （南朝宋）刘义庆撰，（南朝梁）刘孝标注.世说新语[M].四部丛刊景明袁氏嘉趣堂本.

❷ （西汉）司马迁撰，（南朝宋）裴骃集解，（唐）司马贞索隐，（唐）张守节正义.史记[M].清乾隆武英殿刻本.

典典面的组构过程中，这种情况出现的频率比较高。例如，王季则的试律诗《鱼上冰》"为龙将可望，今日愧才虚"一句中所选用的典故"为龙"，其典面"为龙"这一语词片段在典源文献中既不是词也不是固定词组。"为龙"之所以喻指科举及第，就因其被选用作典面而为之。典故"为龙"，源于《辛氏三秦纪》：

> 龙门之下，每岁季春有黄鲤鱼，自海及诸川争来赴之。一岁中，登龙门者不过七十二。初登龙门，即有云雨随之，天火自后烧其尾，乃化为龙矣。❶

古代有鲤鱼跃过龙门即变化为龙的传说，后世因以为典，喻指科举及第。王诗直接截取典源文献中的非词语段"为龙"作为该典典面，言冰融鱼跃，喻指有登龙门的希望，进而借以寄托自己对科考及第的期盼。另如，典故"从禽"源于《周易·屯卦》：

> 六三：即鹿无虞，惟入于林中；君子几，不如舍。往吝。象曰："即鹿无虞，以从禽也。君子舍之，往吝穷也。"❷

唐孔颖达疏曰："即鹿当有虞官，即有鹿也。若无虞官，以从逐于禽，亦不可得也。"❸《周易》中有"从逐于禽"之语，指追捕禽兽，后世因以为典。张正元的试律诗《临渊羡鱼》"不应同逐鹿，讵肯比从禽"一句在选用此典时，所选典面即为典源文献中的非词语段"从禽"，这里是借用《周易》中的"从禽"语以衬托对求鱼的吟咏。再如，典故"草为萤"源于《礼记·月令》：

> 温风始至，蟋蟀居壁，鹰乃学习，腐草为萤。❹

古时有萤火虫为腐草所化的说法，后世因以为典，用作咏萤的典故，也常用以喻指境况转化，柳暗花明。王季文的试律诗《青出蓝》"还同冰出水，不共草为萤"一句在选用此典时，典面直接截取"腐草为萤"一句中的"草为萤"，此语段既不是词也不是短语。王诗是以"草为萤"代指腐草，以与"冰出水"相对，强调蓝草有别于腐草。

在唐代试律诗的正文用典中，选用典源文献中非词或非固定词组语段为用典典面的，还有郑述诚的试律诗《华林园早梅》"止渴曾为用，和羹旧有才"一句中所选用的典故的典面"和羹"、耿湋的试律诗《省试骊珠》"欲问投人否，先论按剑无"一句中所选用的

❶　（清）张澍撰.辛氏三秦纪 [M].清二酉堂丛书本.

❷　（三国魏）王弼注，（东晋）韩康伯注.周易 [M].四部丛刊景宋本.

❸　（三国魏）王弼注，（东晋）韩康伯注，（唐）孔颖达疏.周易 [M].清嘉庆二十年南昌府学重刊宋本十三经注疏本，周易兼义上经乾传第一.

❹　（东汉）郑玄注，（唐）陆德明音义.礼记 [M].四部丛刊景宋本.

典故的典面"按剑"、徐牧的试律诗《省试临渊羡鱼》"惭无下钓处，空有羡鱼心"一句中所选用的典故的典面"羡鱼"、张耒的试律诗《景风扇物》"渐扬抟扶势，应从橐钥中"一句中所选用的典故的典面"抟扶"等。因篇幅所限，暂不对它们作具体分析。

二、选字组合式

采用选字组合式构成的典面，其组构字词虽然均来源于典源文献，但它们在典源文献中并不连在一起或并不按典源文献中的顺序排列。换句话说，选字组合式典面构成方式，就是将取自典源语句中的字词进行重新组合以充当典面的一种典面构成方式。

由于是选字重组而不是对典源语词的直接截取，所以采用选字组合式构成的典面在组构关系上与典源文献中的相关语词就会存在一定的差异，这不利于阅读者或听话者对所遇典故的理解。正是为了尽量消除这一理解上的困难，用典者在选字组构典面时，往往会从典源文献中挑选在表义上最为重要、最具概括性或最具典型性的字词。这样，不仅利于读者或听者从字面上理解所遇到的典故，还利于他们通过典面顺利地联想到典源文献中的相关语句，进而更准确地理解所遇典故的意义。例如，王起的试律诗《省试骊珠》"润川终自媚，照乘且何由"一句中所选用的典故的典面为"照乘"。典故"照乘"，源于西汉司马迁《史记·田敬仲完世家》：

> 齐威王与魏王会田于郊。魏王问曰："王亦有宝乎？"威王曰："无有。"梁王曰："若寡人国小也，尚有径寸之珠照车前后各十二乘者十枚，奈何以万乘之国而无宝乎？"❶

作者王起在选用此典时，对典面的组构即选用了选字组合式。可以说，在典源文献中，"照"和"乘"并不相连，句法上也无直接关系。用典者之所以选用二者组构典面，是因为在典源语词中"照"字最能体现宝珠发光的特点，而"照"之宾语之所以选择量词"乘"而不选用名词"车"，是因为量词"乘"所接的名词多为"车"，而"车"字出不出现都不会影响其意义的表达。另如，蒋防的试律诗《至人无梦》"已赜希微理，知将静默邻"一句，句中所选用的典故的典面为"希微"。典故"希微"，源于《老子》：

> 听之不闻名曰希，搏之不得名曰微。❷

作者在选用此典时，对典面的组构也是选用了典源语词中最为重要的两个字词"希"和"微"。另如，徐仁嗣的试律诗《天骥呈材》"至德符天道，龙媒应圣明"一句中所选用的典故的典面"龙媒"。典故"龙媒"，源于东汉班固《汉书·礼乐志》：

---

❶ （西汉）司马迁撰，（南朝宋）裴骃集解，（唐）司马贞索隐，（唐）张守节正义.史记[M].清乾隆武英殿刻本.

❷ （春秋战国）老聃撰，（三国魏）王弼注.道德真经注[M].古逸丛书景唐写本.

《天马歌》："天马徕，龙之媒。"❶

　　典面"龙媒"是由选用典源文献"龙之媒"一句中的两个实词"龙"和"媒"构成，而处于两者之间的助词"之"则被省去。作者选用此典是借以称颂所咏之马非同凡种。再如，裴次元的试律诗《南至日隔霜仗望含元殿炉香》"芬馨流远近，散漫入貂蝉"一句中所选用的典故的典面为"貂蝉"。典故"貂蝉"，源于南朝宋范晔《后汉书·舆服志下》：

　　武冠，一曰武弁大冠，诸武官冠之。侍中、中常侍加黄金珰，附蝉为文，貂尾为饰，谓之"赵惠文冠"。胡广说曰："赵武灵王效胡服，以金珰饰首，前插貂尾，为贵职。秦灭赵以其君冠赐近臣。"❷

　　此处用典典面的构成选用了典源语词中的两个实词"貂"和"蝉"。其中"貂"指貂尾，"蝉"指蝉文。它们都是汉代侍中、中常侍等显要官员冠饰的主要标志。裴诗选用此典即是代指参加长至日庆典的朝中显贵重臣。

　　在唐代试律诗的正文用典中，采用选字组合式组构用典典面的，还有裴大章的试律诗《恩赐魏文贞公诸孙旧第以道直臣》"自然垂带砺，况复激忠贞"一句中所选用的典故的典面"带砺"；薛存诚的试律诗《嵩山望幸》"东都歌盛事，西笑仰皇风"一句中所选用的典故的典面"西笑"、《华清宫望幸》"温泉曾浴日，华馆旧迎风"一句中所选用的典故的典面"浴日"；柳宗元的试律诗《观庆云图》"恒将配尧德，垂庆代河图"一句中所选用的典故的典面"河图"；徐敞的试律诗《月映清淮流》"利物功难并，和光道已成"一句中所选用的典故的典面"和光"；吕牧的试律诗《泾渭扬清浊》"御猎思投钓，渔歌好濯缨"一句中所选用的典故的典面"濯缨"；乔弁的试律诗《春台晴望》"金汤千里国，车骑万方人"一句中所选用的典故的典面"金汤"；王若岩的试律诗《越裳献白翟》"来从碧海路，入见白云乡"一句中所选用的典故的典面"白云乡"；蒋防的试律诗《秋稼如云》"始惬仓箱望，终无灭裂忧"一句中所选用的典故的典面"仓箱"；等等。

三、变换组合式

　　变换组合式典面组构方式是指组构典面的语词不是完全来自典源中的相关语句，而是通过加字、替换等方法改造后才形成典面的一种典面形成方式。采用这一典面组构方式所形成的典面最为显著的特点是，其中必有一部分语词不是来源于典源文献中的相关语句。
　　具体就唐代试律诗正文用典典面的形成方式而言，采用变换组合式组构典面的情况大致又可以细分为以下三类：一是用典典面由选自典源文献的部分和用典者根据需要所

❶　（东汉）班固撰，（唐）颜师古注．汉书［M］.清乾隆武英殿刻本．
❷　（南朝宋）范晔撰，（唐）李贤等注．后汉书［M］.百衲本景宋绍熙刻本．

增加的字词联合组合而成，此种典面组构形式可称之为加字组合式；二是用典典面由用典者根据需要对选自典源语词中的部分字词进行替换而成，此种典面组构形式可称之为替换组合式；三是用典典面完全是由对典源之事的概括而成，此种典面组构形式可称之为概括组合式。下面就对唐代试律诗正文用典中这三类典面组构方式作具体举例分析。

（一）加字组合式

采用加字组合式形成的典面均由两个部分构成，一部分是直接取自典源的字词，一部分是用典者根据需要所增加的字词。根据加字产生的原因，加字组合式又可分为两类：一类是因表意的需要而加字组成典面，一类是因音节的需要而加字组成典面。

因表意的需要而加字组合成典面的，如裴达的试律诗《南至日太史登台书云物》"应念怀铅客，终朝望碧雾"一句中所选用的典故的典面为"怀铅客"。典故"怀铅客"，源于旧题东晋葛洪《西京杂记》：

扬子云好事，常怀铅提椠，从诸计吏，访殊方绝域四方之语，以为裨补《輶轩》所载，亦洪意也。❶

典源语词中并未出现"客"字，倘若裴诗在选用此典时不加上此字，不但语义上与句中动词"念"无法搭配，而且难能体现出此诗称美太史的意旨。另如，徐敞的试律诗《月映清淮流》"处柔知坎德，持洁表阴精"一句中所选用的典故的典面为"坎德"。典故"坎德"，源于《周易·说卦》：

坎为水、为沟渎、为隐伏、为矫輮、为弓轮。❷

徐诗在选用此典时加上了一个"德"字，不仅明确地赞扬了水就势而下的品质，与诗题相切，更是体现了作者对君子如水般谦卑美德的颂扬。

因音节的需要而加字组合成典面的，如郑畋的试律诗《麦穗两岐》"愿依连理树，俱作万年枝"一句中所选用的典故的典面为"连理树"。典故"连理树"，源于东汉班固《白虎通·封禅》：

德至草木，朱草生，木连理。❸

典源语词中只有"连理"，而未见"树"字，郑诗在选用此典时之所以加上"树"字而使典面成为"连理树"，完全是为了与下句中的"万年枝"相对仗。另如，李损之的

---

❶　（东晋）葛洪撰．西京杂记 [M]．四部丛刊景明嘉靖本．

❷　（三国魏）王弼注，（东晋）韩康伯注．周易 [M]．四部丛刊景宋本．

❸　（东汉）班固撰．白虎通德论 [M]．四部丛刊景元大德覆宋监本．

试律诗《都堂试贡士日庆春雪》"应知郢上曲，高唱出东堂"一句中所选用的典故的典面为"郢上曲"。典故"郢上曲"，源于南朝梁萧统《文选·宋玉〈对楚王问〉》：

> 客有歌于郢中者，其始曰《下里》《巴人》，国中属而和者数千人；其为《阳阿》《薤露》，国中属而和者数百人；其为《阳春》《白雪》，国中属而和者不过数十人；引商刻羽，杂以流徵，国中属而和者不过数十人而已。是其曲弥高，其和弥寡。❶

李诗在选用此典时之所以加上典源中未出现的"上"字，纯粹是为了凑足五字音节，而与表义无任何关系；同时，所加之字是"上"而不是典源中的"中"字，是因为按格律，此处必须是仄声字。而唐权德舆的五言诗《奉和新卜城南郊居得与卫右丞邻舍》"千年郢曲后，复此闻阳春"❷一句在选用此典时，典面就没加"上"字，而对表义却无任何影响。

（二）替换组合式

替换组合式是指通过改换提取于典源语词中的部分字词，来组构典面的一种典面形成方式。具体就唐代试律诗正文用典典面的实际情况而言，之所以会采用替换组合式典面组构方式组构典面，原因主要有三个：一是受使用典故时具体语境的制约，如韵律平仄对仗的要求等；二是受文献传承中文字发展变化的影响，如古今字、同义字等；三是因避讳等非语言因素的影响。

在唐代试律诗的正文用典中，因满足韵律平仄对仗的需要而改换典面字词进而组构成用典典面的。例如，张聿的试律诗《馀瑞麦》"已闻天下泰，谁为济西田"一句中所选用的典故的典面为"西田"。典故"西田"，代指秋季农作物的收成。此典源于《尚书·虞书·尧典》：

> 寅宾出日，平秩东作……寅饯纳日，平秩西成。❸

唐白居易五言诗《秋游原上》和张聿的试律诗《馀瑞麦》在对这一典故进行选用时，其典面组构语词就有所不同，其中，白诗选用的典面为"西成"，张诗选用典的面为"西田"。现把两首诗摘录如下：

秋游原上❹
唐·白居易

七月行已半，早凉天气清。清晨起巾栉，徐步出柴荆。

---

❶ （南朝梁）萧统编，（唐）李善注.文选[M].胡刻本.

❷ （清）曹寅、彭定求等编.全唐诗[M].清文渊阁四库全书本.

❸ （西汉）孔安国传，（唐）陆德明音义.尚书[M].四部丛刊景宋本.

❹ （清）曹寅、彭定求等编.全唐诗[M].清文渊阁四库全书本.

露杖筇竹冷，风襟越蕉轻。闲携弟侄辈，同上秋原行。

新枣未全赤，晚瓜有余馨。依依田家叟，设此相逢迎。

自我到此村，往来白发生。村中相识久，老幼皆有情。

留连向暮归，树树风蝉声。是时新雨足，禾黍夹道青。

见此令人饱，何必待西成。

馀瑞麦 ❶

唐·张聿

瑞麦生尧日，芃芃雨露偏。两岐分更合，异亩颖仍连。

冀获明王庆，宁唯太守贤。仁风吹靡靡，甘雨长芊芊。

圣德应多稔，皇家配有年。已闻天下泰，谁为济西田。

考察两首诗的韵脚，发现白诗押"清""庚"二韵，"清"韵"庚"韵可同用，而处于韵脚位置的典源语词"成"即是"清"韵字，因此可直接取用。而张诗押"仙""先"二韵，"仙"韵"先"韵可同用，但处于韵脚位置的典源语词"成"却是"清"韵字，与诗所押之韵不合，因此只有对其作调整，而作者将"清"韵的"成"字改为"先"韵的"田"字后，诗歌韵律就和谐了。当然，就两者各自所指的具体意思而言，"西成"与"西田"之间又略有区别。但是，"西田"的意思包括在"西成"中，是从"西成"中衍生出来的。

另如，典故"曳尾"，比喻虽贫贱而逍遥自在的隐居生活。此典源于《庄子·秋水》：

庄子钓于濮水。楚王使大夫二人往先焉，曰："愿以境内累矣！"庄子持竿不顾，曰："吾闻楚有神龟，死已三千岁矣。王巾笥而藏之庙堂之上。此龟者，宁其死为留骨而贵乎？宁其生而曳尾于涂中乎？"二大夫曰："宁生而曳尾涂中。"庄子曰："往矣！吾将曳尾于涂中。"❷

唐代诗人在选用此典时，多是直接取用典源文献中的"曳尾"为该典典面。例如，唐李群玉《龟》"曳尾辞泥后，支床得水初"❸一句、唐齐己《刳肠龟》"刳肠徒自屠，曳尾复何累"❹一句等。而失名的试律诗《河鲤登龙门》"若令摇尾去，雨露此时浓"一句在选用此典时，典面却改成了"摇尾"，其原因是为了满足平仄对仗的需要。对句"雨露此时浓"平仄为"｜｜｜——（'—'代表平，'｜'代表仄，下同）"，所以其出句平仄只

❶ （北宋）李昉等编．文苑英华［M］．明刻本．

❷ （春秋战国）庄周撰，（西晋）郭象注．南华真经［M］．四部丛刊景明世德堂刻本．

❸ （清）曹寅、彭定求等编．全唐诗［M］．清文渊阁四库全书本．

❹ 同上．

能为"———｜｜"。若不将典面"曳尾"改为"摇尾"，出句的平仄就成了"——｜｜｜"，这就违背了格律诗的平仄对仗规则。

在唐代试律诗的正文用典中，因用后出字取代古字而组构成用典典面的，如柴宿的试律诗《瑜不掩瑕》"待价知弥久，称忠定不诬"一句中所选用的典故的典面为"待价"。典故"待价"，源于《论语·子罕》：

> 子贡曰："有美玉于斯，韫椟而藏诸？求善贾而沽诸？"子曰："沽之哉！沽之哉！我待贾者也。"❶

在典源文献中"待价"本写作"待贾"，因柴诗在选用此典时用表"价格"义的后出字"价"代替了同样表其义的古字"贾"，所以才出现诗句中这一典面。

在唐代试律诗的正文用典中，仅因音义均与典源语词中的相关字词相近就对其作替换进而形成典面的，如刘瑑的试律诗《三让月成魄》"为礼依天象，周旋逐月成"一句中所选用的典故的典面为"周旋"。典故"周旋"，源于《礼记·乐记》：

> 升降上下，周还裼袭，礼之文也。❷

唐陆德明《释文》曰："还，音旋。"刘诗在选用此典时，选用了陆德明《礼记音义》中与典源文献中的"还"字音义均相近的"旋"字和典源文献中的"周"字组合，进而组构成了用典典面"周旋"。

在唐代试律诗的正文用典中，有时作者为了避讳也会对取自典源文献中的字词进行替换进而组构成典面。例如，薛存诚的试律诗《观南郊回仗》"阅兵貔武振，听乐凤凰来"一句中所选用的典故的典面为"貔武"。典故"貔武"用于比喻勇猛的战士，此典源于《尚书·周书·牧誓》：

> 勖哉夫子，尚桓桓，如虎如貔，如熊如罴，于商郊。❸

在通常情况下，唐代诗人在使用此典时，多是直接取用典源文献中的"貔""虎"二字组成典面"貔虎"。例如，唐杜牧《中秋日拜起居表晨渡天津桥即事十六韵献居守相国崔公兼呈工部刘公》"鸳鸿随半仗，貔虎护重关"❹一句、唐韩琮《京西即事》"豺狼巉

❶（三国魏）何晏集解.论语[M].四部丛刊景日本正平本.

❷（东汉）郑玄注，（唐）陆德明音义.礼记[M].四部丛刊景宋本.

❸（西汉）孔安国传，（唐）陆德明音义.尚书[M].四部丛刊景宋本.

❹（清）曹寅、彭定求等编.全唐诗[M].清文渊阁四库全书本.

幕三千帐，貔虎金戈十万军"❶一句、唐杨巨源《述旧纪勋寄太原李光颜侍中二首》（其一）"弟兄间世真飞将，貔虎归时似故乡"❷一句等。但因科举考场作诗的特殊性，薛诗在选用此典时，为避唐高祖李渊之祖❸的讳，就将"虎"字改为了"武"字，进而形成典面"貔武"。

　　上面我们所讲的替换均为一对一的替换，即用典者根据需要用典源文献语词之外的一个字替换典源文献语词中相对应的那个字进而组构成典面，但在唐代试律诗的正文用典中，有时也会出现一对二的替换，即用典者会根据需要用一个字替换典源文献语词中相对应的两个字进而组构成典面。例如，许康佐的试律诗《日暮碧云合》"时景讵能留，几思轻尺璧"一句中所选用的典故的典面为"轻尺璧"。古语以径尺之璧与寸阴相比照，重寸阴而轻尺璧，表现出对时间的格外珍惜，此典源于《淮南子·原道训》：

　　　　夫日回而月周，时不与人游。故圣人不贵尺之璧，而重寸之阴。时难得而易失也。❹

　　许诗在选用此典时，就用"轻"替换了典源文献语词中与之同义的语词成分"不贵"，进而组构成典面"轻尺璧"，以满足诗歌组句的需要。

（三）概括组合式

　　概括组合式典面形成方式主要适用于对事典典面的组构。用典者先对事典的典源文献进行意义上的概括，再通过加字、替换、整合等多种方法的并用，重新组构成所需的典面形式。这种典面组构方式是对前面所论述的几种组构方式的综合运用。

　　在唐代试律诗的正文用典中，采用概括组合式组构典面的用例均为对事典的选用。例如，薛存诚的试律诗《嵩山望幸》"万岁声长在，千岩气转雄"一句中所选用的典故的典面为"万岁声长在"。此典出典于东汉班固《汉书·武帝纪》：

　　　　（元封二年）……翌日，亲登嵩高，御史乘属、在庙旁吏卒咸闻呼"万岁"者三。❺

　　试律诗作者薛存诚在选用此典衬托唐朝皇帝封禅泰山时给人们所留下的深刻印象时，即是选用了概括组合式典面组构方式，典面直接由取自典源文献的"万岁"加上"声长在"三字构成，组成一个成句典面。

　　在唐代试律诗的正文用典中，试律诗作者采用概括组合式对所选用事典进行典面组构的还有很多。例如，王起的试律诗《贡举人谒先师闻雅乐》"度曲飘清汉，余音遍晓云"

❶　（清）曹寅、彭定求等编．全唐诗[M]．清文渊阁四库全书本．

❷　同上。

❸　唐高祖李渊之祖名虎。

❹　（西汉）刘安撰，（东汉）许慎注．淮南鸿烈解[M]．四部丛刊景钞北宋本．

❺　（东汉）班固撰，（唐）颜师古注．汉书[M]．清乾隆武英殿刻本．

一句中所选用的典故的典面"遏晓云"、蒋防的试律诗《至人无梦》"化蝶诚知幻，征兰匪契真"一句中所选用的典故的典面"化蝶"、郑辕的试律诗《清明日赐百官新火》"皇明如照隐，顾及聚萤人"一句中所选用的典故的典面"聚萤"、张子容的试律诗《璧池望秋月》"似璧悲三献，疑珠怯再投"一句中所选用的典故的典面"三献"、范传正的试律诗《谢真人仙驾过旧山》"岂惟辽海鹤，空叹令威还"一句中所选用的典故的典面"辽海鹤"等。

通过以上分析不难看出，虽然唐代试律诗属于一种比较特殊的诗歌类别，但其在典面的组构方式上，还是较为灵活和多样的，这有利于试律诗品质的提高。

第二节　唐代试律诗正文用典典面音节形式考察

在本章的第一节，我们详细讨论了唐代试律诗正文用典典面的组构方式问题。本节和接下来的第三节，我们将对唐代试律诗正文用典的典面作语言学层面的本体研究，以探求它们的音节构成特点和语法结构特点。

一、唐代试律诗正文用典典面的音节构成形式

典面一经形成并被应用于言语交流或文学创作的实践，就具备了词的功能，成为可以组句的语用单位。在普通语言学中，我们研究词的外在形式，不可避免地要从词的语音形式入手，对其进行相应的特点分析和总结，下面要进行的就是从语音入手，来探讨唐代试律诗正文用典的典面在音节构成方面的特点。

据考察，在唐代试律诗的正文用典中，未出现单音节的典面构成形式，而全为多音节组合，这主要和单音节典面很难标志典源文献有关。前文已经说过，典故使用者组构典面的主要目的不是想用其直接表义，而是想通过它使读者或听者先联想到典源文献，进而真正理解用典者所要表达的某种意义或某种修辞效果，而单音节字就很难完成这项任务，所以试律诗的作者在用典时就没有选用单音节词作为所选用典故的典面。具体而言，唐代试律诗正文用典典面的音节构成形式主要有以下四种类型。

（一）双音节形式

由两个音节构成的典面即为双音节典面。在唐代试律诗的正文用典中，双音节形式的典面为数最多，约占唐代试律诗正文用典典面总数的87%。举例如下：

六梦	陶甄	钧天	霓裳	晁漱	庆云	蒲葵	成器	匪躬	天厨	萤聚	三
老	鸳鸯	晁漱	貂蝉	三事	称觞	珪璋	率舞	涣汗	殊私	挟纩	丘园	击
壤	带砺	宝思	黄绢	紫泥	垂露	银钩	魏武	南薰	翠华	勒功	西笑	雕
虫	青霄	箫韶	簪缨	宸宸	翠幄	从龙	河图	冠剑	剖竹	萍实	云路	周
旋	三让	蕶英	三献	坎德	蟾影	砌蓂	桂树	濯缨	蟾蜍	庾楼	西垣	月

桂　羲和　元龟　迁莺　金埒　青门　横汾　湛露　五云　解纷　为霖　姑射　玉
京　科斗　六出　高卧　三径　青女　干将　西陆　狐听　揽结　扶摇　粉闱　大
王　少女　朝宗　宣房　一苇　投钓　谦柔　圆折　振鹭　师襄　知音　缑山　玉
京　蓬壶　抱器　匪躬　过云　鸣珂　青楼　振衣　迁乔　怀书　逐鹿　从禽　忘
筌　摇尾　贰师　吴坂　一枝　九门　暗投　离娄　照乘　连城　按剑　抱璞　待
价　洪炉　生刍　秦封　西田　万箱　桃源　谷变　曳履　化蝶　齐竽　龙门　澹
台　盘石　赓歌　双鱼　悬车　大君　凤胡　层城　鸡德　郢曲　抟风　吹嘘　攀
桂　吞舟　白麟　戴豸　月兔　麻衣　舟楫

在唐代试律诗正文用典所组构的双音节形式的典面中，除了典面"蟾蜍""鸳鹭"等联绵词以及"干将""张英""索靖"等专有名词的音节不能够进行拆分外，其他双音节形式的典面在音节结构的分布上均为1+1格式，如"抱璞""解纷""剖竹""生刍""振衣""摇尾""投钓""紫泥"等。而采用1+1音节格式所形成的典面，在内部语法结构上的形式上也最为多样，有主谓式，如"秦封""萤聚"等；有动宾式，如"剖竹""迁莺"等；有偏正式，如"洪炉""青楼"等；有并列式，如"吹嘘""珪璋"等。

（二）三音节形式

在唐代试律诗的正文用典中，三音节形式的典面共有96个，其约占唐代试律诗正文用典典面总数的12%。举例如下：

秦时镜　稼穑功　施有用　振芳尘　凤凰来　五云车　轻尺璧　楚乡愁　周王
梦　幽谷羽　太阶平　刺客传　候阳台　十二楼　日边州　汉皇封　临汾鼎　出峡
神　怀铅客　伯赵氏　陶令文　君子仿　君子风　橐钥功　桂树新　大王风　寒谷
里　丹凤阙

黑龙津　翔阁凤　跃舟鱼　无昼夜　鱼弥乐　苇可杭　屈平情　过晓云　子晋
笙　三楚客　二妃灵　帝子灵　滞三湘　百兽舞　出谷莺　北溟鱼　沧浪叟　内外
篇　战马闲　三年鸟　五达庄　万年枝　白云乡　辞幽谷　辞旧谷　冲天鹤　折桂
人　皋鹤鸣　何逊恨　珠照乘　瑕掩瑜　桂林枝　一枝荣　鲍公篇　连城璧　照乘
珠　谢康乐　辽海鹤　凤凰池　五株封　洞里春　连理树　涉江人　指佞草　长倩
赠　漆园人　昆岫宝　大君子　白云居　化为龙　冰出水　草为萤　雁成行　莺出
谷　求傅野

在唐代试律诗正文用典所组构成的三音节形式的典面中，除了典面"伯赵氏"一例为专有名词其音节不能够进行拆分外，其他三音节形式的典面都可作音节分布上的切分。其中，音节分布形式最多的是2+1式。以这种音节分布形式构成的典面，主要为定中式的偏正结构，如"折桂人""北溟鱼""怀铅客""周王梦""陶令文""刺客传""白云乡""橐钥功""子晋笙"等；也有一些为主谓结构，如"百兽舞""皋鹤鸣"等。

在唐代试律诗正文用典所组构成的三音节形式的典面中，音节分布形式除了 2+1 格式外，还有一些为 1+2 格式，以这种音节分布格式形成的典面，多为支配式结构，如"辞旧谷""遏晓云""振芳尘""轻尺璧"等。

在唐代试律诗正文用典所组构成的三音节形式的典面中，第三种音节分布形式为 1+1+1 式，如"雁成行""莺出谷""草为萤""冰出水"等。

（三）四音节形式

在唐代试律诗正文用典所组构成的典面中，四音节形式的典面仅有一例，即典面"素娥尝药"，此典面音节分布形式为 2+1+1 式，内部结构形式为主谓结构。

在唐代试律诗的正文用典中，四音节形式的典面在数量上之所以这么少，其主要原因是由唐代试律诗的性质决定的。唐代试律诗为五言格律诗，每句字数限制为五个，对韵律平仄的要求又极为严格，而由四音节组构而成的典面在被选用于试律诗的诗句中时，无论是将其放在句首还是句尾，诗句都将会仅余下一个音节位置，这就对用典者实现诗句语义的有效组合以及韵律的和谐等构成极大的困难，所以试律诗作者很少选用四音节典面入诗。

（四）五音节形式

由于试律诗为五言格律诗，所以在唐代试律诗的正文用典中，由五个音节构成的典面可以称之为足句典面，即典面本身就是唐代试律诗的一例诗句，具体而言，其或为一联诗句的出句，或为一联诗句的对句。据统计，在唐代试律诗正文用典的典面中，这类典面的数量也不多，大约只占唐代试律诗正文用典典面总数的 1%。此类典面如薛存诚的试律诗《嵩山望幸》"万岁声长在，千岩气转雄"一句中的出句"万岁声长在"、失名的试律诗《笙磬同音》"兽因繁奏舞，人感至和通"一句中的出句"兽因繁奏舞"、王起的试律诗《浊水求珠》"蛇行无胫至，饮德已闻酬"一句中的出句"蛇行无胫至"、王质的试律诗《金谷园花发怀古》"山川终不改，桃李自无言"一句中的对句"桃李自无言"、独孤绶的试律诗《沉珠于渊》"至道归淳朴，明珠被弃捐"一句中的对句"明珠被弃捐"、康翊仁的试律诗《鲛人潜织》"七襄牛女恨，三日大人嫌"一句中的对句"三日大人嫌"等。

二、唐代试律诗正文用典典面的音节构成特点

通过对唐代试律诗的正文共 1 031 次用典的典面作音节构成上的分析和统计，我们不难发现，唐代试律诗正文用典的典面在音节构成上主要有以下两个特点。

一是典面的音节组构形式较为丰富。在唐代试律诗正文用典典面的音节构成形式中，除了单音节典面组构形式未出现外，双音节典面组构形式、三音节典面组构形式、四音节典面组构形式、五音节典面组构形式等均有出现。这充分体现了唐代试律诗正文用典典面音节构成形式的多样性。

二是双音节典面组构形式在唐代试律诗正文用典典面的音节组构形中占绝对优势。这一方面体现了汉语构词复音化特别是双音化的发展趋势，另一方面体现了五言格律诗

"二二一"韵律节奏形式对其用典典面音节组构形式的影响之大。

另外，我们在对唐代试律诗正文用典的典面进行考察时，发现有些诗句虽是用典，但其用典的典面却很难确定。例如，李子卿的试律诗《望终南春雪》"余辉傥可借，回照读书人"一句，诗句选用的是西晋孙康"映雪读书"典，但因整个诗句是化用此典，所以我们很难确定诗句中哪一例词或短语才是所选用典故的确切典面。类似的用典诗句还有一些，如曹著的试律诗《曲江亭望慈恩寺杏园花发》"谁复争桃李，含芳自不言"一句、欧阳詹的试律诗《御沟新柳》"芳意能相赠，一枝先远人"一句等。这些诗句用典的典面均不能确定，但这种全句化用典故的形式也应是唐代试律诗正文用典典面音节构成特点之一。

第三节　唐代试律诗正文用典典面语法结构分析

戴长江（1996）认为，探寻典源出处、考察用典意图、辨析用典方式和分析典面结构是我们正确认识典故、理解典故的四种有效途径。本节就对唐代试律诗正文用典的典面作语法结构层面的分析，以探求典面的内部结构关系，进而更加全面地了解唐代试律诗的正文用典情况。

从结构类型的角度讲，汉语中的词可以根据所含语素的多少分为单纯词和合成词两个大类。其中，单纯词由一个语素构成。根据音节数的多少，单纯词又可分为单音节、双音节和多音节三种。合成词由两个或两个以上语素构成。根据所含语素性质的不同，合成词又可分为复合式、加缀式、重叠式三种。其中，复合式合成词根据所构成语素之间关系的不同，又可分为联合、偏正、补充、动宾、主谓等五种基本类型，而复合词的这五种基本结构类型也适应于汉语中数量可观的词组。

前文说过，唐代试律诗正文用典的典面一旦形成并被选用于言语交流或文学创作的实践，就具备了词的功能，成了可以组句的语用单位。所以，汉语中这些词的语法结构分析理论也适用于对唐代试律诗正文用典典面的语法结构分析。

一、唐代试律诗正文用典典面语法结构略说

通过对唐代试律诗正文用典典面的系统分析，并结合前人的研究成果，可以把唐代试律诗正文用典典面的语法结构类型分为以下三个大类。

（一）成词类典面

成词类典面是指由单纯词或合成词充当的典面。此类典面既包括直接取自典源文献的固有的词，如"钧天""天厨""九天""卿云""丘园"等，又包括通过选字组合、变换组合等典面组构方法而形成的词，如"击壤""带砺""河图""桂枝"等。在唐代试律诗正文用典的成词类典面中，直接由取自典源文献的固有的词而充当的典面不是很多，大部分是通过提取、改造、概括典源文献中相关语词而形成的词语。

（二）短语类典面

短语类典面指由词和词组合而成的词组形式的典面，如"君子风""莺出谷""临汾鼎""素娥尝药"等。唐代试律诗正文用典所形成的短语类典面，基本上都是通过对典源文献中相关语词的改造和概括而形成的。例如，失名的试律诗《海水不扬波》"不挠鱼弥乐，无澜苇可杭"一句中所选用的典故的典面"鱼弥乐"，即为对典源文献中相关语词的改造和概括而成。诗句所选用之典源于《庄子·秋水》：

庄子与惠子游于濠梁之上。庄子曰："鯈鱼出游从容，是鱼之乐也。"惠子曰："子非鱼，安知鱼之乐？"庄子曰："子非我，安知我不知鱼之乐？"惠子曰："我非子，固不知子矣；子固非鱼也，子之不知鱼之乐，全矣。"庄子曰："请循其本。子曰'女安知鱼之乐'云者，既已知吾知之而问我。吾知之濠梁之上也。"❶

（三）成句类典面

成句类典面是指形式类似句子，但不能独立用作交际单位的典面形式。在唐代试律诗的正文用典中，成句类典面均为五音节形式，如薛存诚的试律诗《嵩山望幸》"万岁声长在，千岩气转雄"一句中所选用的典故的典面"万岁声长在"。但是，在唐代试律诗的正文用典中，成句类典面在被选用作试律诗诗句的出句或对句，并被加上了相应的标点符号后，就会直接成为句子，具备句子的交际功能。此类典面也多是通过对典源文献中相关语词的改造和概括而成。

二、唐代试律诗正文用典典面语法结构具体分析

以上是对唐代试律诗正文用典典面语法结构的总体把握，我们根据典面语法结构性质的不同，将唐代试律诗正文用典的典面分为了三类：成词类典面、短语类典面和成句类典面。下面将结合典面语词的具体语义指向，对唐代试律诗正文用典典面的内部语法结构方式作具体分析。

据考查，在唐代试律诗正文用典的典面中，未出现附加式典面，而且这些典面中成句类典面为数也不多，据统计，其所占比例不到唐代试律诗正文用典典面总数的1%。所以，这里要讨论的主要是由词根和词根组合而成的成词类典面以及由词和词组合而成的短语类典面的语法结构方式。具体而言，它们的内部语法结构方式主要有以下几种。

（一）联合式

联合式是指由两个或两个以上并列成分组合而成的结构形式。在唐代试律诗正文用典的典面中，属于此种语法结构方式的典面如下：

貂蝉　珪璋　带砺　羲和　吹嘘

（二）偏正式

偏正式是指由修饰限定成分和中心成分组合而成的结构方式。在唐代试律诗正文用

---

❶　（春秋战国）庄周撰，（西晋）郭象注．南华真经[M]．四部丛刊景明世德堂刻本．

典的典面中，属于此种语法结构方式的典面如下：

　　殊私　黄绢　紫泥　银钩　青霄

（三）动宾式

　　动宾式又叫支配式，是指由动作行为和动作行为所支配的对象组合而成的结构方式。在唐代试律诗正文用典的典面中，属于此种语法结构方式的典面如下：

　　攀桂　逐鹿　摇尾　濯缨　雕虫

（四）主谓式

　　主谓式又叫陈述式，是指由陈述对象和陈述内容组合而成的结构方式。在唐代试律诗正文用典的典面中，属于此种语法结构方式的典面如下：

　　谷变　萤聚　狐听　秦封　莺出谷

三、唐代试律诗正文用典典面语法结构的特点

　　通过对不同音节形式的唐代试律诗正文用典典面的语法结构分析发现，唐代试律诗正文用典的典面在语法结构方面主要有三个特点。

　　一是唐代试律诗正文用典典面的语法结构类型与典面的音节数有关，即双音节典面多为成词类典面、三音节典面多为短语类典面、五音节典面均为成句类典面。

　　二是占唐代试律诗正文用典典面总数 93% 的成词类典面所选用的语法构成方式较为单一，即这些典面均为采用复合式构词方式而成，未出现一例附加式构词。

　　三是典源文献中的一些语词在被选作典面之后，其内部的语法结构关系与它在典源文献中的语法结构关系相比会发生一些变化。例如，柳宗元的试律诗《观庆云图》"恒将配尧德，垂庆代河图"一句中所选用的典故的典面"河图"。该诗句所选之典源于《周易·系辞上》：

　　是故天生神物，圣人则之：天地变化，圣人效之；天垂象，见吉凶，圣人象之。河出图，洛出书，圣人则之。❶

　　在典源文献中，"河出图"为主谓结构，表陈述关系，而被选用于诗句中的典故典面"河图"则为偏正结构，表限定关系。

　　本节对唐代试律诗正文用典典面语法结构的分析，基本上展现了唐代试律诗正文用典典面的语法结构特点，在这些语法结构特点中，虽有不拘于常式的地方，但其在总体上还是与汉语词汇的基本特性相一致的，这符合了唐代试律诗作为科场考试作品的正统性。

---

❶　（三国魏）王弼注，（东晋）韩康伯注．周易 [M]．四部丛刊景宋本．

本章小结

本章是对唐代试律诗正文用典典面的本体研究，具体探讨了唐代试律诗正文用典典面的形成方式、典面的音节构成、典面的语法关系等问题。

在本章中，有关唐代试律诗正文用典典面的形成方式问题，论述的最为详细。先将其分为了三个大类，即直接截取式、选字组合式和变换组合式，然后将每个大类分成若干个小类进行了详细的研究。通过这些研究，基本上展现了唐代试律诗正文用典典面组构方式的全貌。

就唐代试律诗正文用典典面的音节构成而言，其中双音节形式为数最多，约占唐代试律诗正文用典典面总数的 87%。这既体现了汉语构词复音化特别是双音化的发展趋势，又表明了五言格律诗"二二一"韵律节奏形式对唐代试律诗正文用典典面音节组构形式的重要影响。

唐代试律诗正文用典典面所具有的语法结构的特点可归为三个方面：一是唐代试律诗正文用典典面的语法结构类型与典面的音节数有关；二是唐代试律诗正文用典典面所选用的语法构成方式较为单一，即均采用复合式构词；三是典源文献中的一些语词在被选作典面后，其内部的语法结构关系与它在典源文献中的语法结构关系相比，会发生一定的变化。

第七章　唐代试律诗正文用典语用研究

前面几章是对唐代试律诗正文所选用典故的本体研究，主要涉及典源文献、事典类属、语典来源、典面构成等几个问题。本章将就唐代试律诗正文用典的选典方式、用典方式、修辞效果等几个语用问题展开讨论。

第一节　唐代试律诗正文用典选典方式考察

罗积勇在《用典研究》中说："用典，就意味着拿过去的故事或现成话所表述的道理来与说写者当下所欲描写、所欲表达的事物或道理对照。"❶可见，用典者在选用典故时，其所选用的典故必须与其所欲描写的事物、所欲表达的道理或情感在某些方面存有联系，而这种联系就成为两者之间的契合点，在此，我们暂且将这种契合点称为选典方式。据我们考察，在唐代试律诗的正文用典中，选典方式形式多样、不拘一格，但概括起来主要有以下几种类型。

一、因事选典

所谓因事选典，是指因诗题所阐述的事情与典故所涉及的内容存有相似或相关的关系而选用这一典故的一种选典方式。例如，范传正的试律诗《谢真人仙驾过旧山》"岂惟辽海鹤，空叹令威还"一句。在唐代传说中，谢真人就是指女道士谢自然，据说，其于贞元十年十一月二十日辰时白日升天成仙，时任郡守的李坚特意将此事上奏给了朝廷，朝廷赐诏褒奖。此例试律诗诗题即与这一事件有关。范诗所选用的典故"辽海鹤"，源自旧题东晋陶渊明的《搜神后记》："丁令威本辽东人，学道于灵虚山。后化鹤归辽，集城门华表柱。时有少年举弓欲射之，鹤乃飞，徘徊空中而言曰：'有鸟有鸟丁令威，去家千年今始归。城郭如故人已非，何不学仙冢垒垒。'遂高上冲天。今辽东诸丁云其先世有仙者，但不知名耳。"❷根据典源文献可以了解到，辽东人丁令威曾学道于灵虚山，后化鹤回到家乡，并作歌感叹千年逝去。通过以上分析不难看出，试律诗诗题所涉及的故事与作者所选用事典的故事情节极为相似，契合度极高，即均与得道者成仙后回归故里一事有关。这也正是作者选用此典的原因所在。

---

❶ 罗积勇.用典研究 [M].武汉：武汉大学出版社，2005：42.

❷ （东晋）陶潜.搜神后记 [M].明崇祯津逮秘书本.

又如，窦常的试律诗《求自试》"陈王抗表日，毛遂请行秋"一句。诗题《求自试》出自三国魏曹植的《求自试表》。据《三国志·魏书·陈思王植传》载，陈王曹植因自伤理想抱负难以实现与施展，故上疏明帝以求自试，即《求自试表》。诗句中所选用的典故"毛遂"源于《史记·平原君列传》。书中载，毛遂为战国时期赵国平原君赵胜的门客，起初不为人所知，自荐跟随平原君赴楚，以智勇迫使楚王与赵国结盟，遂被赵胜待为上客。可见，诗题所涉之事与诗句所选之事典的中心相同，即均为"求自试"，因此试律诗作者在诗中选用了这一典故。

再如，张光朝的试律诗《天门街西观荣王聘妃》"三周初展义，百两遂言归"一句，诗题所关涉的是荣王聘妃之事，其与古代婚俗礼仪有关，而诗句中所选用的语典"三周"即是有关古代迎亲之礼的典故。典故"三周"出典于《礼记·昏义》："昏礼者，将合二姓之好，上以事宗庙而下以继后世也，故君子重之。是以昏礼纳采，问名，纳吉，纳征，请期，皆主人筵几于庙，而拜迎于门外。入，揖让而升，听命于庙，所以敬慎重正昏礼也。父亲醮子而命之迎，男先于女也。子承命以迎，主人筵几于庙，而拜迎于门外，婿执雁入，揖让升堂，再拜奠雁，盖亲受之于父母也。降出，御妇车，而婿授绥，御轮三周，先俟于门外。妇至，婿揖妇以入，共牢而食，合卺而酳，所以合体，同尊卑，以亲之也。"❶周代迎亲之礼，新郎到新娘家迎娶新娘时，应先为新娘象征性地驾车，然后下车先行，后由御者驾新娘车到新郎家。张诗选用典故"三周"就是咏颂荣王亲自迎娶妃子之事。

二、因人选典

所谓因人选典，是指因诗题所述之事与某一典故中的某人或某人的身份、职务等相关或相似而选用了这一典故的一种选典方式。例如，钱起的试律诗《湘灵鼓瑟》"苍梧来（一作成）怨慕，白芷动芳馨"一句。试律诗诗题《湘灵鼓瑟》所涉及的人物"湘灵"是湘水之神，传说为舜帝二妃娥皇、女英死后变化而成，可见诗题与舜帝有一定的关系。因此，钱诗就选用了与舜帝有关的典故"苍梧"。典故"苍梧"源于《礼记·檀弓上》："舜葬于苍梧之野，盖三妃未之从也。"❷苍梧山又名九疑，地处今湖南省宁远县境内，相传苍梧之野为舜帝安葬之地。后世因以用作追怀舜帝的典故，也用以咏帝王之死。此诗是用"苍梧"代指舜帝。

又如，陈彦博的试律诗《恩赐魏文贞公诸孙旧第以道直臣》"阿衡随逝水，池馆主他人"一句。试律诗诗题中的魏文贞公就是魏徵，是唐太宗时期著名的谏臣，也是唐太宗重要的辅臣之一，曾任谏议大夫、左光禄大夫等，封郑国公，以直谏敢言而著称。诗句中所选用的典故"阿衡"出典于《诗经·商颂·长发》："允也天子，降予卿士。实维阿衡，

---

❶ （东汉）郑玄注，（唐）陆德明音义．礼记 [M]．四部丛刊景宋本．

❷ 同上。

实左右商王。"❶阿衡本为商代官名，相当于后世的宰相。伊尹曾为阿衡，辅佐汤王。陈诗即是以"阿衡"代指魏徵，有颂扬之意。作者选用此典的原因之一就是魏徵的职务与"阿衡"相当。

再如，康翊仁的试律诗《鲛人潜织》"七襄牛女恨，三日大人嫌"一句。试律诗诗题《鲛人潜织》出典于西晋张华的《博物志》："南海外有鲛人，水居如鱼，不废织绩，其眼能泣珠，从水出，寓人家，积日卖绢。将去，从主人索一器，泣而成珠，满盘以与主人。"❷此典说的是居于南海海底的一种鱼尾人身的似人生物，以织绩为业。而诗句中所选用的两例典故的主人公也均以纺织为其主要的劳作对象。其中，典故"七襄牛女恨"出典于《诗经·小雅·大东》："维天有汉，监亦有光。跂彼织女，终日七襄。虽则七襄，不成报章。睆彼牵牛，不以服箱。"❸此例典故有两种说法：一是说织女星一日七移也难以组成纹章；二是说织女织纹七襄之多还是不成报章。但是，无论哪种说法其均与纺织有关。另一例典故"三日大人嫌"出典于《古乐府焦仲卿妻诗》："三日断五匹，大人故嫌迟。"❹诗句是说，焦仲卿的妻子刘兰芝三天就织成五匹绸子，但婆婆仍然嫌她织得慢，表现了焦仲卿之母对刘兰芝的要求之苛刻。可见。此典也和织绩有关。通过分析不难看出，诗题中的主人公鲛人和两例典故的主人公织女、刘兰芝虽然身份各不相同，但她们主要从事的劳动是一样的，即均以纺织为业。这也正是作者选用两例典故入诗的原因所在。

三、因物选典

所谓因物选典，是指因诗题所咏之物与典故所涉之物相同或性质相同而选用此典。例如，严维的试律诗《水精环》"能衔任黄雀，亦欲应时鸣"一句。诗题中的"水精环"为水晶所制之环。诗句中所选用的典故"黄雀"，源于南朝梁吴均的志怪小说集《续齐谐记》："宝年九岁时，至华阴山北，见一黄雀，为鸱枭所搏，坠于树下，为蝼蚁所困。宝取之以归，置巾箱中，唯食黄花，百余日毛羽成，乃飞去。其夜有黄衣童子向宝再拜曰：'我西王母使者，君仁爱救拯。实感成济。'以白玉环四枚与宝：'令君子孙洁白，位登三事，当如此环矣。'"❺据典源文献可知，东汉杨宝曾经救过一只黄雀，后来黄雀为报答其救命之恩，化作黄衣童子赠送杨宝宝环四枚，后来杨宝子孙四世三公。此事多用作咏报恩的典故。严诗选用此典，即是因为典故所涉之物"宝环"与诗题"水精环"相切。同时，作者选用此典也是为了表明自己作为应试者的积极态度，即一旦受恩被用，自己会以水精环般的美质报答圣主。

又如，张聿的试律诗《圆灵水镜》"回首看云液，蟾蜍势正圆"一句。诗题《圆灵水

---

❶　（西汉）毛亨传，（东汉）郑玄笺，（唐）陆德明音义.毛诗[M].四部丛刊景宋本.

❷　（西晋）张华.博物志[M].清道光指海本.

❸　（西汉）毛亨传，（东汉）郑玄笺，（唐）陆德明音义.毛诗[M].四部丛刊景宋本.

❹　（北宋）郭茂倩.乐府诗集[M].四部丛刊景汲古阁本.

❺　（南朝梁）吴均.续齐谐记[M].明正德嘉靖间顾氏文房小说本.

镜》出自南朝宋谢庄的《月赋》"柔祇血凝，圆灵水镜"一句。圆灵指天、水镜指月。诗句中所选用的典故"蟾蜍"源于西汉刘向《五经通义》："月中有兔与蟾蜍何？月，阴也；蟾蜍，阳也，而与兔并明，阴系阳也。"❶古代传说月亮中有蟾蜍。后世因以"蟾蜍"代指月亮。可见，张诗之所以选用此典，就是因为其所代指之物与诗题所指相同。

再如，陆贽的试律诗《禁中春松》"愿符千载寿，不羡五株封"一句。诗题所关涉的对象为禁苑中春天的松树，因此作者陆贽在创作本诗时就选用了与松树有关的典故"五株封"。典故"五株封"源于《史记·秦始皇本纪》。秦始皇登泰山，"风雨暴至，休于树下，因封其树为五大夫。"❷后世因以用作咏诵松树的典故。

在唐代试律诗的正文用典中，因诗题所咏之物与典故所涉之物性质相同而选用此典的，如令狐楚的试律诗《青云干吕》"湛露羞依草，南风耻带薰"一句。诗题《青云干吕》源于旧题西汉东方朔《海内十洲记·聚窟洲》："（天汉）三年，武帝幸安定，西胡、月支国王遣使献香……又献猛兽一头……使者对曰：'夫威加百禽者不必系之以大小。是以神麟故为巨象之王，鸾凤必为大鹏之宗，百足之虫制于螣蛇，亦不在于巨细也。臣国去此三十万里，国有常占，东风入律，百旬不休，青云干吕，连月不散者，当知中国时有好道之君，我王固将贱百家而贵道儒，薄金玉而厚灵物也。故搜奇蕴而贡神香，步天林而请猛兽，乘毚车而济弱渊，策骥足以度飞沙。'❸青云干吕表示青云之出与十二律的吕律（即阴律）相应，古人以之为祥和之兆。诗句中所选用的典故"南风"源于《礼记·乐记》："昔者舜作五弦之琴，以歌《南风》。"❹此典又见《孔子家语·辨乐解》："昔者舜弹五弦之琴，造《南风》之诗。其诗曰：'南风之熏兮，可以解吾民之愠兮；南风之时兮，可以阜吾民之财兮。'"❺相传舜作五弦琴，唱《南风》之歌。后世因以喻指帝王之歌，表示天下祥和太平。可见，诗题与所选之典性质相同，即均为祥瑞之兆，预示天下昌平。这也正是作者选用此典的原因所在。

四、因地选典

所谓因地选典，是指因诗题所咏之事物发生或所处的地点与典故所涉及的地点相同而选用此典。例如，薛存诚的试律诗《嵩山望幸》"降灵逢圣主，望幸表维嵩"一句。由诗题不难看出，臣民百姓望皇帝驾临的地点为中岳嵩山。诗句所选用的典故"维嵩"，源于《诗经·大雅·崧高》："崧高维岳，骏极于天。维岳降神，生甫及申。"❻毛传："崧，高

---

❶　（唐）欧阳询编.艺文类聚：卷一[M].清文渊阁四库全书本.

❷　（西汉）司马迁撰，（南朝宋）裴骃集解，（唐）司马贞索隐，（唐）张守节正义.史记[M].清乾隆武英殿刻本.

❸　（西汉）东方朔撰.海内十洲记[M].明正德嘉靖间顾氏文房小说本.

❹　（西汉）司马迁撰，（南朝宋）裴骃集解，（唐）司马贞索隐，（唐）张守节正义.史记[M].清乾隆武英殿刻本.

❺　（三国魏）王肃注.孔子家语[M].四部丛刊景明翻宋本.

❻　（西汉）毛亨传，（东汉）郑玄笺，（唐）陆德明音义.毛诗[M].四部丛刊景宋本.

貌，山大而高曰崧。"崧同"嵩"。后世因以"维嵩"代指中岳嵩山。诗句选用此典，就是以其代指嵩山。可见，典故的所指与诗题所叙述事件的发生地相同。

又如，白行简的试律诗《长安早春》"莺和红楼乐，花连紫禁香"一句。由诗题可以看出，诗题要求描写的地点为京城长安，而诗句所选用的典故"紫禁"就是代指皇宫，即京城所在地。典故"紫禁"源于南朝梁萧统《文选·谢庄〈宋孝武宣贵妃诔〉》"掩彩瑶光，收华紫禁"❶一句。唐李善注曰："王者之宫，以象紫微，故谓宫中为紫禁。"❷古时以天上的紫微垣比喻皇帝的居处，后因以"紫禁"代指京城。

再如，刘得仁的试律诗《监试莲花峰》"气分毛女秀，灵有羽人踪"一句。诗题所关涉的对象为华山莲花峰，因此试律诗作者刘得仁在诗中就选用了与华山有关的典故"毛女"。典故"毛女"源于旧题西汉刘向《列仙传·毛女》："毛女者，字玉姜，在华阴山中，猎师世世见之，形体生毛，自言秦始皇宫人也。……入山避难，遇道士谷春教食松叶，遂不饥寒，身轻如飞。"❸后世因以用作咏华山的典故。

五、因情选典

所谓因情选典，是指因诗题所蕴含的思想感情与典故所蕴含的思想感情相同或相近而选用此典。例如，韩愈的省题诗《学诸进士作精卫衔石填海》"何惭刺客传，不著报仇名"一句。诗题《学诸进士作精卫衔石填海》源于《山海经·北山经》。传说女娃曾游于东海，被大海淹死，遂化为精卫鸟，它不断衔鸠山上的木石填海，志在将海填平。后常用以比喻自强不息的精神或难以实现的忠贞之志。诗句中所选用的典故"刺客传"出典于西汉司马迁《史记·太史公自序》。司马迁在《史记》中，为刺客游侠立传，对他们身上所具有的轻生重义、坚持不懈、忠贞守信的品质进行了褒扬。韩诗选用此典，就是以《史记·刺客列传》中所记录的复仇勇士为衬托，赞美精卫鸟锲而不舍、勇往直前的复仇精神。

又如，蒋防的试律诗《藩臣恋魏阙》"如何子牟意，今古道斯存"一句。试律诗诗题《藩臣恋魏阙》所表达的是镇守藩镇的重臣对朝廷的浓浓思念之情。诗句所选用的典故"子牟意"源于《庄子·让王》："中山公子牟谓瞻子曰：'身在江海之上，心居乎魏阙之下，奈何？'瞻子曰：'重生。重生则利轻。'中山公子牟曰：'虽知之，未能自胜也。'瞻子曰：'不能自胜则从，神无恶乎！不能自胜而强不从者，此之谓重伤。重伤之人，无寿类矣！'魏牟，万乘之公子也，其隐岩穴也，难为于布衣之士，虽未至乎道，可谓有其意矣！"❹《庄子》寓言中的魏公子，名牟，其自称"身在江海之上，心居乎魏阙之下"。后世因以为典，喻指眷念朝廷之心。通过分析不难看出，诗题与诗句中所选用的两例典

---

❶（南朝梁）萧统编，（唐）李善注.文选[M].胡刻本.

❷ 同上。

❸（西汉）刘向.列仙传[M].明正统道藏本.

❹（春秋战国）庄周撰，（东晋）郭璞注.南华真经[M].四部丛刊景明世德堂刊本.

故均是表示对朝廷的浓浓牵挂之情，这也正是作者选用此典入诗的原因所在。

再如，张复元的试律诗《恩赐耆老布帛》"情均皆挟纩，礼异贲丘园"一句。诗句所描述的是君王赐耆老布帛之事，这不仅表达了唐朝君王注重养老、敬老之品德，更是体现了唐朝圣君关爱、抚慰臣民之大德。张诗所选用的典故"挟纩"正是体现了君王这一品德。典故"挟纩"出典于《左传·宣公十二年》："冬，楚子伐萧……王怒，遂围萧。萧溃。申公巫臣曰：'师人多寒。'王巡三军，抚而勉之，三军之士皆如挟纩。"❶纩，古代指新丝绵絮，后泛指绵絮。挟纩即披上丝绵衣，比喻受人抚慰而感到温暖。唐诗中多以此典代指皇帝对臣民、百姓的关爱，如户延让五言诗《雪》中"吾皇忧挟纩，犹自问君家"一句选用典故"挟纩"，就是代指皇帝关心百姓御寒之事，有颂扬之意。

以上对唐代试律诗正文用典的选典方式进行了初步总结，并将其概括为因事选典、因人选典、因物选典、因地选典和因情选典五类。据此不难看出，唐代试律诗正文用典的选典方式是较为多样的。但通过分析也发现，无论试律诗的作者采用哪种方式选用典故，都必须保证所选用典故与诗题之间存在某种联系，这是确保他们恰当运用典故的前提条件。

第二节 唐代试律诗正文用典方式考察

关于用典方式的问题，古人已早有研究。他们根据自己所持分类标准的不同将用典方式分为了不同的类别。例如，元代陈绎曾在《文说》中将用典方式分为正用、反用、借用、暗用、对用、扳用、比用、倒用、泛用九类，明费经虞在《雅论》中将用典方式分为正用、反用、借用、暗用、泛用五类。他们这些分类均是将若干种用典方式放在自己所规定的某个逻辑层面上的第次排列，忽视了用典方式所固有的不同的类属划分标准，进而导致了将交叉概念进行不当并列的逻辑错误。鉴于古人在用典方式分类上的这一明显不足，罗积勇在《用典研究》中从不同层面对其进行了重新分类，并在每一层面上严格地按照同一标准执行，最终得出了如下立体性的用典方式分类框架：

①根据引用标志的有无，分为明引、暗用；

②根据所引用典故的性质，分为引言、引事；

③根据典故在文中的使用义跟典故原义的关系，分为同义式、转义式、衍义式、反义式、双关式、别解式；

④根据典故在文中的功用，分为证言式、衬言式、代名式、代言式；

❶（春秋战国）左丘明撰，（西晋）杜预注，（唐）孔颖达疏.春秋左传[M].清嘉庆二十年南昌府学重刊宋本十三经注疏本.

⑤ 根据为说明一个观点或一个现实事实而引用典故的多寡，分为单引、叠引。❶

罗积勇所建构的这一用典方式分类体系是目前为止最为详尽和最为科学的用典方式分析理论，得到了学界的普遍认同。本节就是在这一分类体系的指导下，结合唐代试律诗正文用典的实际情况，对唐代试律诗的正文用典方式进行系统考察和研究的。

一、引言和用事

首先，根据所选用典故性质的不同，唐代试律诗正文的用典方式可以分为引言和用事两类。引言即选用语典，用事即选用事典。根据我们考察，在唐代试律诗正文 1 031 次用典中，总计选用语典 598 次，占唐代试律诗正文用典总次数的 58%，选用事典稍微少一些，共选用了 433 次，占唐代试律诗正文用典总次数的 42%。引言的用例，如崔立之的试律诗《南至日隔仗望含元殿炉香》"圣日开如捧，卿云近欲浑"一句。诗句中所选用的典故"卿云"出典于《史记·天官书》："若烟非烟，若云非云，郁郁纷纷，萧索轮困，是谓卿云。卿云见，喜气也。"❷卿云是一种云气，古人认为它的出现是祥瑞的象征。诗句选用这一语典即是用来衬托含元殿炉香缭绕的祥和气象。用事的例子，如石殷士的试律诗《日华川上动》"萍实空随浪，珠胎不照渊"一句。诗句中所选用的典故"萍实"出典于西汉刘向《说苑·辨物》："楚昭王渡江，有物大如斗，直触王舟，止于舟中。昭王大怪之，使聘问孔子。孔子曰：'此名萍实，令剖而食之，惟霸者能获之，此吉祥也。'"❸诗句是直接截取典源文献中的语词"萍实"为典面，来代指这一事典，以喻吉祥之兆。

引言和用事是对唐代试律诗正文用典方式最为直接的分类和概括，识别起来十分容易。

二、同义式、转义式、衍义式、反义式、双关式等用典方式

罗积勇在《用典研究》中根据原典之义与用典之义两者之间关系的不同，将用典方式分为了同义式、转义式、衍义式、反义式、双关式和别解式六种。根据我们考察，在唐代试律诗的正文用典中，这六种用典方式共涉及了五种，即同义式、转义式、衍义式、反义式和双关式。下面就对唐代试律诗正文用典中这五种用典方式的选用情况进行举例分析。

（一）同义式用典

同义式用典，是指诗句中阐述典故的部分所展现出来的意义与典故原义相同这样一种用典方式。根据唐代试律诗正文用典的实际情况，同义式用典方式又存在以下几种情况。

---

❶ 罗积勇.用典研究 [M].武汉大学出版社，2005：42.

❷ （西汉）司马迁撰，（南朝宋）裴骃集解，（唐）司马贞索隐，（唐）张守节正义.史记 [M].清乾隆武英殿刻本.

❸ （西汉）刘向.说苑 [M].四部丛刊景明钞本.

第一种情况是原典为比喻，诗句选用此典时也沿用其比喻义。例如，沈亚之的试律诗《九月九日勤政楼下观百僚献寿》"献寿皆鸳鹭，瞻天尽冕旒"一句。句中所选用典故"鸳鹭"出典于《诗经·周颂·振鹭》："振鹭于飞，于彼西雝。我客戾止，亦有斯容。"❶因白鹭飞行有序，故《振鹭》以群鹭来比喻来朝诸侯的容仪。诗句选用此典也是以"鸳鹭"比喻百官献寿时的整齐行列。又如，乐伸的试律诗《闰月定四时》"愿言符大化，永永作元龟"一句。句中所选用的典故"元龟"出典于《三国志·吴志·吴主传》："近汉高祖受命之初，分裂膏腴以王八姓，斯则前世之懿事，后王之元龟。"❷典源中的"元龟"喻指可资借鉴的往事，乐诗选用此典也是用此义。

第二种情况是原典为借代，诗句选用此典时也沿用其借代义。例如，皇甫冉的试律诗《东郊迎春》"钩陈霜骑肃，御道雨师清"一句。句中所选用的典故"钩陈"出典于《文选·班固〈西都赋〉》："周以钩陈之位，卫以严更之署。"唐李善注引《乐叶图》："钩陈，后宫也。"❸"钩陈"本是星宫名，班固这里是以"钩陈"代指后宫。而皇甫冉的诗选用此典时也是用其这一代指义。又如，滕迈的试律诗《春色满皇州》"色媚青门外，光摇紫陌头"一句。句中所选用的典故"青门"出典于《文选·阮籍〈咏怀诗十七首〉》其九："昔闻东陵瓜，近在青门外。"唐代李善注："《汉书》曰：'霸城门，民间所谓青门也。'"❹汉代长安城的东南门，本称为霸城门，因门为青色，后因以"青门"代之。阮籍诗即是以"青门"代指长安城的东南门。滕诗"色媚青门外，光摇紫陌头"一句中选用"青门"典，也是以之代指京城的东南门。

第三种情况是原典为象征，诗句选用此典时也沿用其象征义。例如，陈彦博的试律诗《恩赐魏文贞公诸孙旧第以道直臣》"雨露新恩日，芝兰旧里春"一句。句中所选用的典故"芝兰"出典于南朝宋刘义庆《世说新语·言语》："谢太傅问诸子侄：'子弟亦何预人事，而正欲使其佳？'诸子莫有言者，车骑答曰：'譬如芝兰玉树，欲使其生于阶庭耳。'"❺古人常将芝兰当作有德君子的象征，典源文献中车骑所答之言即是用此义。陈诗选用此典也是用其这一象征义，指优秀子弟。

（二）转义式用典

使用典故时，所选用的不是典故的原来义，而是选用由典故原来义所引申出来的某种意义，这种用典方式即为转义式用典。在唐代试律诗的正文用典中，转义式用典方式又可细分为以下几个小类。

第一种是原义到比喻义的转变，即典故被选用于句中时的意义是在原典意义基础之上通过隐喻而引申出来的意义。在唐代试律诗的正文用典中，这种用典方式为数比较多。

❶（西汉）毛亨传，（东汉）郑玄笺，（唐）陆德明音义.毛诗[M].四部丛刊景宋本.

❷（西晋）陈寿.三国志[M].百衲本景宋绍熙刊本.

❸（南朝梁）萧统编，（唐）李善注.文选[M].胡刻本.

❹（东汉）班固撰，（唐）颜师古注.汉书[M].清乾隆武英殿刻本.

❺（南朝宋）刘义庆撰，（南朝梁）刘孝标注.世说新语[M].四部丛刊景明袁氏嘉趣堂本.

例如，濮阳瓘的试律诗《出笼鹘》"遥心长捧日，逸翰镇生风"一句。句中所选用的典故"捧日"出典于西晋王沈《魏书》："昱少时常梦上泰山，两手捧日，昱私异之，以语荀彧。及兖州反，赖昱得完三城。于是彧以昱梦白太祖。太祖曰：'卿当终为吾腹心。'"❶典源中的"捧日"表示双手捧着太阳，只是程昱梦中的一种动作行为。在濮诗中"捧日"已经引申为对君王的效忠，喻指心向君王。又如，刘得仁的试律诗《莺出谷》"稍类冲天鹤，多随折桂人"一句。句中所选用的典故"冲天鹤"出典于旧题西汉刘向《列仙传·王子乔》："王子乔者，周灵王太子晋也。好吹笙，作凤凰鸣。游伊、洛之间，道士浮丘公接以上嵩高山。三十余年后，求之于山上，见桓良曰：'告我家，七月七日待我于缑氏山巅。'至时，果乘白鹤驻山头，望之不得到。举手谢时人，数日而去。"❷典源中"冲天鹤"是指王子乔乘鹤仙去，刘诗选用此典则是用其引申义，表示科考及第。古人常将科举及第与得道成仙并举。

第二种是原义到借代义的转变，罗积勇在谈及此类用典方式时说："这一类中都有一个代表某典故的人名，所指的人在原典中确指其人，而在文中所用则是代表相应的某一类人。"❸在唐代试律诗的正文用典中，采用此种用典方式的诗句，如薛存诚的试律诗《御题国子监门》"张英圣莫拟，索靖妙难言"一句。典故"张英"出典于南朝宋范晔《后汉书·张奂传》。张奂，东汉著名书法家，三国魏韦仲将谓之"草圣"。典故"索靖"出典于唐房玄龄等《晋书·卫瓘传》。索靖，西晋著名书法家，工草书，与同朝尚书令卫瓘被时人称为"一台二妙"。薛诗选用这两例典故均是以之代指书法好的一类人。

其实，原义到借代义这一转义式用典方式除了罗积勇所说的这一种情况之外，还包括典故被选用于句中时的意义是在原典意义基础之上通过借代而引申出来的意义的这种情况。例如，蒋防的试律诗《题杜宾客新丰里幽居》"圣情容解印，帝里许悬车"一句。诗句中所选用典故"悬车"出典于东汉班固的《白虎通·致仕》："臣七十悬车致仕者，臣以执事趋走为职，七十阳道极，耳目不聪明，跂踦之属，是以退去避贤者，所以长廉耻也。悬车示不用也；致仕者，致其事于君。"❹古代官员年七十就会告老辞官，居家而废车，典源文献中的"悬车"即是指废车不用。蒋诗选用此典则是用其借代义，指辞官退休，安度晚年。又如，白居易的试律诗《太社观献捷》"班师郊社内，操袂凯歌中"一句。诗句中所选用的典故"操袂"出典于《礼记·曲礼上》："献民虏者操右袂。"典源中"操右袂"是指抓住俘虏的右衣袖以防异心，而白诗选用此典是用其代指义"献捷"。

（三）衍义式用典

罗积勇在《用典研究》中将衍义式用典解释为："割取典故的一个枝节，弥缝完整，使之成为一个新的独立的典故，然后加以运用，或以这一枝节为基础，衍生出一个不同

---

❶　（北魏）魏收 . 魏书 [M]. 清乾隆武英殿刻本 .

❷　（西汉）刘向 . 列仙传 [M]. 明正统道藏本 .

❸　罗积勇 . 用典研究 [M]. 武汉大学出版社，2005：85.

❹　（东汉）班固 . 白虎通德论 [M]. 撒四部丛刊景元大德覆宋监本 .

于原典故意义的新意义来使用。"❶可见，衍义式用典方式有两个主要特征：一是在选用典故时，原典故只被选用了一部分；二是被选用部分会因新成分的加入或自身意义的延伸而成为一个新的典故。这种用典方式在唐代试律诗的正文用典中为数不是太多，现略举两例进行分析。

例如，王维的试律诗《清如玉壶冰》"晓凌飞鹊镜，宵映聚萤书"一句。诗句中所选用的典故"飞鹊镜"源于西汉东方朔《神异经》："昔有夫妇将别，破镜，人执半以为信。其妻与人通，其镜化鹊，飞至夫前，其夫乃知之。后人因铸镜为鹊安背上，自此始也。"❷后世因以此典咏镜子或夫妻之情。但从王诗诗旨来看，诗句既不是咏颂镜子也不是咏颂夫妻之情，只是借"飞鹊镜"来衬托玉壶冰之晶莹，所以此例为衍义式用典。

另一例如陈祐的试律诗《风光草际浮》"秀发王孙草，春生君子风"一句。句中所选用的典故"君子风"，源于《论语·颜渊》和战国楚宋玉《风赋》，用于喻指君子之德风或帝王之雄风。但本诗选用此典时仅是代指自然界的和煦温暖之风，与人的品德、气象无关。

（四）反义式用典

反义式用典俗称"反用"，即反其义而用之的一种用典方式，古人亦称之为"翻案法"，是用典者故意反用原典之义以表达自己的思想或情感的一种用典方法。就对反义式用典方式的界定而言，罗积勇在《用典研究》中的解释最为详备，他说："典故中有所谓熟典，今说写者所叙之事与之完全相反，或部分相反，或者因说写者所叙之事而对该熟典原来的含义、原来所承受的价值评判有所否定，这时说写者往往把该熟典的故事情节或其价值评判或其所言道理全部改写或部分改写成跟它原来相反的样子，以与原来那个人人皆知的熟典构成对比，达到特定的修辞目的。这便是反义式，习称为'反用'。"❸

根据反义式用典所选用典故性质的不同，在唐代试律诗的正文用典中，反义式用典可分为对事典的反用和对语典的反用两种情况。对事典的反用，如李正封的试律诗《贡院楼北新栽小松》"为梁资大厦，封爵耻嬴秦"一句。诗句反用了秦始皇封松树的典故，此典源于《史记》。据载，秦始皇曾在泰山上偶遇暴风雨，便躲避于松树之下，后来因以封其为上大夫。按常理，松树被封爵本是荣耀之事，但作者却以之为耻。作者反用此典，不但强化了作者对松树应该发挥最本质用途的观点，而且以节自高，更含寓意。具体而言，此例用典是对故事通常评价的反用。

又如，张汇的试律诗《河出荣光》"冯夷矜海若，汉武贵宣房"一句。诗句中所选用的典故"冯夷"出典于《楚辞·远游》："使湘灵鼓瑟兮，令海若舞冯夷。"❹东汉王逸注：

❶ 罗积勇.用典研究[M].武汉：武汉大学出版社，2005：85.

❷ （北宋）李昉编.太平御览[M].四部丛刊三编景宋本.

❸ 罗积勇.用典研究[M].武汉武汉大学出版社，2005：99.

❹ （汉）王逸章句，（南宋）洪兴祖补注.楚辞[M].四部丛刊景明翻刻本.

"冯夷，水仙也。《淮南》言：冯夷得道以潜于大川也。" ❶ 张诗是反用此典，认为河伯可以向海若表示自豪，意在赞美河水，以切合"河出荣光"的题旨。

在唐代试律诗的正文用典中，对语典的反用比对事典的反用相对多一些。例如，张复的试律诗《山出云》"散类如虹气，轻同不让尘"一句。诗句用典是对语典"和光同尘"的反用，此典源于《老子》："和其光，同其尘。" ❷ 典故原义是指随俗而处，不露锋芒，但因作者观点与典故原义相反，故将典故改为"不让尘"，以表达自我实现、不甘平庸的思想。此例用典是因观点不同而产生的对语典的反用。又如，周弘亮的试律诗《曲江亭望慈恩寺杏园花发》"愿莫随桃李，芳菲不为言"一句。诗句用典是对语典"桃李不言，下自成蹊"的反用，此典源于《史记·李将军列传》，典故原来是比喻默默行动、不自矜夸。但此例试律诗的作者通过一个"莫"字反其义而用之，认为花或人还是应该自我宣扬的，表明了作者乐于用自己才能效忠君王的情意。

（五）双关式用典

所谓双关式用典，是指被选用于语句中的典面语词在表示自己所应表达的典故义的同时表达了典故义之外的其他意义。据统计，在唐代试律诗的正文用典中，选用此种用典方式的诗句共有九例，如沈亚之的试律诗《九月九日勤政楼下观百僚献寿》"乐奏薰风起，杯酺瑞影收"一句。诗句中的语词"薰风"既指自然界的和煦之风，又指传说中虞舜所作的《南风》歌，此典源于《礼记·乐记》："昔者舜作五弦之琴，以歌《南风》。" ❸ 后世用以比喻帝王之歌，也用以咏颂帝王。沈诗选用此典就表达了对天子的歌颂与景仰之情。

又如，薛存诚的试律诗《御题国子监门》"更随垂露像，常以沐皇恩"一句。从诗句语词的表面来看，出句中的语词"垂露"应指垂降甘露之义，这与对句中的动词"沐"相搭配。但若我们结合诗题稍作深入分析，就会发现诗句中的语词"垂露"还代指"垂露书"，此典源于南朝宋王愔《文字志》："垂露书，如悬针而势不遒劲，阿那若浓露之垂，故谓之垂露。" ❹ 作者选用此典是赞美御题书法之精妙。

再如，王维的试律诗《秋日悬清光》"余辉如可托，云路岂悠悠"一句。该诗句中所选用的典故"云路"出典于南朝宋鲍照《鲍参军集》卷一《侍郎报满辞阁疏》"金闺云路，从兹自远"一句。❺ 鲍照原文是以"云路"比喻仕途。王诗此处选用此典，既指天空云之路，又双关其喻指义"仕途"。具体而言，诗句不但形象地描写了秋日清空中的朵朵白云，而且表达了作者对仕途的急切向往以及积极乐观的人生态度。

还有薛存诚的试律诗《华清宫望幸》"温泉曾浴日，华馆旧迎风"一句。古人常以

---

❶ （汉）王逸章句，（南宋）洪兴祖补注.楚辞 [M].四部丛刊景明翻刻本.

❷ （春秋战国）老聃撰，（三国魏）王弼注.道德真经注 [M].古逸丛书景唐写本.

❸ （东汉）郑玄注，（唐）陆德明音义.礼记 [M].四部丛刊景宋本.

❹ （唐）徐坚.初学记 [M].清光绪孔氏三十三万卷堂本.

❺ （南朝宋）鲍照.鲍氏集 [M].四部丛刊景宋本.

日比皇帝，所以诗句中的"浴日"一词指唐朝皇帝（唐玄宗）在华清宫沐浴一事。同时，"浴日"还表示代指太阳初出水面而升起的典故，此典源于《淮南子·天文训》："日出于旸谷，浴于咸池。"❶

三、证言式、衬言式、代名式和代言式用典

从选用典故所起功用的角度，罗积勇在《用典研究》中将用典方式分为四类：证言式、衬言式、代名式和代言式。据我们考察，在唐代试律诗的正文用典中，从用典功用的角度来看，用典方式的类型并没有超出这四种形式。下面结合唐代试律诗正文用典的实际情况，对选用这四种用典方式的诗句作举例分析。

（一）证言式用典

证言即证明言说。所谓证言式用典，即通过选用典故来证明自己所欲表达的思想或情感的一种用典方式。例如，郑昉的试律诗《人不易知》"和玉翻为泣，齐竽或滥吹"一句。诗句中对两例典故"和玉"和"齐竽"的选用均为证言式用典。典故"和玉"源于《韩非子·和氏》："楚人和氏得玉璞楚山中，奉而献之厉王。厉王使玉人相之，玉人曰：'石也。'王以和为诳，而刖其左足。及厉王薨，武王即位，和又奉其璞而献之武王。武王使玉人相之，又曰：'石也。'王又以和为诳，而刖其右足。武王薨，文王即位，和乃抱其璞而哭于楚山之下，三日三夜，泣尽而继之以血。王闻之，使人问其故，曰：'天下之刖者多矣，子奚哭之悲也？'和曰：'吾非悲刖也，悲夫宝玉而题之以石，贞士而名之以诳，此吾所以悲也。'王乃使玉人理其璞而得宝焉，遂命曰'和氏之璧。'"❷此典喻指人不易了解，怀才不遇，此与诗旨正相符，所以此处为证言式用典。典故"齐竽"源于《韩非子·内储说上》："齐宣王使人吹竽，必三百人。南郭处士请为王吹竽，宣王说之，廪食以数百人。宣王死，湣王立，好一一听之，处士逃。"❸此典虽然多用来比喻无真才实学而混在行家中充数，但它也从一个侧面体现了人的不易了解，这与诗旨正相符，因此此处为证言式用典。

又如，窦常的试律诗《求自试》"陈王抗表日，毛遂请行秋"一句。诗句中所选用的典故"毛遂"出典于《史记·平原君列传》。书中载，毛遂为战国时期赵国平原君赵胜的门下食客，起初其并不为人所知。在平原君准备人选出使楚国时，毛遂自赞自荐，并以囊锥为喻，表明如让他处于囊中，自己早就脱颖而出了。当平原君与楚王谈判时，毛遂表现出了智勇双全的才华，并迫使楚王最终与赵国结盟，使谈判得以成功。事后，毛遂被平原君待为上客。后遂以"毛遂""毛遂自荐"为典，表自告奋勇、自我推荐之意。窦诗选用此典，即是以之表达作者愿为朝廷尽忠之志，有自我举荐之意。

（二）衬言式用典

所谓衬言式用典，是指将所选用的典故与所叙说的事情两相比较，进而实现某种修

---

❶ （西汉）刘安撰，（东汉）许慎注.淮南鸿烈解[M].四部丛刊景钞北宋本.

❷ （春秋战国）韩非.韩非子[M].四部丛刊景清景宋抄校本.

❸ 同上。

辞目的的一种用典方式。例如，胡直钧的试律诗《郊坛听雅乐》"本自钧天降，还疑列洞庭"一句。诗句中对"钧天"和"洞庭"两例典故的选用均为衬言式用典。典故"钧天"出典于《史记·赵世家》："赵简子疾，五日不知人，大夫皆惧。……居二日半，简子寤。语大夫曰：'我之帝所甚乐，与百神游于钧天，广乐九奏万舞，不类三代之乐，其声动人心。'"❶"钧天"为"钧天广乐"的略语，为传说中天宫的音乐。后世因以用作咏天上仙乐的典故，也用作宫廷音乐的美称。"洞庭"即典故"洞庭张乐"之省语，出典于《庄子·天运》："北门成问于黄帝曰：'帝张《咸池》之乐于洞庭之野，吾始闻之惧，复闻之怠，卒闻之而惑，荡荡默默，乃不自得。'帝曰：'汝殆其然哉！吾奏之以人，征之以天，行之以礼义，建之以太清。'"❷后因以为典，代指皇家盛大而美妙的音乐演奏。诗句选用这两例典故均是对郊坛雅乐的正面对比，以彰显郊坛奏雅乐场面之宏阔、乐曲之动听。

又如，柳宗元的试律诗《观庆云图》"恒将配尧德，垂庆代河图"一句。诗句中对"河图"典故的选用也为衬言式用典。典故"河图"源于《周易·系辞上》："是故天生神物，圣人则之；天地变化，圣人效之；天垂象，见吉凶，圣人象之。河出图，洛出书，圣人则之。"❸古时认为，"河图""洛书"均是帝王圣君受命之瑞兆。诗句选用此典既抒发了作者对皇帝的颂扬，又将庆云图与"河图"形成了相比，给予了此图更高的评价。

（三）代名式用典

代名式用典方式比较好理解，就是用典故来代指所欲说的事物或话题。具体就唐代试律诗正文用典的实际情况而言，代名式用典方式又可细分为以下几个小类。

首先，用一例典故代指一个事物。例如，张聿的试律诗《观庆云图》"回首看云液，蟾蜍势正圆"一句。诗句中所选用的典故"蟾蜍"源于西汉刘向《五经通义》："月中有兔与蟾蜍何？月，阴也；蟾蜍，阳也，而与兔并明，阴系阳也。"❹蟾蜍本为传说中的月中之物，后因以"蟾蜍"代指月亮。张诗就是用典故"蟾蜍"指代月亮。又如，段成式的试律诗《河出荣光》"渐没孤槎影，仍呈一苇杭"一句。诗句中所选用的典故"一苇"源于《诗经·卫风·河广》："谁谓河广？一苇杭之。谁谓宋远？跂予望之。"❺因《诗经》有"一苇杭之"之语，后以"一苇"代指小船。

其次，用一例典故代指一类事物。例如，前文讨论转义式用典方式时所分析的薛存诚的试律诗《御题国子监门》"张英圣莫拟，索靖妙难言"一句中的用典就是用"张英"和"索靖"两例典故代指书法好的一类人。又如，周存的试律诗《西戎献马》"天马从东道，皇威被远戎"一句。句中选用的典故"天马"源于《史记·大宛列传》："初天子

❶　（西汉）司马迁撰，（南朝宋）裴骃集解，（唐）司马贞索隐，（唐）张守节正义.史记[M].清乾隆武英殿刻本.

❷　（春秋战国）庄周撰，（西晋）郭象注.南华真经[M].四部丛刊景明世德堂刻本.

❸　（三国魏）王弼注，（东晋）韩康伯注.周易[M].四部丛刊景宋本.

❹　（唐）欧阳询编.艺文类聚：卷一[M].清文渊阁四库全书本.

❺　（西汉）毛亨传，（东汉）郑玄笺，（唐）陆德明音义.毛诗[M].四部丛刊景宋本.

发书《易》，云'神马当从西北来'。得乌孙马好，名曰'天马'。及得大宛汗血马，益壮，更名乌孙马曰'西极'，名大宛马曰'天马'云。"❶汉武帝先后得西域乌孙马和大宛血汗马，皆名之为"天马"。后世因以"天马"代指骏马良驹。周诗选用此典是代指所有宝马。

最后，用一例典故代指一个话题。例如，裴杞的《风光草际浮》"谁知揽结处，含思向余芳"一句。句中所选用典故"揽结"源于《左传·宣公十五年》："魏武子有嬖妾，无子。武子疾，命颗（武子之子）曰：'必嫁是。'疾病，则曰：'必以为殉。'及卒，颗嫁之，曰：'疾病则乱，吾从其治也。'及辅氏之役，颗见老人结草以亢杜回，杜回踬而颠，故获之。夜梦之曰：'余，而所嫁妇人之父也。尔用先人之治命，余是以报。'"❷后因以"揽结""结草"等为受厚恩而虽死犹报的典故。裴诗选用此典就是代指知恩图报的话题。但从诗旨来看，此典用于此有失偏颇，影响了诗意的连贯性，但因这与用典方式无关，我们暂且不论。

（四）代言式用典

"用直说典故、巧说典故或推衍典故等方法，借助典故语本身所带语境跟文中语境的比照，产生言外之意，从而表现自己真正所欲表明的意思。我们把这种用典方式叫作代言。"❸从罗积勇对代言式用典方式的这一解释来看，代言式用典方式的核心特点是，作者选用典故的目的不是采用典故的原义，而是采用由典故语本来语境和用典语境相比照所产生的言外之意。换言之，代言式用典就是借说典故来说自己所欲表达的事。这样，典故部分和己事部分往往会交织、交融在一起。

在唐代试律诗的正文用典中，以代言式方式选用典故的次数并不是很多，仅有几例，现试举两例进行简要分析。

一例是令狐楚的试律诗《青云干吕》"湛露羞依草，南风耻带薰"一句。句中对典故"湛露"与"南风"的选用均为代言式用典。湛露，本《诗经·小雅》篇名。其诗曰："湛湛露斯，匪阳不晞。""湛湛露斯，在彼丰草。"❹《左传·文公四年》："昔诸侯朝正于王，王宴乐之，于是乎赋《湛露》。则天子当阳，诸侯用命也。"❺可见湛露当阳，而此时乃阴气用事之时，故尚未有依草之露。南风本为古代乐曲名。《礼记·乐记》："昔者舜作五弦之琴，以歌《南风》。"❻《孔子家语·辨乐解》："昔者舜弹五弦之琴，造《南风》之诗。其

❶ （西汉）司马迁撰，（南朝宋）裴骃集解，（唐）司马贞索隐，（唐）张守节正义.史记[M].清乾隆武英殿刻本.

❷ （春秋战国）左丘明撰，（西晋）杜预注，（唐）孔颖达疏.春秋左传[M].清嘉庆二十年南昌府学重刊宋本十三经注疏本.

❸ 罗积勇.用典研究[M].武汉：武汉大学出版社，2005：179.

❹ （西汉）毛亨传，（东汉）郑玄笺，（唐）陆德明音义.毛诗[M].四部丛刊景宋本.

❺ （春秋战国）左丘明撰，（西晋）杜预注，（唐）孔颖达疏.春秋左传[M].清嘉庆二十年南昌府学重刊宋本十三经注疏本.

❻ （东汉）郑玄注，（唐）陆德明音义.礼记[M].四部丛刊景宋本.

诗曰："南风之熏兮，可以解吾民之愠兮；南风之时兮，可以阜吾民之财兮。'"❶熏：熏蒸，和暖。此时阴气用事，熏风未起，故曰"南风耻带熏"。通过以上分析可见，诗句在选用这两例典故时均不是采用它们的原典义，而是采用由它们各自源出语境与用典语境相比照而产生的言外之意。

另一例是李子卿的试律诗《望终南春雪》"余辉傥可借，回照读书人"一句。整句诗是对典故"映雪读书"的化用，此典出典于《宋齐语》："孙康家贫，常映雪读书，清淡，交游不杂。"❷晋孙康，京兆人，家贫好学，常利用雪的反光读书，即映雪读书。后世因以用作勤学苦读的典故。而本诗的作者选用此典，目的只是以典故中的"映雪"之"雪"与诗题相切。

四、单用和叠用

单用和叠用是从引用典故的多寡来区分的。所谓单用，是指为叙述一个对象或阐述一个道理，在一个语用单位内只选用一例典故的用典方式；所谓叠用，是指为叙述一个对象或阐述一个道理，在一个语用单位内选用多例典故的用典方式。就唐代试律诗的用典而言，确定典故单用或叠用所处的语用单位可以是整首试律诗，也可以是试律诗的一联或一个单句。

从整首试律诗选用典故的多寡来看，有选用一例典故的试律诗，如李岑的《玄元皇帝应见贺圣祚无疆》，全诗只选用了"大同"这例典故；有选用多例典故的试律诗，如张复元的《恩赐耆老布帛》，全诗共选用了六例典故，即典故"殊私""挟纩""丘园""告存""击壤"和"九门"等。

从试律诗中的一联选用典故的多寡来看，有一联中仅选用一例典故的，如陆复礼《中和节诏赐公卿尺》的第二联"具寮颁玉尺，成器幸良工"，此联只选用了一例典故，即"成器"；有一联中选用多例典故的，如蒋防《望禁苑祥光》的第四联"眺汾疑鼎气，临渭想荣光"，此联选用了"鼎气"和"荣光"两例典故。

从试律诗中单个诗句选用典故的多寡来看，有些试律诗单句仅选用一例典故，如王维《秋日悬清光》末联的对句"云路岂悠悠"，此句仅选用了一例典故"云路"；有些试律诗单句选用多例典故，如乐伸《闰月定四时》第五联的出句"羲氏兼和氏"，此句选用了"羲氏"和"和氏"两例典故。

就单用和叠用两种用典方式在唐代试律诗正文用典中的运用情况而言，以在诗的一联内叠用典故的情况最具特点，下面对这一用典情况进行具体分析。

首先，从外在形式的角度来看，试律诗一联中对典故的叠用具有以下两个明显的特点。

第一，从被选用典故典面的音节构成上来看，出句和对句中用典典面的音节数大多

---

❶　（三国魏）王肃注.孔子家语[M].四部丛刊景明翻宋本.

❷　（唐）徐坚编.初学记[M].清光绪孔氏三十三万卷堂本.

相同，即出句中的用典典面为几个音节，对句中的用典典面也多为几个音节。例如，阙名的试律诗《观庆云图》"方将偶翠幄，那羡起苍梧"一联，出句所选用的典故的典面"翠幄"和对句所选用的典故的典面"苍梧"均为双音节。另如，张复的试律诗《山出云》"异起临汾鼎，凝随出峡神"一联，出句所选用的典故的典面"临汾鼎"和对句所选用的典故的典面"出峡神"均为三音节。

第二，从所选用的典故在试律诗一联的出句与对句中所处的位置来看，它们的位置也十分对应整齐。例如，李绛的试律诗《恩赐耆老布帛》"涣汗中天发，殊私海外存"一联，出句所选用的典故"涣汗"在句首，对句所选用的典故"殊私"也在句首。又如，薛存诚的试律诗《谒见日将至双阙》"远惊龙凤睹，谁识冕旒开"一联，出句所选用的典故"龙凤"在句中，对句所选用的典故"冕旒"也在句中。另如，许康佐的试律诗《日暮碧云合》"出岫且从龙，萦空宁触石"一联，出句所选用的典故"从龙"在句末，对句所选用的典故"触石"也在句末。

其次，我们通过对唐代试律诗一联中出句和对句所选用的典故进行意义层面的分析后发现，它们之间主要存在以下四种关系类型。

第一种关系类型是，两例典故所指代的事物是属于同一专门领域的不同事物。例如，殷寅的试律诗《玄元皇帝应见贺圣祚无疆》"已题金简字，仍访玉堂仙"一联。出句中所选用的典故"金简"源于东汉赵晔《吴越春秋·越王无余外传》，指道教的仙简、金箓；对句中所选用的典故"玉堂"源于《文选·左思〈吴都赋〉》，指神仙所居之所。可见，两例典故的具体所指虽有不同，但它们仍属于同一领域，均和仙道有关。殷诗选用这两例典故，意在喻指唐玄宗的皇位是受神仙保佑的，有颂扬之意。另如，沈亚之的试律诗《九月九日勤政楼下观百僚献寿》"献寿皆鸳鹭，瞻天尽冕旒"一联。出句中所选用的典故"鸳鹭"源于《诗经·周颂·振鹭》，比喻百官上朝时的整齐行列；对句中所选用的典故"冕旒"源于《周礼·夏官·弁师》，冕旒本是古代帝王、诸侯及卿大夫的礼冠，这里是代指朝中的公卿。不难看出，两例典故在诗中的具体所指不同，但均属于朝政吏事这一领域。

第二种关系类型是，两例典故涉及的事物或寓意有交集点、相同点。例如，赵铎的试律诗《玄元皇帝应见贺圣祚无疆》"岂唯求傅野，更有叶钧天"一联。出句中所选用的典故"求傅野"源于伪古文尚书《商书·说命上》，书中有"以梦求傅说"；对句中所选用的典故"叶钧天"源于《史记·赵世家》，据书中载，春秋时，晋卿赵简子梦游钧天，领略了天乐。可见，两例典故均与梦境有关。另如，张子容的试律诗《璧池望秋月》"似璧悲三献，疑珠怯再投"一联。出句中所选用的典故"三献"源于《韩非子·和氏》，据书中载，春秋楚人卞和得玉璞，先后献给楚厉王和楚武王，都被认为欺诈，受刑砍去双脚，楚文王即位，他抱璞哭于荆山下，文王使人琢璞，得宝玉。后多以此典喻怀才不遇。对句"疑珠怯再投"，是对典故"明珠暗投"的化用。此典源于《史记·鲁仲连邹阳列传》："臣闻明月之珠，夜光之璧，以闇投人于道，众莫不按剑相眄者。何则？无因而至前也。"❶后多用"明珠暗投"比喻人虽有才能，但无人引荐，仍然得不到赏识和重用。通过分析不难看出，两例典故的寓意相同。

第三种关系类型是，两例典故所涉及的事物可归为一类。例如，蒋防的试律诗《望禁苑祥光》"眺汾疑鼎气，临渭想荣光"一联中所选用的典故"鼎气"与"荣光"，即可归为祥瑞类。另如，许康佐的试律诗《日暮碧云合》"出岫且从龙，萦空宁触石"一联中所选用的典故"从龙"与"触石"，也可归为一类。在唐徐坚等编著的《初学记》中，就是把"从龙"和"触石"归在"天部上""云五"中。

第四种关系类型是，两例典故本无关系，只是因共同服务于所咏之事而关联。例如，张复元的试律诗《恩赐耆老布帛》"情均皆挟纩，礼异贲丘园"一联中所选用的两例典故"挟纩"与"丘园"。典故"挟纩"源于《左传·宣公十二年》，比喻受人抚慰而感到温暖；典故"丘园"源于《周易·贲卦》，代指贤人隐居之所。可见，两者本无关系，只是因它们均与"恩赐耆老布帛"事相比较而被关联起来。另如，陈祐的试律诗《风光草际浮》"秀发王孙草，春生君子风"一联中所选用的两例典故"王孙草"与"君子风"。典故"王孙草"源于《楚辞·汉·淮南小山〈招隐士〉》："王孙游兮不归，春草生兮萋萋。"❷故称王孙所游之地的草为王孙草。典故"君子风"典出《论语·颜渊》："子为政，焉用杀？子欲善而民善矣。君子之德风，小人之德草。草上之风，必偃。"❸从典源文献可知，"君子风"和自然之风本来并无关系，只是为了将典源文献中的比喻坐实，才造出"君子风"这一典面。但因其与咏草的典故"王孙草"共同服务于"风光草际浮"这一主题，从而使其和自然之风联系起来，进而才使两例典故发生了关联。

以上所分析的是唐代试律诗一联内叠用典故的常例。除此之外，还有一些用例比较特殊，但为数极少。这里仅举一例进行简要分析：失名的试律诗《人不易知》"瑶台有光鉴，屡照不应疲"一联，此联的出句和对句不但不形成对偶，而且此联用典有层次之差别——两句共用车胤袁乔典，但出句在叙述此典时，又选用了"瑶台"典。车胤袁乔典源于《世说新语·言语》。书中载，晋车胤经常向谢安兄弟请教，又恐烦累谢氏，因此就把这一想法告诉了好友袁乔。袁乔曰："必无此嫌。"车曰："何以知尔？"袁曰："何尝见明镜疲于屡照，清流惮于惠风？"❹而诗句在化用这一典故时，又将袁乔所说的镜子比作了"瑶台明镜"，从而又引出了源于晋王嘉《拾遗记·昆仑山》的典故"瑶台"。

❶（西汉）司马迁撰，（南朝宋）裴骃集解，（唐）司马贞索隐，（唐）张守节正义.史记[M].清乾隆武英殿刻本.

❷（东汉）王逸章句，（南宋）洪兴祖补注.楚辞[M].四部丛刊景明翻刻本.

❸（三国魏）何晏集解.论语[M].四部丛刊景日本正平本.

❹（南朝宋）刘义庆撰，（南朝梁）刘孝标注.世说新语[M].四部丛刊景明袁氏嘉趣堂本.

第三节　唐代试律诗正文用典修辞效果考察

前文说过，用典是指为了特定的修辞目的，在诗文作品或言语交流中引用古代神话传说、历史故事、文人故事、寓言故事或古代典籍中的经典语句、前人言语的一种修辞手法。对这种修辞手法的恰当运用必将会产生一定的修辞效果。本节结合唐代试律诗正文用典的实际情况，对其用典的修辞效果进行系统的考察和研究。

这里需要交代一下的是，罗积勇在其专著《用典研究》的第七章"用典的修辞效果"中将普通用典的修辞效果分为"'提升性效果''曲折性效果'和'反差性效果'三个大类"❶，这无疑对我们分析唐代试律诗正文用典的修辞效果具有一定的指导意义。下面在这一理论框架的指导下，结合唐代试律诗正文用典的具体情况对唐代试律诗正文用典的修辞效果展开论述。

一、提升性效果

用典的提升性效果在唐代试律诗的正文用典中表现得较为明显。这具体体现在以下四个方面：一是提升论证的说服力，二是提升叙述对象的鲜明性，三是提升叙述对象的典型性，四是提升诗歌描述对象或诗歌语言的典雅性。

（一）提升论证的说服力，增强可信度

南朝梁刘勰在《文心雕龙·事类》篇中曰："据事以类义，援古以证今。"❷可见，引用故事古语的主要目的就是证明己意，表达自己的思想。典故多是古代的名人名言名事，是经过语言传承和历史变迁检验的。因此，以它们为说理的论点或论据，其正确性和可靠性就会变得更强，更令人信服。

在唐代试律诗的正文用典中，因引用前贤之言而提升论证说服力的例子，如孟简的试律诗《嘉禾合颖》"玉烛将成岁，封人亦自歌"一句。本首试律诗的诗题出自《尚书·周书·归禾·序》。据书中载，周时，唐叔虞所在的晋地发现嘉禾，嘉禾即双穗之禾，古人视之为祥瑞，预示天下太平。诗歌作者为了证明诗题主旨的祥瑞性，就选用了同样表示祥瑞的、源于《尸子》的语典"玉烛"。《尸子》卷上曰："四气和，正光照，此之谓玉烛。"❸"玉烛"谓四时之气和畅，形容太平盛世。可见，作者选用此典无疑就提升了论证的说服力。

因引用事典而提升论证说服力的试律诗用典诗句，如郑昉的试律诗《人不易知》"和玉翻为泣，齐竽或滥吹"一句。诗句共选用了两例事典，一例是事典"和玉"，即"和氏

---

❶ 罗积勇.用典研究 [M].武汉：武汉大学出版社，2005：42.

❷ （南朝梁）刘勰.文心雕龙 [M].四部丛刊景明嘉靖刊本.

❸ （春秋战国）尸佼.尸子 [M].清湖海楼丛书本.

璧"之典。此典源于《韩非子·和氏》:"楚人和氏得玉璞楚山中,奉而献之厉王。厉王使玉人相之,玉人曰:'石也。'王以和为诳,而刖其左足。及厉王薨,武王即位,和又奉其璞而献之武王。武王使玉人相之,又曰:'石也。'王又以和为诳,而刖其右足。武王薨,文王即位,和乃抱其璞而哭于楚山之下,三日三夜,泣尽而继之以血。王闻之,使人问其故,曰:'天下之刖者多矣,子奚哭之悲也?'和曰:'吾非悲刖也,悲夫宝玉而题之以石,贞士而名之以诳,此吾所以悲也。'王乃使玉人理其璞而得宝焉,遂命曰'和氏之璧。'"●此典一个寓意是指不为人知,怀才不遇。另一例事典是"齐竽",即"滥竽充数"之典。此典源于《韩非子·内储说上》:"齐宣王使人吹竽,必三百人。南郭处士请为王吹竽,宣王说之,廪食以数百人。宣王死,湣王立,好一一听之,处士逃。"●此典虽然多用来比喻无真才实学而混在行家中充数,但它也从一个侧面体现了人的不易了解。通过分析,我们不难看出,诗句中所选用的两例事典都提升了诗句对诗歌主题的证明力度。

(二)提升叙述对象的鲜明性,增强感染力

有些典故所指代的内容形象生动,当这些典故被选用于唐代试律诗的诗句时,诗句所叙述的对象就会变得鲜明生动起来,其艺术感染力也就会得到进一步增强。例如,失名的试律诗《笙磬同音》"兽因繁奏舞,人感至和通"一句。诗句对笙磬之音的描述,若不选用典故,而采用直描的手法,就会变得平白无味。而选用了典故"兽因繁奏舞"之后,其对音乐的描述就变得生动鲜活起来,"乐曲交响,百兽因之而起舞"。若知道典故的典源,就会觉得诗句的艺术感染力更强。"兽因繁奏舞"出典于《尚书·舜典》:"帝曰:'夔,命汝典乐,教胄子,直而温,宽而栗,刚而无虐,简而无傲。诗言志,歌永言,声依永,律和声。八音克谐,无相夺伦,神人以和。'夔曰:'於!予击石拊石,百兽率舞。'"●旧题西汉孔安国传解释曰:"石,磬也,磬音之清者。拊亦击也。举清者和,则其余皆从矣。乐感百兽使相率而舞,则神人和可知。"●后多以此典形容音乐优美动听,也用以称颂君王之仁政。可见,作者选用此典不但增强了诗句描写对象的鲜明性,而且蕴含着作者对笙磬之音所表现出来的祥和之气的赞美。

有时作者会对典故反其义而用之,这时用典诗句所叙述的对象就会变得形象更加鲜明,其艺术感染力也就会更强。例如,李正封的试律诗《贡院楼北新栽小松》"为梁资大厦,封爵耻嬴秦"一句。诗句是写松树作为木材就应该为梁为栋,而不应甘于仅为人遮风挡雨。此处作者为了更好地体现松树的形象,反用了秦始皇封松树的典故。据《史记》记载,秦始皇曾在泰山上遇到暴风雨,便躲避于松树之下,后来便封其为上大夫。通常而言,松树被封爵本是荣耀之事,但作者却以之为耻。此处对典故的反用大大提升了松树形象的鲜明性。

● (春秋战国)韩非.韩非子[M].四部丛刊景清景宋抄校本.

❷ 同上。

❸ (西汉)孔安国传,(唐)陆德明音义.尚书》,四部丛刊景宋本.

❹ 同上。

（三）提升叙述对象的典型性，增强表现力

提升叙述对象的典型性是指所选用的典故会使被叙述对象变得更为典型，会使被叙述对象所具有的最主要特征得到进一步凸显。例如，于尹躬的试律诗《南至日太史登台书云物》"官称伯赵氏，色辨五方云"一句。太史：官名。西周和春秋时期，太史掌记载史事、编写史书、起草文书、兼管国家典籍和天文历法等；秦汉曰太史令，汉属太常，掌天时星历；魏晋以后，修史之职归著作郎，太史专掌历法。可见，太史的主要职责是掌管历法。诗句中所选用的典故"伯赵氏"源于《左传·昭公十七年》。伯赵氏为少皞氏时主历法的属官，专司夏至和冬至，因伯劳鸟而得名。不难看出，诗句通过对典故"伯赵氏"的选用，进一步提高了诗题中主人公的典型性。

另如，李季何的试律诗《立春日晓望三素云》"霭霭青春曙，飞仙驾五云"一句。诗题中的"三素云"源出《黄庭内景经》："四气所合，列宿分，紫烟上下三素云。"❶道家将紫、白、黄三色云称为三素云，常用作咏神仙、道士的典故。诗句中所选用的典故"五云"即典故"五云车"，出典于旧题东汉班固的《汉武帝内传》："汉武帝好仙道，七月七日夜漏七刻，王母乘云车而至于殿。"❷道家称神仙乘坐五色云车出行，后世因以"五云车"咏道士出行，可见其也和神仙、道士有关。这样，将此典选入诗句中就进一步提升了描写对象的典型性。

（四）提升诗歌描述对象或语言的典雅性

典雅性效果是用典的主要修辞效果之一。用典之所以具有典雅的修辞效果，一方面和典故的使用主体有关，即典故多为士大夫、名流雅士等文化人所使用，另一方面和典故的自身内容有关，即典故多是有关名人雅士的故事或名人雅士作品中的语词。

在唐代试律诗的一些诗句中，有些所描述的事物本来比较普通，但因采用名人雅士对其的雅称而使其变得典雅起来，如陈祐的试律诗《风光草际浮》"秀发王孙草，春生君子风"一句。诗句本来所描述的是春草和春风两种比较普通的事物，但因采用了典故"王孙草"指代"春草"，"君子风"指代"春风"，就使诗句所描述的对象变得典雅起来，诗句也就具有了浓浓的文学气息。其中，典故"王孙草"源于《楚辞·汉·淮南小山〈招隐士〉》："王孙游兮不归，春草生兮萋萋。"❸后因以"王孙草"指代春草，成为文人对草的雅称。典故"君子风"源于《论语·颜渊》和战国楚宋玉的《风赋》。《论语·颜渊》："子为政，焉用杀？子欲善而民善矣。君子之德风，小人之德草。草上之风，必偃。"❹战国楚宋玉《风赋》："有风飒然而至，王乃披襟而当之曰：'快哉此风，寡人所与庶人共者邪！'

---

❶ （清）吴士玉撰．骈字类编 [M]．清文渊阁四库全书本．

❷ （南朝梁）庾信撰，（清）倪璠纂注．庾子山集 [M]．清文渊阁四库全书本．

❸ （汉）王逸章句，（南宋）洪兴祖补注．楚辞 [M]．四部丛刊景明翻刻本．

❹ （三国魏）何晏集解．论语 [M]．四部丛刊景日本正平本．

宋玉对曰：'此独大王之风耳，庶人安得而共之？'"❶后因以"君子风"代指和煦的春风，❷也用以咏帝王之雄风。

另如，姚鹄的试律诗《风不鸣条》"大王初溥畅，少女正轻盈"一句。诗句所描述之物也为风，但句中并未见"风"字，全为用典而代之，典雅之趣显而易见。"少女"典出《三国志·魏志·管辂传》裴松之注。裴注曰："辂《别传》曰：'辂与倪清河相见，既刻雨期，倪犹未信，辂曰夫造化之所以为神，不疾而速，不行而至……'至日向暮，了无云气，众人并嗤辂。辂言：'树上已有少女微风，树间又有阴鸟和鸣；又少男风起，众鸟和翔，其应至矣。'须臾，果有艮风鸣鸟。日未入，东南有山云楼起；黄昏之后，雷声动天；到鼓一中，星月皆没，风云并兴，玄气四合，大雨河倾。倪调辂言：'误中耳，不为神也。'辂曰：'误中与天期，不亦工乎！'"❸后因以"少女"代指微风。典故"大王"即"大王风"，此处指大风。

在唐代试律诗的正文用典中，有些是因选用与文人雅士有关的故事或选用与文人雅士有关的言语而使叙述对象变得典雅的。例如，吕牧的试律诗《泾渭扬清浊》"御猎思投钓，渔歌好濯缨"一句。诗句要说的是归隐之情，此处选用了两个典故来表达。一是和商周时期吕尚有关的事典"投钓"，一是和春秋时期孔子以及战国时期屈原有关的语典"濯缨"。典故"投钓"出典于西汉司马迁《史记·齐太公世家》。吕尚曾在渭水之滨垂丝钓鱼，后世因以用作咏颂贤人隐居的典故。典故"濯缨"出典于《孟子·离娄上》："有孺子歌曰：'沧浪之水清兮，可以濯我缨。沧浪之水浊兮，可以濯我足。'孔子曰：'小子听之！清斯濯缨，浊斯濯足矣。自取之也。'"❹另据《楚辞·渔父》载，屈原于江潭遇到渔父，他没有接受渔父叫他"与世推移"的劝告，"渔父莞尔而笑，鼓枻而去，歌曰：'沧浪之水清兮，可以濯我缨；沧浪之水浊兮，可以濯我足。'遂去不复与言"❺。可见，典故"濯缨"与孔子及屈原均有一定的关系。正是因为诗句所选用的典故与吕尚、孔子、屈原等名人雅士有关，才使诗句所叙述的对象变得有典雅性。

如果典故自身所包含的某些因素比较雅正，也会提高用典诗句的典雅性，如黄颇的试律诗《风不鸣条》"太平无一事，天外奏虞韶"一句。诗句中所选用的典故"虞韶"源于《尚书·虞书·益稷》："《箫韶》九成，凤凰来仪。"传说舜帝作雅乐《箫韶》，体现施行教化之治的完成。后世用以泛指宫廷雅乐。作者将此典引入诗中，整个诗句的典雅性就自然得到了提高。

---

❶ （南朝梁）萧统编，（唐）李善注．文选[M]．胡刻本．

❷ 衍义式用典时才表"春风"义。

❸ （西晋）陈寿．三国志[M]．百衲本景宋绍熙刊本．

❹ （东汉）赵岐注．孟子[M]．四部丛刊景宋大字本．

❺ （东汉）王逸章句，（南宋）洪兴祖补注《楚辞》，四部丛刊景明翻刻本．

二、曲折性效果

用典的曲折性效果是指本来可以直接表达的思想情感，说写者却通过采取引用古语或故事的方式来表达，从而形成的一种曲折含蓄的修辞效果。罗积勇在论及用典的曲折性效果时指出："用典，就意味着本来可以直接说出来的意思，要借助典故间接地说出来，这就决定了用典的曲折性效果。"❶可见，曲折性效果是典故被选用时的固有语用效果之一。

对于一个成功的典故用例而言，用典的这种曲折含蓄的语用特点不但不会影响接受者对用典者所要表达思想情感的有效把握，反而会使接受者对用典者所要表达的思想情感有更为深切的理解和感悟。这正如罗积勇所说的"用典的曲折，实际上是一种艺术性的陌生化，它虽然对人们的理解设置了障碍，但是人们在通过上下文和语境以及自己对古代典故的理解，反复咀嚼而悟出了其中的真意后，就会产生强烈的愉悦感"❷。

就唐代试律诗正文用典的实际情况而言，在以下两种情况下，用典的曲折性效果表现得最为明显。

（一）表达对科考及第的期盼时

科举及第、金榜题名可以说是我国古代读书士子的最终目标，甚至是某些读书人一生的期盼。但这种期盼在试律诗的正文中又不便直接表达，在这种情况下，对与及第相关典故的选用就成为参试士子们的最佳选择。例如，李程的试律诗《春台晴望》"更有迁乔意，翩翩出谷莺"一句中的"出谷莺"、张昔的试律诗《小苑春望宫池柳色》"他时花满路，从此接迁莺"一句中的"迁莺"、张复元的试律诗《风光草际浮》"好助莺迁势，乘时冀便翔"一句中的"莺迁"以及窦洵直的试律诗《鸟散余花落》"万片情难极，迁乔思有余"一句中的"迁乔"等。其实，这四处用典均为对一例典故的选用，即"迁莺"，典出《诗经·小雅·伐木》："伐木丁丁，鸟鸣嘤嘤。出自幽谷，迁于乔木。嘤其鸣矣，求其友声。"东汉郑玄笺曰："迁，徙也。谓乡时之鸟出从深谷，今移处高木。"❸后以此典喻指科举及第。另如，刘得仁的试律诗《莺出谷》"稍类冲天鹤，多随折桂人"一句中的"折桂人"、元友直的试律诗《小苑春望宫池柳色》"怡然变芳节，愿及一枝荣"一句中的"一枝荣"、南巨川的试律诗《亚父碎玉斗》"终希逢善价，还得桂林枝"一句中的"桂林枝"以及畅当的试律诗《春日过奉诚园》"又期攀桂后，来赏百花繁"一句中的"攀桂"等。这四处用典也为对一例典故的选用，即典故"折桂"，此典出典于《晋书·郤诜传》，也用以喻指登科及第。在唐代试律诗的正文用典中，这两例喻指科举及第的典故之所以被选用这么多次，就是和其表义的曲折性有关。选用这些典故既避免了直白浅薄，又含蓄地表现了作者渴望及第的夙愿。

---

❶ 罗积勇.用典研究[M].武汉：武汉大学出版社，2005：262.

❷ 同上.

❸ （西汉）毛亨传，（东汉）郑玄笺，（唐）陆德明音义.毛诗[M].四部丛刊景宋本.

在唐代试律诗的正文用典中，对表示及第类典故的选用还有很多，它们均具有曲折性表达效果，如吴武陵的试律诗《贡院楼北新栽小松》"叶少初陵雪，鳞生欲化龙"一句中所选用的典故"化龙"、张乔的试律诗《华州试月中桂》"如何当羽化，细得问玄功"一句中所选用的典故"羽化"等。

（二）表达对时君或所处盛世的赞美时

我们在第二章分析唐代试律诗诗题用典情况时发现，唐代试律诗的诗题有好多是用来赞美唐朝之君或所处之世的。参试士子在以这些诗题作诗时，难免要对唐之君王或所处之世进行赞美和称颂，而为了避免谄媚之嫌和庸俗之弊，他们大多会选用相关典故进行表达，这正是对典故曲折性效果的自觉利用。

用典故来曲折赞美唐朝之君的，如李绛的试律诗《恩赐耆老布帛》"盛明今尚齿，欢洽九衢樽"一句中所选用的典故"尚齿"，典出《礼记·祭义》："昔者有虞氏贵德而尚齿，夏后氏贵爵而尚齿，殷人贵富而尚齿，周人贵亲而尚齿。"❶诗句选用此典表现了唐朝君王尊重老者的美好品德。另如，薛存诚的试律诗《御制段大尉碑》"葬仪从俭礼，刊石荷尧君"一句中所选用的典故"尧君"，典出《礼记·大学》："尧舜率天下以仁，而民从之。桀纣率天下以暴，而民从之。"❷后世多用"尧舜""尧君"等指代圣明之君。此处选用此典是以尧君代指唐朝皇帝，进而对其加以赞美。再如，柳宗元的试律诗《观庆云图》"恒将配尧德，垂庆代河图"一句中所选用的典故"河图"，出典于《周易·系辞上》："是故天生神物，圣人则之；天地变化，圣人效之；天垂象，见吉凶，圣人象之。河出图，洛出书，圣人则之。"❸古代传说，伏羲王天下、尧帝即帝位时，均有龙马出河之瑞。后世用作称颂帝王即位的典故，柳诗选用此典就是对当时帝王的颂扬。

唐代试律诗的正文用典中，在选用典故表达对当时所处时代的赞美时，用典的曲折含蓄之效也较为明显。例如，阙名的试律诗《晨光动翠华》"影连香露合，光媚庆云频"一句中所选用的典故"庆云"、张复元的试律诗《恩赐耆老布帛》"击壤将何幸，徘徊对九门"一句中所选用的典故"击壤"等。这两句诗均是对唐代盛世的颂扬，但句中未见直白的赞美之词，而是通过采用表示祥瑞的典故"庆云"以及表示太平盛世的典故"击壤"来表达，表义含蓄而深刻。

三、简洁化、言简意赅的效果

用典可以说是为了一定的交际目的，将一个故事的概括语或一段经典语句的代表词运用于特定文本或特定会话语境的一种语用行为，其强调的是一种"言简意赅"的艺术效果。唐代试律诗作为一种科场考试的五言格律诗，要求语言凝练典雅，表义深刻富瞻。所以，在唐代试律诗的正文用典中，典故"言简意赅"的语用效果就表现得更为明显。

---

❶（东汉）郑玄注，（唐）陆德明音义.礼记[M].四部丛刊景宋本.

❷ 同上。

❸（三国魏）王弼注，（东晋）韩康伯注.周易[M].四部丛刊景宋本.

例如，邓倚的试律诗《春云》的末联"为霖如见用，还得助成功"一句中所选用的典故"为霖"。此联诗从表面上看，仍旧是在写春云，实际上却是另有深层次的寄托，而这种寄托就是通过一例典故"为霖"实现的。"为霖"源于《尚书·商书·说命上》："（殷高宗）命之（傅说）曰：'朝夕纳海，以辅台德。若金，用汝作砺；若济巨川，用汝作舟楫；若岁大旱，用汝作霖雨。'"❶旧题西汉孔安国传："霖，三日雨，霖以救旱。"❷相传殷高宗访得傅说，任以为相，并要求傅说像解救旱情的甘霖那样，效力王朝，施恩于民。后因以"霖雨"喻指恩泽，将"为霖"用作咏颂宰相的典故。而这里选用此典则表达了作者希望一朝见用，为君效命、为民造福的理想抱负。通过分析不难看出，在此例用典中，典故言简意赅的修辞效果得到了很好的体现。

另如，南巨川的试律诗《美玉》的首联"抱玉将何适，良工正在斯"一句中所选用的典故"抱玉"。首先，从整首诗的内容来看，本诗应为托物言志之作，托美玉言积极进取之志。但在诗的开头，作者仅通过典故"抱玉"就已经把自己"抱玉待沽"而又担心"不被发现"的矛盾心情真切地表达了出来。"抱玉"一是出典于《老子》中的"知我者希，则我者贵，是以圣人被褐怀玉"❸，比喻怀抱才德，深藏不露；一是出典于《韩非子·和氏》，比喻怀才不遇。此处为双关用典，所以典故言简意赅的修辞效果表现得就更为明显。

罗积勇在《用典研究》中所提及的用典的第三个修辞效果，即"反差性效果"，在唐代试律诗的正文用典中未见体现，这一现象是由唐代试律诗的特殊性质决定的。唐代试律诗作为科举考试之诗，从一定层面上讲，其应属于一种行政文体，诗题多雅正平实，内容也多要求质朴、端正、雅丽。所以，唐代试律诗的正文用典对蕴含趣味性、滑稽性或讽刺性的典故很少采用，其用典也就少有反差性效果。

当然，以上所论述的唐代试律诗正文用典所表现出的修辞效果均是对诗句中恰当的用典情况而言的，属于用典的积极性修辞效果，属于"正能量"。而对试律诗正文用典中那些不妥的用例而言，就难有修辞效果可言。例如，殷文圭的试律诗《春草碧色》"杜回如可结，誓作报恩身"一句，该句为本首诗的末联，此联选用了春秋时期结草报恩的典故作结，是以草自比，表达报恩之意，与试题中的"春草"也相切，但因其与全诗主旨无任何关联，故清纪昀评曰："末二句鄙陋之极，语意也不相贯。"显然，此处为失败的典故用例，因此也就无任何修辞效果可言了。

本章小结

本章主要探讨了唐代试律诗正文用典的语用问题，具体是从选典方式、用典方式、修辞效果三个方面展开论述的。

---

❶　（西汉）孔安国传，（唐）陆德明音义. 尚书 [M]. 四部丛刊景宋本.

❷　同上。

❸　（春秋战国）老聃撰，（三国魏）王弼注. 道德真经注 [M]. 古逸丛书景唐写本.

　　就唐代试律诗正文用典的选典方式而言，我们通过研究，将其归纳为五类，即因事选典、因人选典、因物选典、因地选典和因情选典。据此，我们不难看出，唐代试律诗正文用典的选典方式是较为丰富多彩的。

　　就唐代试律诗正文的用典方式而言，其种类更为多样。首先，从被选用典故的性质来看，唐代试律诗正文的用典方式可分为引言和用事两种类型。其次，从被选用典故的原义与典故的语用义之间的关系来看，唐代试律诗正文的用典方式可分为五种，即同义式用典、转义式用典、衍义式用典、反义式用典和双关式用典。再次，从选用典故的语用功用来看，唐代试律诗正文的用典方式可分为四种，即证言式用典、衬言式用典、代名式用典和代言式用典。最后，我们从选用典故数量的多寡角度，又将唐代试律诗正文的用典方式分为单用和叠用两种类型。我们在对这些用典方式进行论述时，均举了用例，并作了具体分析。这充分展现了唐代试律诗正文用典方式的多样性。

　　就唐代试律诗正文选用典故的修辞效果而言，其可以归纳为两个大的方面：首先是提升性效果。这一修辞效果又具体表现在以下四个小方面：一是提升论证的说服力，增强可信度；二是提升叙述对象的鲜明性，增强感染力；三是提升叙述对象的典型性，增强表现力；四是提升诗歌描述对象或语言的典雅性。其次是曲折性效果。唐代试律诗的作者通过恰当地选用典故，大都能委婉含蓄地表达出自己所要表达的思想或情感。

第八章 结 语

我们在绪论部分已经介绍过，唐代试律诗是唐代科举选官制度与唐代文人诗歌创作的特定产物，是唐代参加各类考试的文人士子按照知贡举者或皇帝所命诗题并依据特定格式所做的格律诗，是官场文章，历来不被人们所重视。而我们所做的这一选题就是试图打破这一学术上的偏见，以用典这一唐代试律诗的显著特点为研究对象，以求对唐代试律诗进行一次尝试性的本体研究。

就文章的总体布局而言，第一章为绪论，主要是引出研究对象、介绍研究背景、解释相关概念等，以便为下文正式研究唐代试律诗的用典情况做准备。最后一章，即本章，为结语部分，主要是对全文的研究情况进行总结，并指出研究中存在的不足以及今后做进一步研究的打算与思路。其余六章则是文章的主体部分，是对唐代试律诗用典情况的具体研究。其中，第二章是对唐代试律诗诗题用典情况的研究，第三章至第七章是对唐代试律诗正文用典情况的研究。

我们通过对《文苑英华》所收录的以及从《全唐诗》中所辑录的共 300 例唐代试律诗诗题的考察发现，其中有 181 例唐代试律诗诗题为典故类诗题，即它们有明确的出处和来源。这就昭示我们有必要对它们进行更为深入的研究与探讨。

就对唐代试律诗诗题用典情况的研究而言，我们具体做了以下两个方面的探索：我们先是对唐代试律诗诗题所选用的典故进行了本体层面的研究。一是探究唐代试律诗诗题用典典故的典源出处，通过研究，我们发现，唐代试律诗诗题中所选用的典故绝大多数为来源于典源文献的正文，偶尔也会出现在正文注释或汇编文献的引文中。二是对唐代试律诗诗题用典典面的组构方式进行了考察，通过研究，我们发现，其主要有三种组构方式，即从典源语句中直接提取、对典源语句进行化用和对典源进行概括提炼。三是对唐代试律诗诗题用典的典源文献进行了分类考察，发现其所涉及的典源文献的种类十分丰富，有的是经、史、子类文献，有的是专著类文献，有的是诗、赋等文体的单篇作品类文献等。在本章，我们在对唐代试律诗诗题所选用的典故进行本体层面的研究之后，又对这些用典诗题所体现出的唐代的尊儒思想、崇道思想、重史思想、祥瑞尚奇文化以及在文学上对《文选》所倡导的"丽而不浮，典而不野"文学审美取向的继承等问题展开了详细的论述。

第三章是对唐代试律诗正文用典典源文献的考察。据我们考察，在唐代试律诗的正文用典中，共选用典故 1031 次，总共涉及典源文献 113 种。在对这 113 种典源文献进行具体的考察与分析时，我们先将其分为五类，即经部典源文献、史籍类典源文献、诸子类典源文献、源于《文选》的典源文献以及其他类典源文献。然后，我们又分五节对唐代试律诗正文用典所涉及的这五类典源文献逐一进行了统计和分析。在统计和分析的基础之上，我们又对这些典源文献进行了简单的评述。所取得的研究结果不但证明了唐代试律诗正文用典典源文献的多样性，同时明确了古代不同典籍在唐代科举考试中的相应地位。具体情况为，儒家典籍和史籍类典籍最受重视，这是与唐代的尊儒思想和重史思想相一致的；其次是《文选》多被唐代士子们所重视，这不但体现了李善注对《文选》在唐代普及的重要意义，更体现了唐代文人对《文选》所收录的作品创作风格的重视与继承。

第四章是对唐代试律诗正文用典事典的分类考察。在唐代试律诗的正文用典中，选用了大量事典。应试士子欲借前人之事以表达自己的思想与情感。据统计，在唐代试律诗的正文用典中，共选用事典 400 余次。我们通过对这些被选用事典的逐例分析，将其分为四个大类，即与政治人物相关的事典，与隐士、名士、游侠相关的事典，与仙道有关的事典以及与古代神话传说或寓言故事相关的事典。我们通过对这些事典的分析，在一定程度上了解了唐代参试士子们的主观心理。例如，士子们在选用政治人物类事典时，更多是选用与建立不朽功业的政治人物相关的事典，这就表现了参试士子们渴望及第、渴望为君尽忠的政治寄托。另如，士子们在选用与仙道有关的事典时，有关王子乔得道成仙的典故被选用的次数比较多，这一方面体现了唐代的崇道思想，另一方面也暗示了参试士子们渴望及第的急切心理。因为在古人看来，得道成仙与金榜题名对改变个人命运来说具有同样的重要意义。另外，我们在对唐代试律诗正文所选用的事典进行考察时还发现，有关"和氏献玉"的典故被选用的次数也比较多，参试士子们在选用这一事典时，一方面是为了暗喻自己的博学多才，另一方面更是体现了他们对怀才不遇、被明珠暗投的担心与恐惧。

第五章是对唐代试律诗正文用典语典的分类考察。我们知道，所谓用典，就是为了一定的修辞目的，在自己的言语实践或文学创作中对古代故事或现成话的引用。可见，按性质来分，用典的语料可分为两类：一是古代故事，即事典；二是现成话，即语典。所以，我们在对唐代试律诗正文所选用的事典进行详细的分析与考察之后，又在第五章对唐代试律诗正文所选用的语典进行了详细的分析，以求对唐代试律诗正文用典的语料有较为全面的认识和了解。我们根据所选用语典源出文献性质的不同，将唐代试律诗正文所选用的语典分为四类，即源于《诗经》等儒家典籍中的语典、源于前代诗赋等单篇作品中的语典、源于诸子散文中的语典以及源于历史文献中的语典。通过统计，我们发现，在唐代试律诗的正文用典中，对源于儒家典籍中的语典选用的次数最多，共计 280 余次，约占唐代试律诗正文用典总次数的 27%；对源于前代诗赋作品中的语典共计选用 52 次，约占唐代试律诗正文用典总次数的 5%；对出典于诸子散文中的语典共计选用 31 次，约占唐代试律诗正文用典总次数的 3%；对出典于历史文献中的语典共计选用 73 次，约占唐代试律诗正文用典总次数的 7%。通过这些统计数据，我们不难看出，儒家典籍因其自身语词的经典型，源于其的语典被唐代试律诗正文选用的次数就相对比较多，这符合典故的提升性修辞效果。具体而言，在这些被选用的源于儒家典籍的语典中，源于《诗经》的语典被选用的次数最多，共计65次，这和《诗经》所处我国六经之首的地位是分不开的。排在第二位的是源于《尚书》的语典，其共被唐代试律诗正文选用了32次，可见《尚书》中所采用的以祥瑞天命观念解释历史兴亡，进而为现实提供借鉴的做法，是唐代读书人极为关注的。

在唐代试律诗的正文用典中，虽然对源于前代诗赋作品中语典的选用共计只有52次，仅占唐代试律诗正文用典总次数的5%，但这些被选用语典的来源相对比较集中，即它们多是来源于《文选》所收录的唐以前的诗赋作品。据我们统计，来源于《文选》所收录的唐以前诗赋作品的语典被选用次数占唐代试律诗正文对前代诗赋中语典选用总数的65%，这就在一定程度上体现了唐代文人对《文选》的格外重视。

唐代试律诗正文用典对源于诸子散文中语典的选用也有很强的倾向性，即更多选用源于《庄子》的语典，这明显与《庄子》独特的语言及思想魅力有关。

唐代试律诗正文所选用的源于历史文献的语典大多来源于正史典籍，这体现了正史的权威性。另外，还有一点特别值得我们注意，即唐代试律诗的正文在选用源于历史文献的语典时，无厚古薄今之偏见，对源于《晋书》等唐人编纂的有关前代历史的史书中的语典也多有选用，如韩濬的试律诗《清明日赐百僚新火》"应怜萤聚夜，瞻望及东邻"一句中所选用的典故"萤聚"，即出典于《晋书·车胤传》，而且这个典故在唐代试律诗的正文用典中共被选用了三次之多。

第六章是对唐代试律诗正文用典典面的研究，具体探讨了唐代试律诗正文用典典面的形成方式、音节构成、语法关系三个方面的问题。我们通过研究发现，唐代试律诗正文用典典面的形成方式特别复杂，形式多样，并且受多种因素的影响。具体而言，唐代试律诗正文用典典面的形成方式可以分为三个大类，即直接截取式、选字组合式和变换组合式。具体就某个类别而言，其又可分为若干个小类，如变换组合式又可分为加字组合式、替换组合式和概括组合式三类。

就唐代试律诗正文用典典面的音节构成形式而言，其种类也比较繁杂。除了单音节典面形式没有出现外，双音节、三音节、四音节、五音节等典面形式在唐代试律诗的正文用典中均有出现。另外，在唐代试律诗正文用典典面的音节构成方式中，有一种情况比较特殊，即由于在试律诗的一联中出句与对句是对某一典故的共同化用，所以这时用典典面的音节构成形式我们就很难确定，但这种全句化用典故的形式也应是唐代试律诗正文用典典面音节构成的特点之一。例如，李子卿的试律诗《望终南春雪》"余辉傥可借，回照读书人"一句选用的是有关西晋孙康"映雪读书"的典故，但因整联诗句是化用此典，所以我们就很难确定诗句中到底哪一例词或短语才是所选用典故的确切典面，也就难以确定它的音节构成形式了。

至于唐代试律诗正文用典典面的语法结构关系的特点，我们通过研究发现其主要有三点：一是唐代试律诗正文用典典面的语法结构类型与典面的音节数有关，即双音节典面多为成词类典面，三音节典面多为短语类典面，五音节典面均为成句类典面；二是成词类典面所选用的语法构成方式相对单一，即这些典面均采用复合式构词方式而形成，未出现一例附加式构词；三是典源文献中的一些语词在被选作典面之后，其内部的语法结构关系与其在典源文献中的语法结构关系相比会发生一些变化。

第七章是对唐代试律诗正文用典的语用研究，具体涉及三个方面的问题，即唐代试律诗正文用典的选典方式、用典方式和修辞效果等

用典者在选用典故时，其所选用的典故必须与其所欲描写的事物或所欲表达的道理在某些方面有联系，而这种联系就成了两者之间的契合点，也就是我们所说的选典方式。通过考察归纳，我们发现在唐代试律诗的正文用典中共有五种选典方式，即因事选典、因人选典、因物选典、因地选典和因情选典。

至于唐代试律诗正文的用典方式，其种类更为多样。具体而言，根据划分标准的不同，唐代试律诗正文的用典方式可分为不同的类别：从被选用典故的性质来看，唐代试律诗正文的用典方式可分为引言和用事两种；从被选用典故的原义与典故的语用义之间的关系来看，唐代试律诗正文的用典方式可分为五种，即同义式用典、转义式用典、衍义式用典、反义式用典和双关式用典；从选用典故的功用来看，唐代试律诗正文的用典方式可分为四种，即证言式用典、衬言式用典、代名式用典和代言式用典；从选用典故数量的多少来看，唐代试律诗正文的用典方式可分为单用和叠用两种。

恰当地运用典故必然会产生良好的修辞效果，就唐代试律诗的正文用典而言，其较为明显的修辞效果表现在两个方面：首先是提升性效果，这一修辞效果又具体体现在以下四个方面：一是提升论证的说服力，增强可信度；二是提升叙述对象的鲜明性，增强感染力；三是提升叙述对象的典型性，增强表现力；四是提升诗歌描述对象或语言的典雅性。其次是曲折性效果，即试律诗作者通过用典，可以委婉含蓄地把自己所要表达的思想或情感表达出来，从而避免直白和平庸，进而提高诗歌的审美情趣。

唐代试律诗作为唐代诗歌的一个独特的组成部分，自有其存在的价值。对其价值的挖掘需要我们从点滴做起，对其进行认真而详细的考察与研究。可以说，我们现在所做的这一选题就是对这方面研究的有益尝试与探索。本书以唐代试律诗的显著特点用典为研究对象，从其所选用典故的典源文献、意义类属、典面特征、语用特点四个角度逐一进行了细化研究。通过这些研究，我们基本上弄清了唐代试律诗的用典情况以及与这些用典相关的唐代的政治、思想、文化、文学等方面的特点。

当然，我们所做的这些研究还很不够，涉及面或许较窄，研究或许也不够深入。因此，我们就将这一次尝试当作为唐代试律诗研究所增添的一块砖、一片瓦，希望其能为唐代试律诗研究的全面繁荣积聚一点力量。

今后一段时期，我们试图将唐代试律诗与唐代的应制诗、应酬诗等诗歌类型进行比较研究，以求在比较中更好地凸显唐代试律诗的特质与价值。

附录 I：唐代试律诗诗题用典辑录表

说明：1. 诗题排序以北宋李昉等编著的《文苑英华》为准，本表最后增补了从《全唐诗》中考订的未被《文苑英华》收录的 11 题试律诗。

2. 表中只对考试科目或考试年代明确可考的诗题加以标注，系年主要依据清徐松《登科记考》和孟二冬《登科记考补正》。

序　号	诗　题	考试科目	典源文献	备　注	
				考试年代	诗歌所处文献
1	主上元日梦王母献白玉环		《穆天子传》		《文苑英华》卷一八〇
2	御箭连中双兔		《文选·曹植〈名都篇〉》		同上
3	闻击壤		东汉·王充《论衡·感虚篇》		同上
4	膏泽多丰年		《文选·曹植〈赠徐干〉》		同上
5	晨光动翠华		《文选·何晏〈景福殿赋〉》		同上
6	焚裘		《晋书·武帝本纪》		同上
7	观庆云图		《汉书·天文志》		同上
8	藩臣恋魏阙		《庄子·让王》		同上
9	冬日可爱	博学宏词	《左传·文公七年》	贞元十年	《文苑英华》卷一八一
10	日华川上动		《文选·谢朓〈和徐都曹〉》		同上
11	白日丽江皋		《文选·谢灵运〈从游京口北固应诏〉》		同上
12	夏日可畏		《左传·文公七年》		同上
13	秋日悬清光		《文选·江淹〈望荆山〉》		同上
14	日暮碧云合		《文选·江淹〈杂体诗三十首·休上人〉》		同上
15	日暮天无云		《文选·陶渊明〈拟古诗〉》		同上
16	日暮山河清		《文选·江淹〈杂体诗三十首·王侍中粲〉》		同上
17	三让月成魄		《礼记·乡饮酒义》		同上

（续 表）

序 号	诗 题	考试科目	典源文献	备 注	
				考试年代	诗歌所处文献
18	月映清淮流		南朝梁·何逊《与胡兴安夜别》		《文苑英华》卷一八一
19	圆灵水镜		《文选·谢庄〈月赋〉》		同上
20	京兆府试残月如新月	府试	南朝梁·庾信《拟咏怀诗》"寻思万户侯"		同上
21	玉绳低建章		《文选·谢朓〈暂使下都夜发新林至京邑赠西府同僚〉》		同上
22	七月流火		《诗经·豳风·七月》		同上
23	寿星见		《史记·孝武本纪》		同上
24	老人星		《史记·天官书》		同上
25	府试观老人星	府试	《史记·天官书》		同上
26	虹藏不见		《礼记·月令》		同上
27	闰月定四时	进士	《尚书·虞书·尧典》	贞元十七年	同上
28	玉烛		《尔雅·释天》		同上
29	新阳改故阴		《文选·谢灵运〈登池上楼〉》		同上
30	迎春东郊	进士	《礼记·月令》	上元二年	同上
31	东郊迎春	进士	《礼记·月令》	天宝十五年	同上
32	春从何处来		南朝梁·吴均《春咏》		同上
33	春色满皇州	进士	《文选·谢朓〈和徐都曹〉》	元和十年	同上
34	夏首犹清和		《文选·谢灵运〈游赤石进帆海〉》		同上
35	青云干吕	进士	旧题西汉·东方朔《海内十洲记·聚窟洲》	贞元七年	《文苑英华》卷一八二
36	白云起封中		《史记·孝武本纪》		同上
37	立春日晓望三素云	进士	《修真入道秘言》	贞元十一年	同上
38	山出云	进士	《礼记·孔子闲居》	元和元年	同上
39	南至日太史登台书云物		《左传·僖公五年》		同上

（续　表）

序　号	诗　题	考试科目	典源文献	备　注	
				考试年代	诗歌所处文献
40	华山庆云见		《汉书·天文志》		同上
41	上党奏庆云见		《汉书·天文志》		《文苑英华》卷一八二
42	梢云		《孙氏瑞应图》		同上
43	寒云轻重色		南朝陈·陈叔宝《幸玄武湖饯吴兴太守任蕙》		同上
44	清露被皋兰		《文选·阮籍〈咏怀诗十七首〉》		同上
45	风草不留霜		南朝齐·谢朓《冬绪羁怀示萧谘议虞田曹刘江二常侍诗》		同上
46	白露为霜		《诗经·秦风·蒹葭》		同上
47	荐冰	进士	《礼记·月令》	元和四年	同上
48	府试水始冰		《礼记·月令》		同上
49	履春冰	进士	《诗经·小雅·小旻》伪古文尚书《君牙》	元和八年	同上
50	风光草际浮	进士	《文选·谢朓〈和徐都曹〉》	贞元九年	《文苑英华》卷一八三
51	春风扇微和	进士博学宏词	《文选·陶渊明〈拟古诗〉》	贞元十年咸通十三年	同上《登科记考补正》无样卷
52	风不鸣条	进士	《盐铁论·水旱》	会昌三年	同上
53	景风扇物		《列子·汤问》		同上
54	清风戒寒		《国语·周语》		同上
55	冬至日祥风应候		《孝经援神契》		同上
56	八风从律		《礼记·乐记》		同上
57	河出荣光		《水经注》		同上
58	洛出书	进士	《周易·系辞》	开元十九年	同上
59	泾渭扬清浊		《诗经·邶风·谷风》		同上
60	春水绿波		《文选·江淹〈别赋〉》		同上

序 号	诗 题	考试科目	典源文献	备 注	
				考试年代	诗歌所处文献
61	海水不扬波		《拾遗记》		同上
62	空水共澄鲜		《文选·谢灵运〈登江中孤屿〉》		《文苑英华》卷一八三
63	寒流聚细文		南朝梁·何逊《九日侍宴乐游苑》		同上
64	昆明池织女石		《汉宫阙疏》		同上
65	济川用舟楫		伪古文尚书《商书·说命上》		同上
66	天际识孤（一作认归）舟		《文选·谢朓〈之宣城出新林浦向版桥一首〉》		同上
67	舞干羽两阶		伪古文尚书《大禹谟》		《文苑英华》卷一八四
68	朱丝弦		《文选·鲍照〈乐府八首·代白头吟〉》		同上
69	夫子鼓琴得其人		《史记·孔子世家》		同上
70	夜闻洛滨吹笙		旧题西汉·刘向《列仙传》		同上
71	缑山月夜闻王子晋吹笙	进士	旧题西汉·刘向《列仙传》	大和二年	同上
72	湘灵鼓瑟	进士	西汉·刘向《列女传》	天宝十年	同上
73	寒夜闻霜钟	进士	《山海经·中山经》	大历六年	同上
74	听霜钟		《山海经·中山经》		同上
75	律中应钟		《礼记·月令》		同上
76	笙磬同音		《礼记·孔子闲居》		同上
77	范成君击洞阴磬		旧题东汉·班固《汉武帝内传》		同上
78	泗滨得石磬		《尚书·禹贡》		同上
79	听郢客歌阳春白雪		《文选·宋玉〈对楚王问〉》		同上
80	春台晴望	进士	《老子》	贞元十二年	同上

（续　表）

序　号	诗　题	考试科目	典源文献	备　注	
				考试年代	诗歌所处文献
81	骊龙		《庄子·列御寇》		《文苑英华》卷一八五
82	剑化为龙		《晋书·张华传》		同上
83	龟负图	进士（东都试）	《尚书·洪范》	大历十年	《文苑英华》卷一八五
84	鱼上冰		《礼记·月令》		同上
85	临川羡鱼		《淮南子·说林训》		同上
86	河鲤登龙门		《辛氏三秦纪》（据《太平广记》卷四六六引）		同上
87	鲛人潜织		西晋·张华《博物志》		同上
88	归马华山		伪古文尚书《武成》		同上
89	天骥呈材	进士	《文选·张协〈七命〉》李善注	咸通三年	同上
90	骐骥长鸣	进士	《战国策·楚策》	元和十四年	同上
91	仪凤		《尚书·虞书·益稷》《文选·班固〈幽通赋〉》		同上
92	缑山鹤		旧题西汉·刘向《列仙传·王子乔》		同上
93	织鸟		《礼记·月令》		同上
94	鹤警露		《风土记》		同上
95	鹤鸣九皋		《诗经·小雅·鹤鸣》		同上
96	齐优开笼飞去所献楚王鹄		《史记·滑稽列传》		同上
97	黄鹄下太液池		《汉书·昭帝本纪》		同上
98	越裳献白翟		《孝经援神契》		同上
99	莺出谷		《诗经·小雅·伐木》		同上
100	鸟散馀花落	进士	《文选·谢朓〈游东田〉》	长庆元年	同上
101	空梁落燕泥		隋·薛道衡《昔昔盐》		同上
102	好鸟鸣高枝		《文选·曹植〈公宴诗〉》		同上

（续 表）

序 号	诗 题	考试科目	典源文献	备 注	
				考试年代	诗歌所处文献
103	振振鹭	进士	《诗经·有駜》	大中八年	同上
104	飞鸿响远音		《文选·谢灵运〈登池上楼〉》		同上
105	反舌无声	州试	《礼记·月令》		《文苑英华》卷一八五
106	寒蝉树		《文选·张载〈七哀诗〉》		同上
107	沉珠于渊	博学宏词	《庄子·天地篇》	贞元五年	《文苑英华》卷一八六
108	珠还合浦		《后汉书·孟尝传》		同上
109	罔象得玄珠		《庄子·天地篇》		同上
110	浊水求珠	进士	东晋·葛洪的《抱朴子》	贞元十四年	同上
111	暗投明珠		《史记·鲁仲连邹阳列传》		同上
112	水怀珠		《文选·陆机〈文赋〉》		同上
113	琢玉成器		《礼记·学记》		同上
114	玉卮无当		《韩非子·外储说右上》		同上
115	沽美玉	进士	《论语·子罕》	贞元二十一年	同上
116	瑕瑜不相掩		《礼记·聘义》		同上
117	瑜不掩瑕		《礼记·聘义》		同上
118	玉水记方流		《尸子》;《文选·颜延之〈赠王太常〉》		同上
119	玉声如乐	进士	《礼记·聘义》	元和十三年	同上
120	琢玉	进士	《礼记·学记》	长庆二年	同上
121	水精环		《晋书·武帝本纪》		同上
122	亚父碎玉斗		《史记·项羽本纪》		同上
123	美玉	进士	《论语·子罕》	开元二十七年	同上
124	金在熔		《汉书·董仲舒传》		同上
125	清如玉壶冰	府试	《文选·鲍照〈乐府八首·白头吟〉》		同上

（续　表）

序　号	诗　题	考试科目	典源文献	备　注	
				考试年代	诗歌所处文献
126	玉壶冰		《文选·鲍照〈乐府八首·白头吟〉》		同上
127	落日山照耀		《文选·谢灵运〈七里濑〉》		《文苑英华》卷一八七
128	宣州试窗中列远岫		《文选·谢朓〈郡内高斋闲坐答吕法曹〉》		同上
129	登云梯		《文选·郭璞〈游仙诗〉》		同上
130	日暖万年枝		《文选·谢朓〈直中书省〉》		同上
131	风动万年枝	进士	《文选·谢朓〈直中书省〉》	贞元十八年	同上
132	幽人折芳桂		《晋书·郗诜传》		
133	秋风生桂枝		《文选·沈约〈钟山诗应西阳王教〉》		同上
134	月中桂树		东晋·虞喜《安天论》（据《初学记》引）		同上
135	华州府试月中桂	府试	东晋·虞喜《安天论》（据《初学记》引）		同上
136	府试木向荣	府试	《文选·陶渊明〈归去来兮辞〉》		同上
137	竹箭有筠	博学宏词	《礼记·礼器》	贞元十二年	同上
138	震为苍莨竹	进士	《周易·说卦传》	长庆四年	同上
139	嘉禾和颖		伪古文尚书《微子之命》		同上
140	秋稼如云		《文选·李康〈运命论〉》		同上
141	麦穗两岐		《东观汉记·张堪列传》		同上
142	良田无晚岁		《文选·曹植〈赠徐干〉》		同上
143	金谷园花发怀古	进士	西晋·石崇《金谷诗序》	元和六年	《文苑英华》卷一八八
144	芙蓉出水		《文选·张衡〈东京赋〉》		同上
145	原隰黄绿柳		《文选·谢灵运〈从游京口北固应诏〉》		同上
146	春草碧色	进士	《文选·江淹〈别赋〉》	乾宁五年	同上

（续　表）

序　号	诗　题	考试科目	典源文献	备　注	
				考试年代	诗歌所处文献
147	生刍一束		《诗经·小雅·白驹》 旧题东晋·葛洪《西京杂记》		同上
148	至人无梦		《庄子·齐物论》		《文苑英华》 卷一八八
149	人不易知		《吕氏春秋》		《文苑英华》 卷一八九
150	行不由径	进士	《论语·雍也》	贞元十五年	同上
151	言行相顾		《礼记·中庸》		同上
152	求自试		《文选·曹植〈求自试表〉》		同上
153	吴宫教战		《史记·孙子吴起列传》		同上
154	李太尉重阳日得苏属国书信		《文选》李周翰注引《汉书》		同上
155	石季伦金谷园	进士	西晋·石崇《金谷诗序》	贞元六年	同上
156	金茎		《史记·孝武本纪》		同上
157	锦带佩吴钩		《文选·鲍照〈乐府八首·代结客少年场行〉》		同上
158	云母屏风隔坐		《后汉书·郑弘传》		同上
159	观淬龙泉剑		《越绝书·越绝外传·记宝剑》		同上
160	青出蓝	进士	《荀子·劝学》	贞元十四年	同上
161	白受采		《礼记·礼器》		同上
162	晦日同志昆明池泛舟		《汉宫阙疏》		同上
163	河南府试乡饮酒	府试	《仪礼》		同上
164	京兆府试目极千里	府试	《楚辞·招魂》		同上
165	国学试风化下		《文选·卜子夏〈毛诗序〉》		同上
166	府试古镜	府试	旧题东晋·葛洪《西京杂记》		同上
167	秦镜		旧题东晋·葛洪《西京杂记》		同上

（续　表）

序　号	诗　题	考试科目	典源文献	备　注	
				考试年代	诗歌所处文献
168	监试夜雨滴空阶	国子监试	南朝梁·何逊《临行与故游夜别》		《文苑英华》卷一八九
169	澄心如水	进士	《文子·上义》;《汉书·郑崇传》	咸通四年	同上
170	省试骊珠诗		《庄子·列御寇》		《全唐诗》卷二八九
171	巨鱼纵大壑		《文选·王褒〈圣主得贤臣颂〉》		《全唐诗》卷三三一
172	赋得桃李无言		《史记·李将军列传》		《全唐诗》卷五四一
173	府试风雨闻鸡	府试	《诗经·郑风·风雨》		《全唐诗》卷五八九
174	府试观兰亭图	府试	《晋书·王羲之传》		《全唐诗》卷五八九
175	府试莱城晴日望三山	府试	《史记·封禅书》		《全唐诗》卷六七八
176	襄州试白云归帝乡	州试	《庄子·天地篇》		《全唐诗》卷七〇六
177	内出白鹿宣示百官	进士	《孝经援神契》	乾宁二年	《全唐诗》卷七〇六
178	东风解冻省试	进士	《礼记·月令》	乾宁元年	《全唐诗》卷七一一
179	学诸进士作精卫衔石填海	省题诗	《山海经·北山经》		《全唐诗》卷三四三
180	金谷园怀古	省题诗	西晋·石崇《金谷诗序》		《全唐诗》卷三六八
181	省试——吹竽	省题诗	《韩非子·内储说上》	乾符三年	《全唐诗》卷七〇六

附录Ⅱ：唐代试律诗正文用典辑录表

说明：本表所收录的唐代试律诗主要源于北宋李昉等编著的《文苑英华》，辅以从《全唐诗》中辑录的试律诗，其中包括7首省题诗。

序　号	诗　题	作　者	用典诗句	典源文献	备　注
1	玄元皇帝应见贺圣祚无疆（三首）	殷寅	已题金简字，仍访玉堂仙。	东汉·赵晔《吴越春秋·越王无余外传》	《文苑英华》卷一八〇
2			已题金简字，仍访玉堂仙。	《文选·左思〈吴都赋〉》	
3			言因六梦接，庆叶九灵传。	《周礼·春官·占梦》	
4			言因六梦接，庆叶九灵传。	《礼记·文王世子》	
5			北阙心超矣，南山寿固然。	《汉书·高帝纪下》	
6			北阙心超矣，南山寿固然。	《诗经·小雅·天保》	
7			无由同拜庆，窃抃贺陶甄。	《文选·张华〈女史箴〉》	
8	同上	李岑	大同齐日月，兴废应乾坤。	《礼记·礼运》	同上
9	同上	赵铎	岂唯求傅野，更有叶钧天。	伪古文尚书《商书·说命上》	同上
10			岂唯求傅野，更有叶钧天。	《史记·赵世家》	
11			雷梦西山下，焚香北阙前。	《汉书·高帝纪下》	
12			惭无美周颂，徒上祝尧篇。	《诗经·周颂》	
13			惭无美周颂，徒上祝尧篇。	《周易·系辞下》	

（续　表）

序　号	诗　题	作　者	用典诗句	典源文献	备　注
14	主上元日梦王母献白玉环	丁泽	灵姿趋**甲帐**，悟道契玄关。	《汉武帝内传》（据《北堂书钞》卷一三二引）	《文苑英华》卷一八〇
15			**霓裳**归物外，凤历晓人寰。	《楚辞·九歌·东君》	
16			霓裳归物外，**凤历**晓人寰。	《左传·昭公十七年》	
17	元日望含元殿御扇开合	张莒	**冕旒**开处见，钟磬合时闻。	《周礼·夏官·弁师》	同上
18			影动承朝日，花攒似**庆云**。	《汉书·天文志》	
19			**蒲葵**那可比，徒用隔炎氛。	《晋书·谢安列传》	
20	元日和布泽	潘孟阳	**北阙**祥云迥，东方嘉气繁。	《汉书·高帝纪下》	同上
21			**青阳**初应律，苍玉正临轩。	《尸子·仁意》	
22			青阳初应律，苍玉正临轩。	《吕氏春秋》	
23	中和节诏赐公卿尺（三首）	陆复礼	春仲令初吉，欢娱乐**大中**。	《周易·大有》	同上
24			欲使方隅法，还令**规矩**同。	《礼记·经解》	
25	同上	裴度	具寮颁玉尺，**成器**幸良工。	《礼记·王制》	同上
26			紫翰宣殊造，丹诚励**匪躬**。	《周易·蹇卦》	
27	同上	李观	宠荷乘（一作承）佳节，倾心立**大中**。	《周易·大有》	同上
28			作程**施有用**（一作政），垂范播无穷。	《论语·为政》	

（续　表）

序　号	诗　题	作　者	用典诗句	典源文献	备　注
29	清明日赐百僚新火（三首）	韩滉	朱（一作玉）骑传红烛，天厨赐近臣。	《汉武帝内传》	《文苑英华》卷一八〇
30			更调金鼎味（一作膳），还暖玉堂人。	《史记·孝武本纪》	
31			应怜萤聚夜，瞻望及东邻。	《晋书·车胤传》	
32			应怜萤聚夜，瞻望及东邻。	西汉·刘向《列女传》	
33	同上	史延	九天初改火，万井属良辰。	《楚辞·离骚》	同上
34			九天初改火，万井属良辰。	《论语·阳货》	
35			九天初改火，万井属良辰。	《汉书·刑法志》	
36			宠命尊三老，祥光烛万人。	《左传·昭公三年》	
37			太平当此日，空复荷陶甄。	《文选·张华〈女史箴〉》	
38	同上	王濯	星流中使马，烛耀九衢人。	《楚辞·天问》	同上
39			助律和风早，添炉暖气新。	《吕氏春秋》	
40			谁怜一寒士，犹望照东邻。	西汉·刘向《列女传》	
41	九月九日勤政楼下观百僚献寿	沈亚之	献寿皆鸳鹭，瞻天尽冕旒。	《诗经·周颂·振鹭》	同上
42			献寿皆鸳鹭，瞻天尽冕旒。	《周礼·夏官·弁师》	
43			菊樽过九日，凤历肇千秋。	《左传·昭公十七年》	
44			乐奏薰风起，杯酣瑞影收。	《礼记·乐记》	

（续　表）

序　号	诗　题	作　者	用典诗句	典源文献	备　注
45	南至日隔霜仗望含元殿炉香（三首）	崔立之	圣日开如捧，**卿云**近欲浑。	《史记·天官书》	《文苑英华》卷一八〇
46	同上	裴次元	**冕旒**初（一作亲）负扆，市照尽朝天。	《周礼·夏官·弁师》	同上
47			芬馨流远近，散漫入**貂蝉**。	《后汉书·舆服志下》	
48	同上	王良士	霏微双阙丽，容曳**九门**连。	《礼记·月令》	同上
49			一阳今在历，生植愿**陶甄**。	《文选·张华〈女史箴〉》	
50	长至日上公献寿（三首）	张叔良	**凤阙**晴钟度（一作动），鸡人晓漏长。	《史记·孝武本纪》	同上
51			凤阙晴钟度（一作动），**鸡人**晓漏长。	《周礼·春官·鸡人》	
52			**九重**初启钥，三事尽（一作正）称觞。	《楚辞·九辩》	
53			九重初启钥，**三事**尽（一作正）称觞。	《诗经·小雅·雨无正》	
54			九重初启钥，三事尽（一作正）**称觞**。	东汉·崔寔《四民月令》	
55	同上	李竦	侯晓**金门**辟，乘时玉历长。	《史记·滑稽列传·东方朔传》	同上
56			侯晓金门辟，乘时**玉历**长。	西汉·焦赣《易林屯之蒙》	
57			汉礼方传佩，**尧年**正捧觞。	《周易·系辞下》	
58			日行临观阙，帝锡治**珪璋**。	《诗经·大雅·卷阿》	

（续 表）

序 号	诗 题	作 者	用典诗句	典源文献	备 注
59			盛美超三代， 洪休降百祥。	《论语·卫灵公》	
60			盛美超三代， 洪休降百祥。	伪古文尚书《伊训》	
61	长至日上公献涛 （三首）	崔琮	应律三微（一 作阳）首， 朝天万国同。	《吕氏春秋》	《文苑英 华》卷 一八〇
62			率舞皆群辟， 称觞即上公。	《尚书·舜典》	
63			南山为圣寿， 长对未央宫。	《诗经·小雅·天保》	
64	恩赐耆老布帛 （二首）	李绛	涣汗中天发， 殊私海外存。	《周易·涣卦》	同上
65			涣汗中天发， 殊私海外存。	《北史·姚僧垣传》	
66			烛物明尧日， 垂衣辟禹门。	《周易·系辞下》	
67			盛明今尚齿， 欢洽九衢樽。	《礼记·祭义》	
68			盛明今尚齿， 欢洽九衢樽。	《楚辞·天问》	
69	同上	张复元	殊私及耆老， 圣虑轸黎元。	《北史·姚僧垣传》	同上
70			情均皆挟纩， 礼异贲丘园。	《左传·宣公十二年》	
71			情均皆挟纩， 礼异贲丘园。	《周易·贲卦》	
72			庆洽时方泰， 仁瞻月告存。	《礼记·王制》	
73			击壤将何幸， 徘徊对九门。	东汉·王充《论衡·感虚篇》	
74			击壤将何幸， 徘徊对九门。	《礼记·月令》	

（续表）

序号	诗题	作者	用典诗句	典源文献	备注
75	恩赐魏文贞公诸孙旧第以道直臣（二首）	陈彦博	阿衡随逝水，池馆主他人。	《诗经·商颂·长发》	《文苑英华》卷一八〇
76			生前由直道，殁后振芳尘。	《宋书·谢灵运传论》	
77			雨露新恩曰，芝兰旧里春。	《世说新语·言语》	
78	同上	裴大章	自然垂带砺，况复激忠贞。	《史记·高祖功臣侯者年表》	同上
79	御制段太尉碑（二首）	薛存诚	葬仪从俭礼，刊石荷尧君。	《周易·系辞下》	同上
80			宝思皆涵象，皇心永念勋。	南朝宋·沈约《高松赋》	
81			雅词黄绢并，渥泽紫泥分。	《世说新语·捷悟》	
82			雅词黄绢并，渥泽紫泥分。	东汉·卫宏《汉旧仪》	
83	御题国子监门	同上	张英圣莫拟，索靖妙难言。	《后汉书·张奂传》	同上
84			张英圣莫拟，索靖妙难言。	《晋书·卫瓘传》	
85			更随垂露像，常以沐皇恩。	南朝宋·王愔《文字志》（据《初学记》卷二十一引）	
86	御箭连中双兔	同上	那似陈王意，空随乐府篇	《文选·曹植〈名都篇〉》	同上
87	太学创制石经	同上	银钩互交映，石壁靡尘翳。	《晋书·索靖传》	同上
88	观南郊回仗	同上	阅兵貔武振，听乐凤凰来。	《尚书·周书·牧誓》	同上
89			阅兵貔武振，听乐凤凰来。	《尚书·虞书·益稷》	
90	闻击壤	薛存诚	尧年听野老，击壤复何云。	《周易·系辞下》	《文苑英华》卷一八〇

（续 表）

序 号	诗 题	作 者	用典诗句	典源文献	备 注
91			尧年听野老， **击壤**复何云。	东汉·王充《论衡·感虚篇》	
92			箫柎均下调， 和木等**南薰**。	《礼记·乐记》	
93	膏泽多丰年	同上	候时勤稼穑， **击壤**乐农功。	东汉·王充《论衡·感虚篇》	同上
94			何须忧伏腊， 千载贺**尧风**。	《周易·系辞下》	
95	东都父老望幸	同上	昔因封泰岳， 今仵蹑**维嵩**。	《诗经·大雅·崧高》	同上
96			**翠华**翔渭北， 玉检候关东。	《汉书·司马相如列传上》	
97			众愿其难阻， 明君早**勒功**。	《后汉书·窦融传》附《窦宪传》	
98	嵩山望幸	同上	降灵逢圣主， 望幸表**维嵩**。	《诗经·大雅·崧高》	同上
99			**象车**因叶瑞， 龙驾愿升中。	西晋·张华《博物志》	
100			象车因叶瑞， **龙驾**愿升中。	《史记·封禅书》	
101			**万岁声长在**， 千岩气转雄。	《汉书·武帝纪》	
102			东都歌盛事， **西笑**仵皇风。	《新论·祛蔽》	
103	华清宫望幸	同上	温泉曾**浴日**， 华馆旧迎风。	《淮南子·天文训》	同上
104	谒见日将至双阙	同上	远惊**龙凤**睹， 谁识冕旒开。	《南齐书·王僧虔》	同上
105			远惊龙凤睹， 谁识**冕旒**开。	《周礼·夏官·弁师》	
106			**雕虫**竟何取， 瞻恋不知回。	西汉·扬雄《法言·吾子》	
107	望凌烟阁	刘公兴	画阁凌虚构， 遥瞻在**九天**。	《孙子·形篇》	同上

（续　表）

序　号	诗　题	作　者	用典诗句	典源文献	备　注
108			图列**青霄**外，仪刑**紫禁**前。	《史记·范睢列传》	
109			图列**青霄**外，仪刑**紫禁**前。	《文选·谢庄〈宋孝武宣贵妃诔〉》	
110	望禁苑祥光	蒋防	山雾宁同色，**卿云**未可彰。	《史记·天官书》	同上
111			眺汾疑**鼎气**，临渭想荣光。	《史记·封禅书》	
112			眺汾疑**鼎气**，临渭想**荣光**。	《尚书中候》（据《初学记》卷六引）	
113	晨光动翠华	阙名	**北阙**华旌在，东方曙景新。	《汉书·高帝纪下》	同上
114			影连香露合，光媚**庆云**频。	《汉书·天文志》	
115			直宜冠佩人，长爱**冕旒**亲。	《周礼·夏官·弁师》	
116	观北藩谒庙	王卓	瑞气千重色，**箫韶**九奏声。	《尚书·虞书·益稷》	同上
117			休运威仪盛，丰年**俎豆**盈。	《论语·卫灵公》	
118			不堪惭颂德，空此望**簪缨**。	南朝梁·萧统《昭明太子集·锦带书十二月启·姑洗三月》	
119	西戎即叙	李子昂	圣理符轩化，仁恩契**禹功**。	《左传·昭公元年》	同上
120	焚裘	阙名	丽彩辞**宸扆**，余香在御楼。	东晋·葛洪《抱朴子·博喻》	同上
121			大垂恭俭德，千古揖**皇猷**。	南朝宋·沈约《齐太尉文宪王公墓铭》	
122	观庆云图（三首）	阙名	方将偶翠幄，那羡起**苍梧**。	《晋书·刘琨传》	同上
123			方将偶翠幄，那羡起**苍梧**。	《礼记·檀弓上》	
124			欲识从**龙**处，今逢圣合符。	《周易·乾卦》	

（续 表）

序 号	诗 题	作 者	用典诗句	典源文献	备 注
125	观庆云图（三首）	柳宗元	设色方成象，卿云示国都。	《史记·天官书》	《文苑英华》卷一八〇
126			抱日依龙衮，非烟近御炉。	《礼记·礼器》	
127			抱日依龙衮，非烟近御炉。	《史记·天官书》	
128			恒将配尧德，垂庆代河图。	《周易·系辞上》	
129			恒将配尧德，垂庆代河图。	《周易·系辞上》	
130	同上	李行敏	缥素传休祉，丹青状庆云。	《汉书·天文志》	同上
131			尚驻从龙意，全舒捧日文。	《周易·乾卦》	
132			尚驻从龙意，全舒捧日文。	《三国志·魏志·程昱传》裴松之注引晋·王沈《魏书》	
133			光因五色起，影向九霄分。	《隋书·天文志》	
134	府试观开元皇帝东封图	马戴	俨若翠华举，登封图乍开。	《汉书·司马相如列传上》	同上
135			俨若翠华举，登封图乍开。	《史记·封禅书》	
136			冕旒明主立，冠剑侍臣陪。	《周礼·夏官·弁师》	
137			冕旒明主立，冠剑侍臣陪。	南朝梁·江淹《到主簿日事诣右军建平王》	
138			年年复东幸，鲁叟望悠哉。	《孟子·尽心上》	
139	藩臣恋魏阙	蒋防	剖竹随皇命，分忧镇大藩。	《文选·谢灵运〈过始宁墅〉》	《文苑英华》卷一八〇
140			恩波怀魏阙，献纳望天闱。	《庄子·让王》	

（续　表）

序　号	诗　题	作　者	用典诗句	典源文献	备　注
141			政奉**南风**顺，心依北极尊。	《礼记·乐记》	
142			如何**子牟**意，今古道斯存。	《庄子·让王》	
143	冬日可爱（二首）	陈讽	**晋臣**曾比德，谢客昔言诗。	《左传·文公七年》杜预注	《文苑英华》卷一八一
144			晋臣曾比德，**谢客**昔言诗。	《宋书·谢灵运传》	
145	同上	庾元亮	岂假阳和气，暂忘玄**冬律**。	《吕氏春秋》	同上
146	日华川上动	石殷士	岸高时拥媚，波远渐**澄鲜**。	《文选·谢灵运〈登江中孤屿〉》	同上
147			**萍实**空随浪，珠胎不照渊。	西汉·刘向《说苑·辨物》	
148			孰假**咸池**望，幽情得古篇。	《楚辞·离骚》	
149	日南长至	独孤铉	玉历颁**新（一作穷）律**，凝阴发一阳。	《吕氏春秋》	同上
150	白日丽江皋	陈昌言	何年**谢公**赏，遗韵在江皋。	《宋书·谢灵运传》	同上
151	秋日悬清光（二首）	王维	**宋玉登高**怨，张衡望远愁。	东汉·王逸《楚辞章句》	同上
152			宋玉登高怨，**张衡望远**愁。	《文选·〈四愁诗四首〉并序》	
153			余辉如可托，**云路**岂悠悠。	南朝宋·鲍照《鲍参军集·侍郎报满辞阁疏》	
154	初日照凤楼	李虞仲	还如**王母**过，遥度五云车。	《穆天子传》	同上
155			还如王母过，遥度**五云车**。	东汉·班固《汉武帝内传》	
156	日暮碧云合	许康佐	出岫且**从龙**，萦空宁触石。	《周易·乾卦》	《文苑英华》卷一八一

（续 表）

序 号	诗 题	作 者	用典诗句	典源文献	备 注
157			出岫且从龙， 萦空宁触石。	《诗经·召南·殷其靁》	
158			余辉澹瑶草， 浮影凝绮席。	西汉·东方朔《与友人书》	
159			时景讵能留， 几思轻尺璧。	《淮南子·原道训》	
160	日暮天无云	熊孺登	但见收三素， 何能测上玄。	《黄庭内景经》	同上
161			但见收三素， 何能测上玄。	《文选·扬雄〈甘泉赋〉》	
162	三让月成魄	刘瑰	为礼依天象， 周旋逐月成。	《礼记·乐记》	同上
163			教人三让美， 为客一宵生。	《礼记·乡饮酒义》	
164	月照冰池	叶季良	圆光生碧海， 素色满瑶池。	《穆天子传》	同上
165	海上生明月	朱华	渐出三山岊， 将凌一汉横。	东晋·王嘉《拾遗记·高辛》	同上
166			素娥尝药去， 乌鹊绕枝惊。	《淮南子·览冥训》	
167			此时尧砌下， 蓂荚自将荣。	周·尹文《尹文子》	
168			此时尧砌下， 蓂荚自将荣。	《竹书纪年·帝尧陶唐氏》	
169	璧池望秋月	张子容	似璧悲三献， 疑珠怯再投。	《韩非子·和氏》	同上
170			似璧悲三献， 疑珠怯再投。	《史记·鲁仲连邹阳列传》	
171			能将千里意， 来照楚乡愁。	《史记·屈原贾生列传》	
172	月映清淮流 （二首）	徐敞	处柔知坎德， 持洁表阴精。	《周易·说卦》	《文苑英华》卷一八一

（续 表）

序 号	诗 题	作 者	用典诗句	典源文献	备 注
173			利物功难并，**和光**道已成。	《老子》	
174	同上	失名	**桂花**窥镜发，蟾影映波生。	东晋·虞喜《安天论》（据《初学记》卷一引）	同上
175			桂花窥镜发，**蟾影**映波生。	《五经通义》	
176	圆灵水镜（二首）	徐敞	明灭沧江水，盈虚逐**砌**蓂。	《竹书纪年·帝尧陶唐氏》	同上
177			练色临窗牖，**蟾光**霭户庭。	《五经通义》	
178	同上	张聿	菱花凝泛滟，**桂树**映清鲜。	东晋·虞喜《安天论》（据《初学记》卷一引）	同上
179			**乐广披云日**，山涛卷露年。	《世说新语·赏誉》	
180			乐广披云日，**山涛卷露年**。	《世说新语·赏誉》	
181			**濯缨**何处去，鉴物自堪妍。	《孟子·离娄上》《楚辞·渔父》	
182			回首看云液，**蟾蜍**势正圆。	《五经通义》	
183	京兆府试残月如新月	郑谷	**庾楼**清赏处，吟彻曙钟看。	《世说新语·容止》	同上
184	玉绳低建章	张仲素	迢迢玉绳下，芒彩正**阑干**。	三国魏·曹植《善哉行》	同上
185			稍复临**鹈鹕**，方疑近露寒。	《文选·司马相如〈上林赋〉》	
186			稍复临鹈鹕，方疑近**露寒**。	《文选·司马相如〈上林赋〉》	
187			微明连粉蝶，的皪映**仙盘**。	《汉书·郊祀志上》颜师古注	
188			遐想**西垣**客，长吟欲罢难。	东汉·应劭《汉官仪》	

（续 表）

序 号	诗 题	作 者	用典诗句	典源文献	备 注
189	府试老人星见	李频	岂比周王梦， 徒言得九龄。	《礼记·文王世子》	《文苑英华》卷一八一
190			岂比周王梦， 徒言得九龄。	《礼记·文王世子》	
191	闰月定四时 （五首）	罗让	月闰随寒暑， 畴人定职司。	《史记·历书》	同上
192			律候行宜表， 阴阳运不欺。	《吕氏春秋》	
193			气薰灰管验， 数扐卦辞推。	《后汉书·律历志上》	
194	同上	许稷	月桂亏还正， 阶蓂落复滋。	东晋·虞喜《安天论》 （据《初学记》卷一引）	同上
195			月桂亏还正， 阶蓂落复滋。	《竹书纪年·帝尧陶唐氏》	
196	同上	杜周士	体元承夏道， 推历法尧咨。	《尚书·尧典》	同上
197			葭灰初变律， 斗柄正当离。	《后汉书·律历志上》	
198			更怜幽谷羽， 鸣跃尚须期。	《诗经·小雅·伐木》	
199	同上	徐至	积数归成闰， 羲和职旧司。	《尚书·尧典》	同上
200			分铢标斗建， 盈缩正人时。	《汉书·律历志上》	
201			定向铜壶辨， 还从玉律推。	《吕氏春秋》	
202	同上	乐伸	斗杓重指甲， 灰管再推离。	《后汉书·律历志上》	同上
203			羲氏兼和氏， 行之又则之。	《尚书·尧典》	
204			羲氏兼和氏， 行之又则之。	《尚书·尧典》	

（续 表）

序 号	诗 题	作 者	用典诗句	典源文献	备 注
205			愿言符大化，永永作**元龟**。	《三国志·吴志·吴主传》	
206	玉烛	员南溟	四时佳气满，五纬**太阶平**。	《文选·扬雄〈长杨赋〉》	《文苑英华》卷一八一
207			**律吕**风光至，烟云瑞色呈。	《吕氏春秋》	
208			自怜同野老，**帝力**讵能名。	《帝王世纪》	
209	新阳改故阴	纥干讽	**律管**才推候，寒郊忽变阴。	《吕氏春秋》	同上
210			韶光如可及，**莺谷**免幽沉。	《诗经·小雅·伐木》	
211	迎春东郊（二首）	张濯	**飞灰**将应节，宾日已知春。	《后汉书·律历志上》	同上
212	同上	王绰	**玉管**潜移律，东郊始报春。	《吕氏春秋》	同上
213	东郊迎春	皇甫冉	彩云天仗合，玄象**太阶平**。	《文选·扬雄〈长杨赋〉》	同上
214			**钩陈**霜骑肃，御道雨师清。	《文选·班固〈西都赋〉》	
215			遥观**上林苑**，今日遇迁莺。	《史记·秦始皇本纪》	
216			遥观上林苑，今日**遇迁莺**。	《诗经·小雅·伐木》	
217	立春	冷朝阳	**玉律**传佳节，青阳应北辰。	《吕氏春秋》	同上
218			**土牛**呈岁稔，彩燕表年春。	《礼记·月令》	
219			土牛呈岁稔，**彩燕**表年春。	南朝梁·宗懔《荆楚岁时记》	
220	春从何处来	白行简	欲识春生处，先从**木德**来。	《礼记·月令》	《文苑英华》卷一八一

（续表）

序 号	诗 题	作 者	用典诗句	典源文献	备 注
221			偏能调律吕， 应是候阳台。	《吕氏春秋》	
222			偏能调律吕， 应是候阳台。	《文选·宋玉〈高唐赋〉》	
223	长安早春（二首）	白行简	杳霭三春色， 先从帝里芳。	《文选·陆倕〈石阙铭〉》	同上
224			莺和红楼乐， 花连紫禁香。	《文选·谢庄〈宋孝武宣贵妃诔〉》	
225	同上	张子容	草迎金埒马， 花伴玉楼人。	《世说新语·汰侈》	同上
226			鸿渐看无数， 莺迁听欲频。	《周易·渐卦》	
227			鸿渐看无数， 莺迁听欲频。	《诗经·小雅·伐木》	
228			何当桂枝擢， 还及柳条新。	《晋书·郄诜传》	
229	春色满皇州 （五首）	滕迈	蔼蔼复悠悠， 春归十二楼。	《史记·封禅书》	同上
230			最明云里阙， 先满日边州。	《世说新语·夙惠》	
231			色媚青门外， 光摇紫陌头。	《文选·阮籍〈咏怀诗十七首〉 其九》	
232			上林荣旧树， 太液镜新流。	《史记·秦始皇本纪》	
233	同上	裴夷直	北阙晴光动， 南山喜气浮。	《汉书·高帝纪下》	同上
234			上林荣旧树， 太液镜新流。	旧题东晋·葛洪《西京杂记》	
235	同上	封敖	千门歌吹动， 九陌绮罗游。	《汉宫殿疏》 （据《初学记》卷二十四引）	同上
236			应非憔悴质， 辛苦在神州。	《左传·成公九年》	

（续　表）

序　号	诗　题	作者	用典诗句	典源文献	备　注
237	春色满皇州（五首）	张嗣初	韶阳潜应律，草木暗迎春。	《吕氏春秋》	《文苑英华》卷一八一
238			丽景浮**丹**阙，晴光拥紫宸。	《史记·孝武本纪》	
239	夏首犹清和	张律	**祝融**将御节，炎帝启朱明。	《礼记·月令》	同上
240			祝融将御节，**炎帝**启朱明。	《礼记·月令》	
241			祝融将御节，炎帝启**朱明**。	《尸子·仁意》	
242			幸逢**尧禹**化，全胜谷中情。	《礼记·大学》	
243	青云干吕（四首）	林藻	还同起**封**上，更似出横汾。	《史记·孝武本纪》	《文苑英华》卷一八二
244			还同起封上，更似出**横汾**。	《水经注·沮水》	
245	同上	令狐楚	郁郁复纷纷，**青霄**干吕云。	《史记·范雎列传》	同上
246			郁郁复纷纷，青霄**干吕**云。	旧题西汉·东方朔《海内十洲记·聚窟洲》	
247			色令天下见，**候向管中分**。	《吕氏春秋》	
248			**湛露**羞依草，南风耻带薰。	《诗经·小雅·湛露序》	
249			湛露羞依草，**南风**耻带薰。	《礼记·乐记》	
250			恭惟汉武帝，余烈尚**氛氲**。	《水经注·沮水》	
251	同上	王履贞	异方占瑞气，**干吕**见青云。	旧题西汉·东方朔《海内十洲记·聚窟洲》	同上
252			异方占瑞气，干吕见**青云**。	《史记·范雎列传》	

（续 表）

序 号	诗 题	作 者	用典诗句	典源文献	备 注
253			表圣兴中国，来王见六君(类诗作谒大君)。	《周易·师卦》	
254			迎祥殊大乐，叶庆类横汾。	东汉·班固《汉武帝内传》	
255			须使留（一作流）千载，垂芳在典坟。	《左传·昭公十二年》	
256	青云干吕（四首）	彭伉	祥辉上干吕，郁郁又纷纷。	旧题西汉·东方朔《海内十洲记·聚窟洲》	《文苑英华》卷一八二
257			远示无为化，将明至道君。	《论语·卫灵公》	
258			远示无为化，将明至道君。	《礼记·学记》	
259			已见从龙意，宁知触石文。	《周易·乾卦》	
260			已见从龙意，宁知触石文。	《诗经·召南·殷其靁》	
261			状烟殊散漫，捧日更氤氲。	《三国志·魏书·程昱传》南朝宋·裴松之注	
262	白云起封中（二首）	张嗣初	英英白云起，呈瑞出封中。	《史记·孝武本纪》	同上
263			自叶尧年美，谁云汉日同。	《周易·系辞下》	
264			欲与非烟并，亭亭不散空。	《史记·天官书》	
265	同上	李正辞	千年泰山顶，云起汉皇封。	《史记·孝武本纪》	同上
266			为霖虽易得，表圣自难逢。	伪古文尚书《商书·说命上》	
267			不作奇峰状，宁分触石容。	东晋·陶渊明《四时诗》	

（续　表）

序　号	诗　题	作　者	用典诗句	典源文献	备　注
268			不作奇峰状，宁分触石容。	《诗经·召南·殷其靁》	
269			素光非曳练，灵贶是从龙。	《周易·乾卦》	
270	立春日晓望二素云（三首）	李季何	霭霭青春晖，飞仙驾五云。	旧题东汉 班固《汉武帝内传》	《文苑英华》卷一八二
271			静合烟霞色，遥将鸾鹤群。	南朝宋·汤惠休《楚明妃曲》	
272			年年瞻此御，应许从元君。	《上清大洞真经》	
273	同上	陈师穆	晴晓仲（疑）春日，高心望素云。	《黄庭内景经》	同上
274			彩光浮玉辇，紫气隐元君。	《上清大洞真经》	
275			礼候于斯睹，明循在解纷。	《老子》	
276	同上	李应	兹辰三见后，希得从元君。	《上清大洞真经》	同上
277	春云（三首）	邓倚	为霖如见用，还得助成功。	伪古文尚书《商书·说命上》	同上
278	同上	焦郁	干吕知时泰，如膏候岁成。	旧题西汉·东方朔《海内十洲记·聚窟洲》	同上
279	同上	裴澄	映林初展叶，触石未成峰。	《诗经·召南·殷其靁》	同上
280			空余负樵者，岭上自相逢。	《汉书·朱买臣转》	
281	山出云（四首）	陆畅	高似从龙处，低如触石频。	《周易·乾卦》	同上
282			高似从龙处，低如触石频。	《诗经·召南·殷其靁》	

（续 表）

序 号	诗 题	作 者	用典诗句	典源文献	备 注
283	山出云（四首）	张复	山静云初吐，霏微触石新。	《诗经·召南·殷其靁》	《文苑英华》卷一八二
284			散类如虹气，轻同不让尘。	《老子》	
285			异起临汾鼎，凝随出峡神。	《水经注·沮水》	
286			异起临汾鼎，凝随出峡神。	战国楚·宋玉《高唐赋》序	
287			为霖终济旱，非独降贤人。	伪古文尚书《商书·说命上》	
288			为霖终济旱，非独降贤人。	《隋书·天文志》下	
289	同上	李绅	姑射朝凝雪，阳台晚伴神。	《庄子·逍遥游》	同上
290			姑射朝凝雪，阳台晚伴神。	《文选·宋玉〈高唐赋〉》	
291			悠悠九霄上，应坐玉京宾。	《魏书·释老志》	
292	同上	张胜之	盖小辞山近，根轻触石新。	《诗经·召南·殷其靁》	同上
293			从龙方有感，捧日岂无因。	《周易·乾卦》	
294			从龙方有感，捧日岂无因。	《三国志·魏志·程昱传》裴松之注引晋·王沈《魏书》	
295			看取为霖去，恩沾雨露均。	伪古文尚书《商书·说命上》	
296	南至日太史登台书云物（二首）	裴达	应念怀铅客，终朝望碧雰（一作皆杂咏）。	旧题东晋·葛洪《西京杂记》	同上
297	同上	于尹躬	官称伯赵氏，色辨五方云。	《左传·昭公十七年》	同上

（续　表）

序　号	诗　题	作　者	用典诗句	典源文献	备　注
298	华山庆云见	失名	圣主祠名岳，高风发**庆云**。	《汉书·天文志》	同上
299			**金柯**初缭绕，玉叶渐氛氲。	西晋·陆机《云赋》	
300			金柯初缭绕，**玉叶**渐氛氲。	西晋·陆机《云赋》	
301	上党奏庆云见	李绅	宁作无依者，空传**陶令文**。	东晋·陶渊明《咏贫士诗》	《文苑英华》卷一八二
302	梢云	罗让	不比因风起，全非**触石**分。	《诗经·召南·殷其霭》	同上
303			翻飞如可托，长愿在**横汾**。	《汉武帝内传》	
304	白云向空尽	周存	况若**从龙**去（一作出），还施润物功。（类诗作"傥若从龙去，还施济物功。"）	《周易·乾卦》	同上
305	望禁门松雪	王涯	依稀鸳瓦出，隐映**凤楼**重。	南朝陈·江总《箫史曲》	同上
306	都堂试贡士日庆春雪（三首）	李衢	**蜉蝣**吟更古，科斗映还新。	《诗经·曹风·蜉蝣》	同上
307			蜉蝣吟更古，**科斗**映还新。	《文选·孔安国〈尚书序〉》	
308			鹤吹（疑）迷难辨，**冰壶**鉴易真。	《文选·鲍照〈白头吟〉》	
309			因歌**大君**德，率舞咏陶钧。	《周易·师卦》	
310			因歌大君德，率舞咏**陶钧**。	《史记·邹阳列传》	
311	同上	李景	**洒池**偏误曲，留砚忽因方。	《文选·宋玉〈对楚王问〉》	同上

（续 表）

序 号	诗 题	作 者	用典诗句	典源文献	备 注
312			几处曹风比，何人谢赋长。	《诗经·曹风》	
313			几处曹风比，何人谢赋长。	南朝宋·谢惠连《雪赋》	
314	都唐试贡士日庆春雪（三首）	李损之	鹅毛萦树合，柳絮带风狂。	《世说新语·言语》	《文苑英华》卷一八三
315			应知郢上曲，高唱出东堂。	《文选·宋玉〈对楚王问〉》	
316			应知郢上曲，高唱出东堂。	《晋书·邵诜传》	
317	望终南春雪	李子卿	色摇鹑野雾，影落凤城春。	旧题西汉·刘向《列仙传·箫史》	同上
318			余辉傥可借，回照读书人。	《宋齐语》（据《初学记》卷二引）	
319	春雪映早梅	庾敬休	分明六出瑞，隐映几枝开。	西汉·韩婴《韩诗外传》（据《太平御览》卷十二引）	同上
320			闻笛花疑落，挥琴兴转来。	《后汉书·马融传上》	
321			曲成非寡和，长使思悠哉。	《文选·宋玉〈对楚王问〉》	
322	墙阴残雪	可频瑜	谁怜高卧处，岁暮叹袁安。	《世说新语·排调》	同上
323			谁怜高卧处，岁暮叹袁安。	《后汉书·袁安传》唐·李贤注引《汝南先贤传》	
324	早春残雪（二首）	裴干馀	已闻三径好，犹可访袁安。	东汉·赵岐《三辅决录·逃名》	同上
325			已闻三径好，犹可访袁安。	《后汉书·袁安传》唐·李贤注引《汝南先贤传》	
326	同上	施肩吾	云路迷初醒，书堂映渐难。	南朝宋·鲍照《鲍参军集·侍郎报满辞阁疏》	同上
327			远称栖松鹤，高宜点露盘。	《汉书·郊祀志上》颜师古注	

（续　表）

序　号	诗　题	作　者	用典诗句	典源文献	备　注
328	清露被皋兰	孙顾	九皋兰叶茂，八月露花清。	《诗经·小雅·鹤鸣》	同上
329			为感生成惠，心同葵藿倾。	《三国志·魏志·陈思王植传》	
330	风草不留霜	王景中	独感玄晖咏，依依此夕同。	《南齐书·谢朓传》	《文苑英华》卷一八三
331	白露为霜	徐敞	早寒青女至，零露结为霜。	《淮南子·天文训》	同上
332			鲜辉袭纨扇，杀气掩干将。	东汉·赵晔《吴越春秋·阖闾内传》	
333			葛屦那堪履，徒令君子伤。	《礼记·祭义》	
334	荐冰（五首）	鲍溶	西陆宜先启，春寒寝庙清。	《左传·昭公四年》	同上
335			已辨瑶池色，如和玉佩鸣。	《穆天子传》	
336	同上	赵蕃	遥涵窗户冷，近映冕旒清。	《周礼·夏官·弁师》	同上
337	同上	范传质	色凝霜雪静，影照冕旒清。	《周礼·夏官·弁师》	同上
338			朝觌当西陆，桃弧每共行。	《左传·昭公四年》	
339			朝觌当西陆，桃弧每共行。	《左传·昭公四年》	
340	府试水始冰	马戴	即堪金井贮，会映玉壶清。	南朝宋·鲍照《鲍参军集·代白头吟》	同上
341	履春冰（二首）	舒元舆	鸟（乌）照微生水，狐听或过人。	《山海经·大荒东经》	同上
342			鸟（乌）照微生水，狐听或过人。	北魏·郦道元《水经注·河水一》	

（续 表）

序 号	诗 题	作 者	用典诗句	典源文献	备 注
343	观藏冰	张汇征	寒气方**穷律**，阴精正结冰。	《吕氏春秋》	同上
344	风光草际浮（五首）	裴杞	谁知**揽结**处，含思向余芳。	《左传·宣公十五年》	《文苑英华》卷一八三
345	同上	张复元	纤纤春草长，**迟日**度风光。	《诗经·豳风·七月》	同上
346			好助**莺迁**势，乘时冀便翔。	《诗经·小雅·伐木》	
347	同上	陈璀	春风泛**瑶草**，九日遍神州。	西汉·东方朔《与友人书》	同上
348	同上	陈祜	秀发**王孙草**，春生君子风。	《楚辞·招隐士》	同上
349			秀发王孙草，春生**君子**风。	《论语·颜渊》	
350	春风扇微和（九首）	陈九流	喜见阳和至，遥知**橐钥功**。	《老子》	同上
351	同上	张汇	**木德**生和气，微微入曙风。	《淮南子·天文训》	同上
352			暖上烟光际，云移**律候**中。	《吕氏春秋》	
353			**扶摇**如可借，从此戾苍穹。	《庄子·逍遥游》	
354	同上	陈通方	阳升知候改，**律应**喜春归。	《吕氏春秋》	同上
355			泛艳摇**丹阙**，扬芳入粉闱。	《史记·孝武本纪》	
356			泛艳摇丹阙，扬芳入**粉闱**。	东汉·应劭《汉官仪》卷上	
357	同上	柳道伦	**青阳**初入律，淑气应春风。	《尸子·仁意》	同上
358			青阳初入律，淑气应春风。	《吕氏春秋》	

（续 表）

序号	诗题	作者	用典诗句	典源文献	备注
359			愿逐仁风布，将裨生植功。	《世说新语·言语》	
360	春风扇微和（九首）	郭遵	还似登台意，元和欲煦人。	《老子》	《文苑英华》卷一八三
361	同上	豆卢荣	文客拂尘衣，仁风愿回扇。	《世说新语·轻诋》	同上
362			文客拂尘衣，仁风愿回扇。	《续晋阳秋》（据《世说新语·言语》南朝梁·刘孝标注引）	
363	同上	邵偃	为报东堂客，明朝桂树新。	《晋书·郄诜传》	同上
364			为报东堂客，明朝桂树新。	《晋书·郄诜传》	
365	风不鸣条（六首）	卢肇	暗通青律起（集作暖），远望白蘋生。	《吕氏春秋》	同上
366			薰弦方在御，万国仰皇情。	《孔子家语·辩乐》	
367	同上	姚鹄	大王初溥畅，少女正轻盈。	《文选·宋玉〈风赋〉》	同上
368			大王初溥畅，少女正轻盈。	《三国志·魏志·管辂传》裴松之注引《管辂别传》	
369	同上	黄颇	太平无一事，天外奏虞韶（类诗作云韶）。	《尚书·虞书·益稷》	同上
370	景风扇物	张聿	寥天鸣万籁，兰径长幽蘼。	《庄子·大宗师》	同上
371			渐扬抟扶势，应从橐钥中（类诗作钥功）。	《庄子·逍遥游》	

（续 表）

序 号	诗 题	作 者	用典诗句	典源文献	备 注
372			渐扬抟扶势，应从**橐钥**中（类诗作钥功）。	《老子》	
373			开襟若有日，愿睹**大王风**。	《文选·宋玉〈风赋〉》	
374	冬至日祥风应候	穆寂	节逢清景空，占气**二仪**中。	三国魏·曹植《曹植集·惟汉行》	《文苑英华》卷一八三
375			独善**登台**日，先知应候风。	《老子》	
376			既（一作况）与乘时叶，还将**入律**同。	《吕氏春秋》	
377			微微万井遍，习习**九门**通。	《礼记·月令》	
378	八风从律	蒋防	**制律**窥元化，因声感八风。	《吕氏春秋》	同上
379			还从**万籁**起，更与五音同。	《庄子·齐物论》	
380			习习炉烟（类诗作芦灰）上，泠泠**玉管**中。	《吕氏春秋》	
381			愿吹**寒谷**里，从此达前蒙。	《七略·诸子略》	
382	春风扇微和	公乘亿	暖浮**丹凤阙**，韶媚黑龙津。	《史记·孝武本纪》	同上
383			暖浮丹凤阙，韶媚**黑龙津**。	《史记·封禅书》	
384			幸当阳**候律**，一愿及佳辰。	《吕氏春秋》	
385	河出荣光（二首）	张良器	引派昆山峻，**朝宗**海路长。	《尚书·夏书·禹贡》	同上

（续 表）

序 号	诗 题	作 者	用典诗句	典源文献	备 注
386			丹阙清氛里，函关紫气旁。	《史记·孝武本纪》	
387			龙门如可涉，忠信是舟梁。	《辛氏三秦纪》（据《太平广记》卷四六六引）	
388			龙门如可涉，忠信是舟梁。	《国语·周语中》	
389	河出荣光（二首）	失名	符命自陶唐，吾君应会昌。	伪古文尚书《夏书·五子之歌》	《文苑英华》卷一八三
390			千年清德水，九折满荣光。	《史记·秦始皇本纪》	
391			千年清德水，九折满荣光。	《汉书·王尊传》	
392			千年清德水，九折满荣光。	《尚书中候》（据《初学记》卷六引）	
393			澄辉明贝阙，散彩入龙堂。	《楚辞·九歌·河伯》	
394			澄辉明贝阙，散彩入龙堂。	《楚辞·九歌·河伯》	
395			近带关云紫，遥连日道黄。	《南史·宋文帝纪》	
396			冯夷矜海若，汉武贵宣房。	《庄子·秋水》	
397			冯夷矜海若，汉武贵宣房。	《史记·河渠书》	
398			渐没孤槎影，仍呈一苇杭。	《诗经·卫风·河广》	
399			抚躬悲未济，作颂喜时康。	《周易·未济》	
400	洛出书（四首）	萧昕	龟灵启圣图，龙马负书出。	《纬攟·龙鱼河图》	同上
401			龟灵启圣图，龙马负书出。	《尚书·周书·顾命》	

（续 表）

序 号	诗 题	作 者	用典诗句	典源文献	备 注
402			地敷作乂功， 人免为鱼恤。	《左传·昭公元年》	
403			永赖至于今， 畴庸未云毕。	《尚书·尧典》	
404	同上	郭邕	德合天贶呈， 龙飞圣人作。	《周易·乾卦》	同上
405			光宅被寰区， 图书荐河洛。	《尚书·尧典序》	
406			光宅被寰区， 图书荐河洛。	《尚书·周书·顾命》	
407	洛出书（四首）	张钦敬	浮空九洛水， 瑞圣千年质。	《尚书·洪范》	《文苑英华》卷一八三
408	同上	叔孙玄观	清洛含温溜， 玄龟荐宝书。	《易纬乾凿度》	同上
409			清洛含温溜， 玄龟荐宝书。	《纬攟·龙鱼河图》	
410			美珍翔阁凤， 庆迈跃舟鱼。	《宋书·符瑞上》	
411			美珍翔阁凤， 庆迈跃舟鱼。	《宋书·符瑞上》	
412	秋霁望庐山瀑布	夏侯楚	傥见朝宗日， 还须济巨舟。	《周礼·春官·大宗伯》 《尚书·夏书·禹贡》	同上
413	泾渭扬清浊	吕牧	御猎思投钓， 渔歌好濯缨。	《史记·齐太公世家》	同上
414			御猎思投钓， 渔歌好濯缨。	《孟子·离娄上》《楚辞·渔父》	
415	春水渌波	朱休	朝宗终到海， 润下每盈科。	《周礼·春官·大宗伯》 《尚书·夏书·禹贡》	同上
416	四水合流	李沛	禹凿山川地， 因通四水流。	《孟子·滕文公上》	同上
417			萦回过凤阙， 会合出皇州。	《史记·孝武本纪》	

（续　表）

序　号	诗　题	作　者	用典诗句	典源文献	备　注
418			入河无昼夜， 归海有谦柔。	《论语·子罕》	
419			入河无昼夜， 归海有谦柔。	《庄子·秋水》	
420			顺物宜投石， 逢时可载舟。	《文选·李康〈运命论〉》	
421			顺物宜投石， 逢时可载舟。	《荀子·王制篇》	
422			羡鱼犹未已， 临水欲垂钩。	《淮南子·说林训》	
423			羡鱼犹未已， 临水欲垂钩。	《史记·齐太公世家》	
424	海水不扬波	失名	既合千年圣， 能安百谷王。	《老子》	《文苑英华》卷一八三
425			不挠鱼弥乐， 无澜苇可杭。	《庄子·秋水》	
426			不挠鱼弥乐， 无澜苇可杭。	《诗经·卫风·河广》	
427			岂只朝宗国， 惟闻有越裳。	《周礼·春官·大宗伯》 《尚书·夏书·禹贡》	
428	寒流聚细文	失名	寒文趋浦急， 圆折逐烟浮。	《尸子》	同上
429			仙槎如共泛， 天汉适淹留。	西晋·张华《博物志》	
430	奉诏涨曲江池	郑谷	泛滟翘振鹭， 澄清跃紫鳞。	《诗经·周颂·振鹭》	同上
431			桂华如入手， 愿作从游人。	《晋书·郤诜传》	
432	释奠日国学观礼闻雅颂（二首）	滕珦	六和成远吹， 九奏动行云。	《尚书·虞书·益稷》	《文苑英华》卷一八四
433			六和成远吹， 九奏动行云。	《列子·汤问》	

（续 表）

序 号	诗 题	作 者	用典诗句	典源文献	备 注
434			幸因陪齿列，聊以颂**斯文**。	《论语·子罕》	
435	同上	令狐峋	**万舞**当华烛，箫韶入翠云。	《诗经·邶风·简兮》	同上
436			万舞当华烛，**箫韶**入翠云。	《尚书·虞书·益稷》	
437			惟余东鲁客，蹈舞向**南薰**。	《礼记·乐记》	
438	贡举人谒先师闻雅乐（二首）	王起	度曲飘清汉，余音**遍晓云**。	《列子·汤问》	《文苑英华》卷一八四
439			断续同清吹，洪纤入**紫氛**。	《南史·宋文帝纪》	
440			长言听已罢，千载仰**斯文**。	《论语·子罕》	
441	太常寺观舞圣寿乐	徐元弼	**云门**与兹曲，同是奉陶唐。	《周礼·春官·大司乐》	同上
442			云门与兹曲，同是奉**陶唐**。	伪古文尚书《夏书·五子之歌》	
443	册上公太常奏雅乐	徐元弼	**应律**烟云改，来仪鸟兽同。	《吕氏春秋》	同上
444			应律烟云改，**来仪**鸟兽同。	《尚书·虞书·益稷》	
445			圣寿三称内，天欢**九奏**中。	《尚书·虞书·益稷》	
446	晓过南宫闻太常清乐（二首）	陆贽	节随**新律**改，声带绪风轻。	《吕氏春秋》	同上
447			**九奏**明初日，寥寥天地清。	《尚书·虞书·益稷》	
448	同上	张蒙	迥出重城里，旁闻**九陌**中。	《汉宫殿疏》（据《初学记》卷二十四引）	同上
449			应将肆**夏**比，更与五英同。	《周礼·春官·大司乐》	

（续　表）

序　号	诗　题	作　者	用典诗句	典源文献	备　注
450			应将肆夏比，更与**五英**同。	《汉书·礼乐志》	
451			一听**南薰**曲，因知大舜功。	《礼记·乐记》	
452	郊坛听雅乐	胡直钧	本自**钧天**降，还疑列**洞庭**。	《史记·赵世家》	同上
453			本自**钧天**降，还疑列**洞庭**。	《庄子·天运》	
454	舞干羽两阶	石倚	动容和**律吕**，变曲静风尘。	《国语·周语下》	《文苑英华》卷一八四
455	朱丝弦	杨衡	幸传朱鹭曲，那止**素丝**名。	《诗经·召南·羔羊》	同上
456	夫子鼓琴得其人	白行简	宣父穷玄奥，**师襄**授素琴。	《孔子家语·辩乐解》	同上
457			稍殊**流水**引，全辨圣人心。	《吕氏春秋·孝行览·本味》	
458			曲终情不尽，千古仰**知音**。	《礼记·乐记》	
459	夜闻洛滨吹笙	张仲素	**王子**千年后，笙音五夜闻。	旧题西汉·刘向《列仙传·王子乔》	同上
460	缑山月夜闻王子晋吹笙（二首）	厉玄	**缑山**明月夜，岑寂隔尘氛。	旧题西汉·刘向《列仙传·王子乔》	同上
461			**紫府**参差曲，清宵次第闻。	东晋·葛洪《抱朴子·祛惑》	
462			**蟾光**听处合，仙路望中分。	《五经通义》	
463	同上	钟辂	月满**缑山**夜，风传子晋笙。	旧题西汉·刘向《列仙传·王子乔》	同上
464			月满缑山夜，风传**子晋笙**。	旧题西汉·刘向《列仙传·王子乔》	
465			此夕留烟驾，何时返**玉京**。	《魏书·释老志》	

（续 表）

序 号	诗 题	作 者	用典诗句	典源文献	备 注
466	湘灵鼓瑟（五首）	魏璀	扁舟三楚客，篴竹二妃灵。	《史记·屈原传》	同上
467			扁舟三楚客，篴竹二妃灵。	西晋·张华《博物志》（据《初学记》卷二八引）	
468			扁舟三楚客，篴竹二妃灵。	西晋·张华《博物志》（据《初学记》卷二八引）	
469			良马悲衔草，游鱼思绕萍。	《荀子·劝学》	
470			知音若相遇，终不滞南溟。	《礼记·乐记》	
471			知音若相遇，终不滞南溟。	《庄子·逍遥游》	
472	湘灵鼓瑟（五首）	钱起	善拊（一作鼓）云和瑟，常闻帝子灵。	《周礼·春官·大司乐》	《文苑英华》卷一八四
473			善拊（一作鼓）云和瑟，常闻帝子灵。	《楚辞·远游》	
474			冯夷空自舞，楚客不堪听。	《楚辞·远游》	
475			冯夷空自舞，楚客不堪听。	《史记·屈原传》	
476			苍梧来（一作成）怨慕，白芷动芳馨。	《礼记·檀弓上》	
477			苍梧来（一作成）怨慕，白芷动芳馨。	《楚辞·九歌·湘夫人》	
478	同上	陈季	调苦荆人怨，时遥帝子灵。	《楚辞·远游》	同上
479	同上	庄若讷	帝子鸣金瑟，余声自抑扬。	《楚辞·远游》	同上
480			至今闻古调，应恨滞三湘。	《楚辞·远游》	

（续表）

序号	诗题	作者	用典诗句	典源文献	备注
481	霓裳羽衣曲	李肱	**蓬壶**事已久， 仙乐功无替。	东晋·王嘉《拾遗记·高辛》	同上
482	寒夜闻霜钟 （二首）	郑絪	**霜钟**初应律， 寂寂出重林。	《吕氏春秋》	同上
483	同上	卢景亮	待时当命侣， **抱器**本无心。	《周易·系辞下》	同上
484	晓闻长乐钟声	戴叔伦	已启**蓬莱**殿， 初朝鸳鹭群。	《史记·封禅书》	《文苑英华》卷一八四
485			已启蓬莱殿， 初朝**鸳鹭**群。	《诗经·周颂·振鹭》	
486			近杂**鸡人**唱， 新传凫氏文。	《周礼·春官·鸡人》	
487			近杂鸡人唱， 新传**凫氏**文。	《周礼·考工记·凫氏》	
488	律中应钟	裴元	**伶管**灰先动， 秦正节已逢。	《后汉书·律历志上》	同上
489	笙磬同音	失名	**兽因繁奏舞**， 人感至和通。	《尚书·舜典》	同上
490			讵间洪纤韵， 能齐**搏拊**功。	《尚书·虞书·益稷》	
491	范成君击洞阴磬	范传正	历历闻金奏， 微微下**玉京**。	《魏书·释老志》	同上
492			何须**百兽舞**， 自畅九天情。	《尚书·舜典》	
493			云霄如可托， 借鹤向**层城**。	《文选·张衡〈思玄赋〉》	
494	终南精舍月中闻 磬（二首）	独孤申叔	响尽**河汉**落， 千山空纠纷。	《文选·〈古诗十九首〉其十》	同上
495	风筝	鲍溶	幽咽谁生怨， 清泠自**匪躬**。	《周易·蹇卦》	同上
496	听郢客歌阳春白 雪	欧阳衮	临风飘**白雪**， 向日奏阳春。	《文选·宋玉〈对楚王问〉》	同上

（续 表）

序 号	诗 题	作 者	用典诗句	典源文献	备 注
497			临风飘白雪，向日奏阳春。	《文选·宋玉〈对楚王问〉》	
498			连连贯珠并，裹裹遏云频。	《礼记·乐记》	
499			连连贯珠并，裹裹遏云频。	《列子·汤问》	
500			周郎如赏善，莫使滞芳晨。	《三国志·吴志·周瑜鲁肃吕蒙》	
501	尚书郎上直闻春漏（三首）	张少博	建礼含香处，重城待漏辰。	东汉·应劭《汉官仪》卷上	《文苑英华》卷一八四
502			徐声传凤阙，晓唱辨鸡人。	《史记·孝武本纪》	
503			徐声传凤阙，晓唱辨鸡人。	《周礼·春官·鸡人》	
504			直庐残响曙，肃穆对钩陈。	《文选·班固〈西都赋〉》	
505	同上	周彻	建礼通华省，含香直紫宸。	东汉·应劭《汉官仪》卷上	同上
506			寒声临雁沼，疏韵应鸡人。	《周礼·春官·鸡人》	
507	同上	失名	地即尚书省，人惟鸳鹭行。	《诗经·周颂·振鹭》	同上
508			审时传玉漏，直夜递星郎。	《后汉书·明帝纪》	
509	雪夜观象阙待漏	张少博	残雪初晴后，鸣珂奉阙庭。	南朝梁·何逊《车中见新林分别甚盛》	同上
510			九门传晓漏，五夜候晨扃。	《礼记·月令》	
511			鸡人更唱处，偏入此时听。	《周礼·春官·鸡人》	
512	太清宫闻滴漏	严巨川	青楼人罢梦，紫陌骑将行。	三国魏·曹植《美女篇》	同上

（续 表）

序 号	诗 题	作 者	用典诗句	典源文献	备 注
513			惭非朝谒客，空有**振衣**情	《楚辞·渔父》	
514	百官乘月早朝听残漏	莫宣卿	碧空**蟾魄**度，清禁漏声残。	东汉·张衡《灵宪》（据《后汉书·天文志上》南朝梁·刘昭注引）	同上
515			忻逢圣明代，长愿接**鸳鸯**。	《诗经·周颂·振鹭》	
516	春台晴望（三首）	李程	更有**迁乔**意，翩翩出谷莺。	《诗经·小雅·伐木》	同上
517			更有迁乔意，翩翩**出谷**莺。	《诗经·小雅·伐木》	
518	春台晴望（三首）	郑贲	**迁莺**思出谷，搴蕚待芳辰。	《诗经·小雅·伐木》	《文苑英华》卷一八四
519	同上	乔弁	已变**青门**柳，初销紫陌尘。	《文选·阮籍〈咏怀诗十七首〉》其九	同上
520			**金汤**千里国，车骑万方人。	《汉书·蒯通传》	
521			此处云霄近，凭高愿**致身**。	《论语·学而》	
522	骊龙	失名	**荀氏**传高誉，庄生冀绝踪。	《后汉书·荀淑传》	《文苑英华》卷一八五
523			荀氏传高誉，**庄生**冀绝踪。	北齐·颜之推《颜氏家训·勉学》	
524	剑化为龙	张聿	沉埋方出狱，合会却**成龙**。	《晋书·张华传》	同上
525	鱼上冰（三首）	王季则	浮沉非乐藻，沿泝异**传书**。	东汉·蔡邕《饮马长城窟行》	同上
526			结网时空久，**临川**意有余。	《淮南子·说林训》	
527			**为龙**将可望，今日愧才虚。	《辛氏三秦纪》（据《太平广记》卷四六六引）	

（续　表）

序　号	诗　题	作　者	用典诗句	典源文献	备　注
528	同上	纪元皋	傥得随鲲化，终听戾太虚（类诗作"终能戾太虚"）。	《庄子·逍遥游》	同上
529	同上	吴冕	扬馨顺气后，振鬣上冰初。	《庄子·外物》	同上
530			戒贪还避饵，思达每怀书。	东汉·蔡邕《饮马长城窟行》	
531			终希泮涣泽，为化北溟鱼。	《庄子·逍遥游》	
532	临川羡鱼（二首）	张正元	不应同逐鹿，讵肯比从禽。	《史记·淮阴侯列传》	《文苑英华》卷一八五
533			不应同逐鹿，讵肯比从禽。	《周易·屯卦》	
534			结网非无力，忘筌自有心。	《庄子·外物》	
535	同上	薛少殷	不逐沧浪叟，还宗内外篇。	《楚辞·渔父》	同上
536			不逐沧浪叟，还宗内外篇。	《庄子》	
537			良辰难自掷，此日愿忘筌。	《庄子·外物》	
538	河鲤登龙门（二首）	失名	得名当是鲤，无点可成龙。	北魏·郦道元《水经注·河水四》	同上
539			若令摇尾去，雨露此时浓。	《庄子·秋水》	
540	同上	元積	鱼贯终何益，龙门在此登。	《辛氏三秦纪》（据《太平广记》卷四六六引）	同上
541			有时常（集作成当）作雨，无用耻为鹏。	《庄子·逍遥游》	
542	鲛人潜织	康翊仁	珠馆冯夷室，灵鲛信所潜。	《楚辞·远游》	同上

（续　表）

序　号	诗　题	作　者	用典诗句	典源文献	备　注
543			珠馆冯夷室，灵鲛信所潜。	西晋·张华《博物志》	
544			七襄牛女恨，三日大人嫌。	《诗经·小雅·大东》	
545			七襄牛女恨，三日大人嫌。	《玉台新咏·古诗为焦仲卿妻作》	
546	归马华山	白行简	牧野功成后，周王战马闲。	伪古文尚书《武成》	同上
547			幸逢时偃武，不复鼓鼙间。	《礼记·乐记》	
548	西戎献马	周存	天马从东道，皇威被远戎。	《史记·大宛列传》	《文苑英华》卷一八五
549			来兼八骏列，不假贰师功。	《穆天子传》	
550			来兼八骏列，不假贰师功。	《汉书·李广利传》	
551	天骥呈材（三首）	徐仁嗣	至德符天道，龙媒应圣明。	《汉书·礼乐志》	同上
552			追风奇质异，喷玉彩毛轻。	西晋·崔豹《古今注·鸟兽》	
553			追风奇质异，喷玉彩毛轻。	《穆天子传·黄池遥章》	
554			盐车虽不驾，今日亦长鸣。	《战国策·楚策四》	
555	同上	卢征	异产应尧年，龙媒顺制牵。	《周易·系辞下》	同上
556			异产应尧年，龙媒顺制牵。	《汉书·礼乐志》	
557			权奇初得地，蹀躞欲行天。	《汉书·礼乐志》	
558			讵假调金埒，宁须动玉鞭。	《世说新语·汰侈》	

（续 表）

序 号	诗 题	作 者	用典诗句	典源文献	备 注
559			周满夸常驭， 燕昭恨不传。	《穆天子传》	
560			周满夸常驭， 燕昭恨不传。	《战国策·燕策》	
561			应知流赭汗， 来自海西偏。	《史记·大宛列传》	
562	同上	郑遨	毛骨合天经， 拳奇步骤轻。	《汉书·礼乐志》	同上
563			曾邀于阗驾， 新出贰师营。	《史记·大宛列传》	
564			喷勒金铃响， 追风汗血生。	《史记·大宛列传》	
565			酒亭留去迹， 吴坂认嘶声。	《战国策·楚策四》	
566			王良如顾盼， 垂耳欲长鸣。	《吕氏春秋·观表》	
567	敕赐三相马	张随	上苑骅骝出， 中宫诏命传。	《史记·秦始皇本纪》	《文苑英 华 》卷 一八五
568			上苑骅骝出， 中宫诏命传。	《庄子·秋水》	
569			顾主声犹发， 追风力正全。	西晋·崔豹《古今注·鸟兽》	
570			鸣珂龙阙下， 喷玉凤池前。	南朝梁·何逊《车中见新林分 别甚盛》	
571			鸣珂龙阙下， 喷玉凤池前。	《史记·高祖本纪》唐·司马 贞《史记索隐》	
572			鸣珂龙阙下， 喷玉凤池前。	《穆天子传·黄池遥章》	
573			鸣珂龙阙下， 喷玉凤池前。	《晋书·荀勖传》	
574	骐骥长鸣（二首）	章孝标	力疲吴坂峻， 嘶苦朔风生。	《战国策·楚策四》	同上

（续　表）

序　号	诗　题	作　者	用典诗句	典源文献	备　注
575			瑶池期弄影， 天路欲飞声。	《穆天子传》	
576			盐车终愿脱， 千里为君行。	《战国策·楚策四》	
577	同上	陈去疾	骐骥忻知己， 嘶鸣忽异常。	《庄子·秋水》	同上
578			迹类三年鸟， 心驰五达庄。	《史记·滑稽列传》	
579			迹类三年鸟， 心驰五达庄。	《尔雅·释宫》	
580			向非逢伯乐， 谁足见其长。	《庄子·马蹄》	
581	仪凤	杨嗣复	郊薮今翔集， 河图意等伦。	《周易·系辞上》	《文苑英华》卷一八五
582			闻韶知鼓舞， 偶圣愿逡巡。	《尚书·虞书·益稷》	
583			比屋初同俗， 垂恩击壤人。	东汉·王充《论衡·感虚篇》	
584	缑山鹤	张仲素	羽客骖仙鹤， 将飞驻碧山。	《楚辞·远游》	同上
585			蓬瀛如可到， 逸翮讵能攀。	东晋·王嘉《拾遗记·高辛》	
586	织鸟	张何	所寄一枝在， 宁忧弋者猜。	《庄子·逍遥游》 《晋书·郤诜传》	同上
587	鹤警露	陈季	南国商飙动， 东皋野鹤鸣。	《诗经·小雅·四月》	同上
588			未假抟扶势， 焉知羽翼轻。	《庄子·逍遥游》	
589			吾君开太液， 愿得应皇明。	旧题东晋·葛洪《西京杂记》	
590	鹤鸣九皋	失名	胎化呈仙质， 长鸣在九皋。	《诗经·小雅·鹤鸣》	同上

序 号	诗 题	作 者	用典诗句	典源文献	备 注
591			升天如有应， 飞舞出蓬蒿。	西晋·皇甫谧《高士传·张仲蔚》	
592	黄鹄下太液池	贾岛	来从千里岛， 舞拂万年枝。	《文选·谢玄晖（脁）〈直中书省〉》	同上
593			太液无弹射， 灵禽翅不垂。	旧题东晋·葛洪《西京杂记》	
594	越裳献白翟 （二首）	王若岩	岁月三年远， 山川九译长。	《晋书·江统传》	同上
595			来从碧海路， 入见白云乡。	《庄子·天地》	
596	同上	孙昌彻	圣哲符休运， 伊皋列上台。	《后汉书·班固传》	同上
597			北阙欣初见， 南枝顾未回。	《汉书·高帝纪下》	
598	莺出谷（四首）	钱可复	玉律阳和变， 时禽羽翮新。	《吕氏春秋》	《文苑英华》卷一八五
599			抟风翻翰疾， 向日弄吭频。	《庄子·逍遥游》	
600			求友心何切， 迁乔幸有因。	《诗经·小雅·伐木》	
601	同上	张鹭	弱质随俦匹， 迁莺正及春。	《诗经·小雅·伐木》	同上
602			已得辞幽谷， 还将脱俗尘。	《诗经·小雅·伐木》	
603			鸳鸾方可慕， 燕雀迥无邻。	《诗经·周颂·振鹭》	
604			一枝如借便， 终冀托深仁。	《庄子·逍遥游》 《晋书·郤诜传》	
605	同上	刘庄物	幸因辞旧谷， 从此及芳晨。	《诗经·小雅·伐木》	同上
606			喜迁乔木近， 宁厌对花新。	《诗经·小雅·伐木》	

（续　表）

序　号	诗　题	作　者	用典诗句	典源文献	备　注
607	同上	刘得仁	稍类冲天鹤，多随折桂人。	旧题西汉·刘向《列仙传·王子乔》	同上
608			稍类冲天鹤，多随折桂人。	《晋书·郗诜传》	
609	柳陌听早莺	陶翰	王勃留将久，青楼梦不成。	三国魏·曹植《美女篇》	同上
610			徒有知音赏，惭非皋鹤鸣。	《诗经·小雅·鹤鸣》	
611	禁林闻晓莺	陆宸	曙色分层汉，莺声绕上林。	《史记·秦始皇本纪》	同上
612			语当温树近，飞觉禁林深。	《汉书·孔光传》	
613	鸟散余花落（三首）	窦洵直	万片情难极，迁乔思有余。	《诗经·小雅·伐木》	同上
614	鸟散余花落（三首）	孔温业	求友声初去，离枝色可嗟。	《诗经·小雅·伐木》	《文苑英华》卷一八五
615	好鸟鸣高枝	郑裒	养翮非无待，迁乔信自卑。	《庄子·逍遥游》	同上
616			养翮非无待，迁乔信自卑。	《诗经·小雅·伐木》	
617			影高迟日度，声远好风随。	《诗经·豳风·七月》	
618			委质经三岁，先鸣在一枝。	《庄子·逍遥游》；《晋书·郗诜传》	
619			上林如可托，弱羽愿差池。	《史记·秦始皇本纪》	
620	振振鹭	李频	由来鸳鹭侣，济济列千官。	《诗经·周颂·振鹭》	同上
621	出笼鹘	濮阳瓘	遥心长捧日，逸翰镇生风。	《三国志·魏志·程昱传》裴松之注引晋·王沈《魏书》	同上
622			一点青霄里，千声碧落中。	《史记·范雎列传》	

（续 表）

序 号	诗 题	作 者	用典诗句	典源文献	备 注
623	反舌无声	张籍	来年上林苑，知尔最先鸣。	《史记·秦始皇本纪》	同上
624	雪夜听猿吟	顾伟	一宿扶桑月，聊看怀好音。	《山海经·海外东经》	同上
625	寒蝉树	沈鹏	一叶初飞日，寒蝉益易惊。	《淮南子·说山训》	同上
626	沉珠于渊（二首）	独孤良器	不应无胫至，自为暗投殊。	《史记·鲁仲连邹阳列传》	《文苑英华》卷一八六
627	同上	独孤绶	至道归淳朴，明珠被弃捐。	《文选·班固〈东都赋〉》	同上
628			不是灵蛇吐，犹疑合浦旋。	东晋·干宝《搜神记》	
629			不是灵蛇吐，犹疑合浦旋。	东晋·葛洪《抱朴子·祛惑》	
630	珠还合浦	邓陟	昔逐诸侯去，今随太守还。	东晋·干宝《搜神记》	《文苑英华》卷一八六
631			鱼目徒相比，骊龙乍可攀。	《文选·任彦升〈到大司马记室笺〉》	
632	罔象得玄珠	张籍	离娄徒肆目，罔象乃通玄。	《孟子·离娄上》	同上
633			无胫真难掬，怀疑宝（类诗作实）易迁。	《史记·鲁仲连邹阳列传》	
634			无胫真难掬，怀疑宝（类诗作实）易迁。	东晋·葛洪《抱朴子·祛惑》	
635	浊水求珠（三首）	王起	润川终自媚，照乘且何由。	《文选·陆机〈文赋〉》	同上
636			润川终自媚，照乘且何由。	《史记·田敬仲完世家》	

（续　表）

序　号	诗　题	作　者	用典诗句	典源文献	备　注
637			蛇行无胫至，饮德已闻酬。	东晋·干宝《搜神记》	
638	同上	吕价	蚌胎应自别，鱼目岂能侔。	《文选·任彦升〈到大司马记室笺〉》	同上
639			日彩泽高鉴，星光诅暗投。	《史记·鲁仲连邹阳列传》	
640	同上	王损之	瞪目思清浅，褰裳恨暗投。	《史记·鲁仲连邹阳列传》	同上
641	暗投明珠（三首）	罗泰	媚川时未识，在掌共传名。	《文选·陆机〈文赋〉》	同上
642			守恩辞合浦，擅美掩连城。	东晋·葛洪《抱朴子·袪惑》	
643			守恩辞合浦，擅美掩连城。	《史记·廉颇蔺相如列传》	
644			鱼目应难近，谁知按剑情。	《文选·任彦升〈到大司马记室笺〉》	
645			鱼目应难近，谁知按剑情。	《史记·鲁仲连邹阳列传》	
646	暗投明珠（三首）	苑咸	谁言按剑者，猜忌却生雠。	《史记·鲁仲连邹阳列传》	《文苑英华》卷一八六
647	同上	崔藩	有泪井瑕弃，无谋自暗投。	《史记·鲁仲连邹阳列传》	同上
648			今朝感恩处，将欲报隋侯。	东晋·干宝《搜神记》	
649	水怀珠	莫宣卿	长川含媚色，波底孕灵珠。	《文选·陆机〈文赋〉》	同上
650			合浦当还日，恩威信已敷。	东晋·葛洪《抱朴子·袪惑》	
651	琢玉成器	叶季良	荆人献始遇，良匠琢初成。	《韩非子·何氏》	同上
652			自与琼瑶比，方随掌握荣。	《诗经·卫风·木瓜》	

（续 表）

序 号	诗 题	作 者	用典诗句	典源文献	备 注
653			因知君有用，高价仁连城。	《史记·廉颇蔺相如列传》	
654	玉卮无当（二首）	元稹	共惜连城宝，翻为无当卮。	《史记·廉颇蔺相如列传》	同上
655	沽美玉	罗立言	成器终期达，逢时岂见诬。	《韩非子·何氏》	同上
656			宝同珠照乘，价重剑论都。	《史记·田敬仲完世家》	
657			宝同珠照乘，价重剑论都。	东汉·袁康《越绝书·记宝剑》	
658			采研资良匠，无令瑕掩瑜。	《孔子家语·问玉》	
659	瑕瑜不相掩（二首）	武翊黄	抱璞应难辨，妍媸每自融。	《韩非子·和氏》	同上
660			贞姿偏特达，微玷遇磨砻。	《礼记·聘义》	
661			泾渭流终异，瑕瑜自不同。	《诗经·邶风·谷风》	
662	瑜不掩瑕	柴宿	待价知弥久，称忠定不诬。	《论语·子罕》	《文苑英华》卷一八六
663			他山当磨琢，慕爱是洪炉。	《诗经·小雅·鹤鸣》	
664			他山当磨琢，慕爱是洪炉。	《庄子·大宗师》	
665	玉水记方流（六首）	吴丹	影碎疑冲斗，光清耐掩舟。	《史记·项羽本纪》	同上
666			愿赴朝宗日，萦回入御沟。	《周礼·春官·大宗伯》《尚书·夏书·禹贡》	
667	同上	郑俞	璧沼宁堪比，瑶池讵可俦。	《穆天子传》	同上
668	同上	王鉴	比德称殊赏，含辉处至柔。	《左传·文公七年》	同上

（续　表）

序　号	诗　题	作　者	用典诗句	典源文献	备　注
669	同上	杜元颖	斗回虹气见，磬折紫光浮。	《礼记·聘义》	同上
670			异宝虽无胫，逢时愿俯收。	《三国志·吴书孙韶传》	
671	同上	陈昌言	久处沉潜贵，希当特达收。	《礼记·聘义》	同上
672	玉声如乐（二首）	刘轲	特达知难拟，玲珑岂易名。	《礼记·聘义》	同上
673			昆山如可得，一片亿为荣。	《晋书·郤诜传》	
674	同上	潘存实	韵含湘瑟切，音带舜弦清。	《楚辞·远游》	同上
675			韵含湘瑟切，音带舜弦清。	《礼记·乐记》	
676			不独藏虹气，犹能畅物情。	《礼记·聘义》	
677	琢玉（二首）	丁居晦	卞玉何时献，初疑尚在荆。	《韩非子·和氏》	《文苑英华》卷一八六
678			琢来闻制器，价衒胜连城。	《史记·廉颇蔺相如列传》	
679			虹气冲天白，云浮入信贞。	《礼记·聘义》	
680			虹气冲天白，云浮入信贞。	《史记·高祖本纪》	
681			他山岂无石，宁及此时呈。	《诗经·小雅·鹤鸣》	
682	同上	浩虚舟	琢磨虹气在，拂拭水容（一作尘）生。	《礼记·聘义》	同上
683			仁当（一作留）亲捧握，瑚琏幸齐名。	《礼记·明堂位》	

（续 表）

序 号	诗 题	作 者	用典诗句	典源文献	备 注
684	水精环	严维	能衔任黄雀，亦欲应时鸣。	南朝梁·吴均《续齐谐记》	同上
685	亚父碎玉斗（三首）	孟简	鸿门入巳迫，赤帝时潜退。	《史记·项羽本纪》	同上
686			鸿门入巳迫，赤帝时潜退。	《史记·高祖本纪》	
687			犹看虹气凝，讵惜冰姿碎。	《礼记·聘义》	
688	同上	何儒亮	嬴女昔解网，楚王有遗躅。	《左传·僖公三十三年》	同上
689			匪狗切泥功，将明怀璧辱。	《列子·汤问》	
690			匪狗切泥功，将明怀璧辱。	《左传·桓公十年》	
691			莫量汉祖德，空受项君勋。	《史记·高祖本纪》	
692			莫量汉祖德，空受项君勋。	《史记·项羽本纪》	
693			事去见前心，千秋渭水绿。	《诗经·邶风·谷风》	
694	美玉	南巨川	抱玉将何适，良工正在斯。	《韩非子·和氏》《老子》	《文苑英华》卷一八六
695			雕琢嗟成器，缁磷志不移。	《论语·阳货》	
696			终希逢善价，还得桂林枝。	《晋书·郤诜传》	
697	西戎献白玉环	张惟俭	自将荆璞比，不与郑环同。	《韩非子·和氏》	同上
698			自将荆璞比，不与郑环同。	《左传·昭公十六年》	
699	白珪无玷	辛宏	片玉表坚贞，逢时宝自呈。	《晋书·郤诜传》	同上

（续　表）

序　号	诗　题	作　者	用典诗句	典源文献	备　注
700			抱璞心常苦， 全真道未行。	《韩非子·和氏》	
701			抱璞心常苦， 全真道未行。	《庄子·盗跖》	
702			琢磨忻大匠， 还冀动连城。	《史记·廉颇蔺相如列传》	
703	金在镕	白行简	踊跃徒标异， 沉潜自可钦。	《庄子·大宗师》	同上
704			踊跃徒标异， 沉潜自可钦。	《尚书·洪范》	
705			何当得成器， 待叩向知音。	《列子·汤问》	
706	清如玉壶冰 （二首）	王维	晓凌飞鹊镜， 宵映聚萤书。	西汉·东方朔《神异经》 （据《太平御览》卷七一七引）	同上
707			晓凌飞鹊镜， 宵映聚萤书。	《晋书·车胤传》	
708	《清如玉壶冰》 （二首）	卢纶	瑶池惭洞澈， 金镜让澄明。	《穆天子传》	《文苑英 华》卷 一八六
709			瑶池惭洞澈， 金镜让澄明。	《文选·刘孝标〈广绝交论〉》	
710	玉壶冰（四首）	潘炎	勿令毫发累， 遗恨鲍公篇。	《宋书·宗室传·刘义庆传》 附《鲍照传》	同上
711	同上	失名	玄律阴风劲， 坚冰在玉壶。	《吕氏春秋》	同上
712			幽人若相比， 还得咏生刍。	《周易·履卦》	
713			幽人若相比， 还得咏生刍。	《诗经·小雅·白驹》	
714	同上	王季友	坚白能虚受， 清寒得自凝。	《论语·阳货》	同上
715			正值求珪瓒， 提携共饮冰。	《逸周书·王会》	

（续 表）

序 号	诗 题	作 者	用典诗句	典源文献	备 注
716			正值求珪瓒，提携共**饮冰**。	《庄子·人间世》	
717	同上	钱众仲	**冬律**初阴结，寒冰贮玉壶。	《吕氏春秋》	同上
718			霜姿虽异禀，**虹气**亦相符。	《礼记·聘义》	
719			色莹**连城璧**，形分照乘珠。	《史记·廉颇蔺相如列传》	
720			色莹连城璧，形分**照乘珠**。	《史记·田敬仲完世家》	
721			提携今在此，**抱素**节宁渝。	《老子》	
722	落日山照耀	失名	此境（一作景）谁复知，独怀**谢康乐**。	《宋书·谢灵运传》	《文苑英华》卷一八七
723	积雪为小山	刘眘虚	不随**迟日**尽，留顾岁华间。	《诗经·豳风·七月》	同上
724	监试莲花峰	刘得仁	气分**毛女**秀，灵有羽人踪。	旧题西汉·刘向《列仙传·毛女》	《文苑英华》卷一八七
725			气分毛女秀，灵有**羽人**踪。	《楚辞·远游》	
726	谢真人仙驾过旧山（二首）	范传正	**白鹿**行为卫，青鸾舞自闲。	西晋·谢承《后汉书》（据《艺文类聚》卷九十五引）	同上
727			白鹿行为卫，**青鸾**舞自闲。	《山海经·西山经》	
728			岂惟**辽海鹤**，空叹令威还。	东晋·陶渊明《搜神后记》卷一	
729	同上	夏方庆	逍遥看**白石**，寂寞闭玄关。	旧题西汉·刘向《列仙传·白石生》	同上
730	登云梯（二首）	殷琮	**赤城**容许到，敢惮百千层。	南朝梁·陶弘景《登真隐诀》（据《初学记》卷八引）	同上
731	同上	汤洙	**谢客**常游处，层峦枕碧溪。	南朝梁·钟嵘《诗品》	同上

序　号	诗　题	作者	用典诗句	典源文献	备　注
732			前修如可慕，捉（疑作投）足固思齐。	《论语·里仁》	
733	日暖万年枝	蒋防	新阳归上苑，嘉树独含妍。	《史记·秦始皇本纪》	同上
734	同上	郭求	阳德符君惠，嘉名表圣年。	《周易·系辞下》	同上
735			若承恩渥厚，常属栋梁贤。	《庄子·人间世》	
736	同上	王约	初升九华日，潜暖万年枝。	《文选·谢玄晖（朓）〈直中书省〉》	同上
737			隐映当龙阙，氛氲隔凤池。	《史记·高祖本纪》唐·司马贞《史记索隐》	
738			隐映当龙阙，氛氲隔凤池。	《晋书·荀勖传》	
739	同上	郑师贞	光摇连北阙，影泛满南枝。	《汉书·高帝纪下》	同上
740			余晖诚可托，况近凤凰池。	《晋书·荀勖传》	
741	风动万年枝	樊阳源	影动丹墀上，声传紫禁中。	《文选·谢庄〈宋孝武宣贵妃诔〉》	《文苑英华》卷一八七
742			长令占天眷，四气借全功。	《列子·天瑞》	
743	同上	许稷	晓浮三殿日，暗度万年枝。	《文选·谢玄晖（朓）〈直中书省〉》	同上
744	禁中春松（四首）	陆贽	愿符千载（类诗作千岁）寿，不羡五株封。	《史记·秦始皇本纪》	同上
745	同上	周存	影密金茎近，花明凤沼通。	《文选·班固〈西都赋〉》《汉书·五帝本纪》	同上
746			影密金茎近，花明凤沼通。	《晋书·荀勖传》	

（续 表）

序 号	诗 题	作 者	用典诗句	典源文献	备 注
747			安知幽涧侧， 独与散樗丛。	《庄子·逍遥游》	
748	同上	员南溟	叶深栖语鹤， 枝亚拂朝臣。	南朝宋·刘敬叔《异苑》	同上
749			全节长衣地， 陵云欲致身。	《论语·学而》	
750			山苗荫不得， 生植荷陶钧。	《史记·邹阳列传》	
751	贡院楼北新栽小 松（四首）	李正封	尚带山中色， 犹含洞里春。	南朝梁·任昉《述异记》	同上
752			为梁资大厦， 封爵耻嬴秦。	《史记·秦始皇本纪》	
753	同上	白行简	北户知犹远， 东堂幸见容。	《晋书·郤诜传》	同上
754			山苗不可荫， 孤直俟秦封。	《史记·秦始皇本纪》	
755	贡院楼北新栽小 松（四首）	钱众仲	每与芝兰近， 常惭雨露均。	《世说新语·言语》	《文苑英 华 》卷 一八七
756	同上	吴武陵	叶少初陵雪， 鳞生欲化龙。	《辛氏三秦纪》（据《太平御览》 卷四六六引）	同上
757	尚书都堂瓦松	李晔	接栋临双阙， 连甍近九重。	《楚辞·九辩》	同上
758	文宣王庙古松	李甯	列植成均里， 分行古庙前。	《周礼·春官·大司乐》	同上
759	幽人折芳桂	失名	一枝终是折， 荣耀在东堂。	《晋书·郤诜传》	同上
760			一枝终是折， 荣耀在东堂。	《晋书·郤诜传》	
761	秋风生桂枝	失名	常闻小山里， 迪客最先知。	《楚辞·招隐士》	同上
762	月中桂树	顾封人	能齐大椿长， 不与小山同。	《庄子·逍遥游》	同上

（续 表）

序 号	诗 题	作 者	用典诗句	典源文献	备 注
763			能齐大椿长，不与小山同。	《楚辞·招隐士》	
764	华州试月中桂	张乔	与月转鸿蒙，扶疏万古同。	《庄子·在宥》	同上
765			未种丹霄日，应虚玉（一作白）兔宫。	西晋·傅玄《拟天问》（据《太平御览》卷四引）	
766			如何当（一作何当因）羽化，细得问玄功。	《汉书·淮南王传》	
767			如何当（一作何当因）羽化，细得问玄功。	南朝齐·谢朓《三日侍宴曲水代人应诏诗》	
768	府试木向荣	郑谷	秪待花开日，连栖出谷莺。	《诗经·小雅·伐木》	同上
769	古木卧平沙	王冷然	不逢星汉使，谁辨是灵槎。	《晋书·天文志上》	同上
770			不逢星汉使，谁辨是灵槎。	西晋·张华《博物志》	
771	竹箭有筠（三首）	李程	能将先进礼，义与后雕邻。	《论语·子罕》	《文苑英华》卷一八七
772			陶钧二仪内，柯叶四时春。	《史记·邹阳列传》	
773			陶钧二仪内，柯叶四时春。	三国魏·曹植《曹植集·〈惟汉行〉》	
774			待凤花仍吐，停霜色更新。	《庄子·秋水》	
775	同上	席夔	共爱东南美，青青叹有筠。	《尔雅·释地》	同上
776	震为苍莨竹	朱庆余	结实皆留凤，垂阴似庇人。	《庄子·秋水》	同上

（续 表）

序 号	诗 题	作 者	用典诗句	典源文献	备 注
777			愿为竿在手，深水钓（集作挂）赪鳞。	旧题西汉·刘向《列仙传·吕尚》	
778	嘉禾合颖（二首）	孟简	玉烛将成岁，封人亦自歌。	《尸子》卷上	同上
779	同上	失名	天祚皇王德，神呈瑞穀嘉。	《左传·宣公三年》	同上
780			薰风浮合颖，湛露净祥花。	《吕氏春秋·有始》	
781			薰风浮合颖，湛露净祥花。	《诗经·小雅·湛露·序》	
782			影（疑）同唐叔献，称庆比周家。	伪古文尚书《微子之命》	
783	秋稼如云	蒋防	肆目如云处，三田大有秋。	《礼记·王制》	同上
784			稍混从龙势，宁同触石幽。	《周易·乾卦》	
785			稍混从龙势，宁同触石幽。	《公羊传·僖公三十一年》	
786			始惬仓箱望，终无灭裂忧。	《诗经·小雅·甫田》	
787			始惬仓箱望，终无灭裂忧。	《庄子·则阳》	
788			西成知不远，雨露复何酬。	《尚书·尧典》	
789	麦穗两岐	郑畋	愿依连理树，俱作万年枝。	东汉·班固《白虎通·封禅》	《文苑英华》卷一八七
790			愿依连理树，俱作万年枝。	《文选·谢玄晖（朓）〈直中书省〉》	
791	余瑞麦	张聿	瑞麦生尧日，芃芃雨露偏。	《周易·系辞下》	同上

（续　表）

序　号	诗　题	作　者	用典诗句	典源文献	备　注
792			两岐分更合，**异亩颖仍连**。	《尚书·周书·归禾·序》	
793			**仁风**吹靡靡，甘雨长芊芊。	《世说新语·言语》	
794			已闻大卜泰，谁为济**西田**。	《尚书·尧典》	
795	良田无晚岁	丁泽	忱忱（疑）盈千亩，青青保**万箱**。	《诗经·小雅·甫田》	同上
796	霜菊	席夔	宁祛**青女**威，愿盈君子掬。	《淮南子·天文训》	同上
797			持来泛**樽**酒，永以照幽独。	南朝梁·慧皎《高僧传·宋京师杯度》	
798	同上	失名	秋尽北风去，**律移**寒气肃。	《吕氏春秋》	同上
799			**骚人**有遗咏，陶令曾盈掬。	南朝梁·萧统《文选序》	
800			骚人有遗咏，**陶令**曾盈掬。	《宋书·隐逸传·陶潜传》	
801	花发上林	独孤授	**上苑**韶容早，芳菲正吐花。	《史记·秦始皇本纪》	《文苑英华》卷一八八
802	花发上林（六首）	周渭	灼灼花凝雪，春来发**上林**。	《史记·秦始皇本纪》	同上
803			**一枝**如可冀，不负折芳心。	《晋书·郄诜传》	
804			一枝如可冀，不负**折芳**心。	《晋书·郄诜传》	
805	同上	窦常	**上苑**晓沉沉。花枝乱缀阴。	《史记·秦始皇本纪》	同上
806			色浮双阙近，春入**九门**深。	《礼记·月令》	
807			艳回**秦女**目，愁处越人心。	旧题西汉·刘向《列仙传》	

（续 表）

序 号	诗 题	作 者	用典诗句	典源文献	备 注
808			艳回秦女目， 愁处越人心。	《商君书·修权》	
809			宁知幽谷羽， 一举欲依林。	《诗经·小雅·伐木》	
810	同上	王表	上苑春何早， 繁花已满林。	《史记·秦始皇本纪》	同上
811			欲托凌云势， 先开捧日心。	《三国志·魏志·程昱传》裴 松之注引晋·王沈《魏书》	
812			当知桃李树， 从此必成阴。	《史记·李将军传赞》	
813	同上	失名	花发三阳盛， 香飘五柞深。	南朝宋·孔皋《会稽记》（据《艺 文类聚》卷八引）	同上
814	曲江亭望慈恩寺 杏园花发（四首）	李君何	地闲分禁（一 作鹿）苑，景 胜类桃源。	东晋·陶渊明《桃花源记》	同上
815	曲江亭望慈恩寺 杏园花发（四首）	周弘亮	愿莫随桃李， 芳菲不为言。	《史记·李将军列传》	《文苑英 华》卷 一八八
816	同上	曹著	异香飘九陌， 丽色映千门。	《汉宫殿疏》（据《初学记》卷 二十四引）	同上
817			谁复争桃李， 含芳自不言。	《史记·李将军列传》	
818	同上	陈嚣	紫陌传香远， 红泉落影斜。	东汉·郭宪《洞冥记》	同上
819	金谷园花发怀古 （三首）	王质	寂寥金谷涧， 花发旧时园。	北魏·郦道元《水经注·谷水》	同上
820			山川终不改， 桃李自无言。	《史记·李将军列传》	
821	同上	张公义	今日春风至， 花开石氏园。	北魏·郦道元《水经注·谷水》	同上
822			谷变迷铺锦， 台馀认树萱。	《诗经·小雅·十月之交》	
823			谷变迷铺锦， 台馀认树萱。	《诗经·卫风·伯兮》	

（续 表）

序 号	诗 题	作 者	用典诗句	典源文献	备 注
824	同上	失名	春风生梓泽，迟景映花林。	《晋书·石崇传》	同上
825			地形同万古，笑价失千金。	东汉·崔骃《七依》	
826	芙蓉出水	陈至	芳香正堪玩，谁报涉江人。	《楚辞·九章·涉江》	同上
827	同上	贾暮	涉江如可采，从此免迷津。	《楚辞·九章·涉江》	同上
828	华林园早梅	郑述诚	止渴曾为用，和羹旧有才。	伪古文尚书《商书·说命下》	同上
829			止渴曾为用，和羹旧有才。	《尚书·商书·说命下》	
830	潘安仁戴星看河阳花发	吕敞	行春潘令至，勤恤戴星光。	《尚书·召诰》	同上
831			桃李今无数，从兹愿比方。	《史记·李将军列传论》	
832	宫池产瑞莲	王贞白	香飘鸡树近，荣占凤池先。	《三国志·魏志·刘放传》南朝宋·裴松之注引《世语》	《文苑英华》卷一八八
833			香飘鸡树近，荣占凤池先。	《晋书·荀勖传》	
834			愿同指佞草，生向帝尧前。	西晋·张华《博物志》卷四	
835			愿同指佞草，生向帝尧前。	《尚书中候》（据《初学记》卷六引）	
836	小苑春望宫池柳色（十首）	张昔	遥分万条柳，回出九重城。	《楚辞·九辩》	同上
837			年光正堪折，欲寄一枝荣。	《晋书·郗诜传》	
838	同上	黎逢	渐到依依处，思闻出谷莺。	《诗经·小雅·伐木》	同上
839	同上	丁位	它时花满路，从此接迁莺。	《诗经·小雅·伐木》	同上

（续　表）

序　号	诗　题	作　者	用典诗句	典源文献	备　注
840	同上	杨系	愿驻高枝上，还同**出谷莺**。	《诗经·小雅·伐木》	同上
841	同上	元友直	怡然变芳节，愿及**一枝荣**。	《晋书·郤诜传》	同上
842	同上	杨系	愿驻高枝上，还同**出谷莺**。	《诗经·小雅·伐木》	同上
843	同上	杨凌	**上苑**闲游早，东风柳色轻。	《史记·秦始皇本纪》	同上
844	同上	张季略	倘得**辞幽谷**，高枝寄一名。	《诗经·小雅·伐木》	同上
845			倘得辞幽谷，**高枝寄一名**。	《晋书·郤诜传》	
846	御沟新柳（六首）	陈羽	夹堤连**太液**，还似映天津。	旧题东晋·葛洪《西京杂记》	同上
847			夹堤连太液，还似映**天津**。	《楚辞·离骚》	
848	御沟新柳（六首）	欧阳詹	**芳意能（集作堪）相赠，一枝先远人**。	《三辅黄图》	《文苑英华》卷一八八
849	同上	李观	近映**章台骑**，遥分禁苑春。	《汉书·张敞传》	同上
850	同上	刘遵古	远和**瑶草**色，暗拂玉楼尘。	西汉·东方朔《与友人书》	同上
851			远和瑶草色，暗拂**玉楼**尘。	旧题西汉·东方朔《海内十洲记》	
852	原隰荑绿柳	温庭筠	新莺将**出谷**，应借一枝栖。	《诗经·小雅·伐木》	同上
853			新莺将出谷，应借**一枝栖**。	《晋书·郤诜传》	
854	御园芳草	陆贽	阴阴御园里，**瑶草**日光长。	西汉·东方朔《与友人书》	同上
855	龙池春草（三首）	宋迪	**凤阙**韶光遍，龙池草色匀。	《史记·孝武本纪》	同上

（续　表）

序　号	诗　题	作　者	用典诗句	典源文献	备　注
856			已胜生金埒，长思藉玉轮。	《世说新语·汰侈》	
857			翠华如见幸，正好及兹辰。	《汉书·司马相如列传上》	
858	同上	万侯造	迟引萦芳蝶，偏宜拾翠人。	《文选·曹植〈子建〉〈洛神赋〉》	同上
859			那怜献赋者，惆怅惜兹辰。	旧题东晋·葛洪《西京杂记》	
860	方士进恒春草	梁锽	北阙颜弥驻，南山寿更长。	《汉书·高帝纪下》	同上
861			北阙颜弥驻，南山寿更长。	《诗经·小雅·天保》	
862	礼闱阶前春草生	失名	微开曳履处，常对讲经前。	《汉书·郑崇传》	同上
863			微开曳履处，常对讲经前。	《汉书·叙传》	
864			河畔虽同色，南宫淑景先。	《后汉书·郑弘传》	
865	春草凝露	张友正	独爱池塘畔，清华远袭人。	东晋·谢混《游西池》	《文苑英华》卷一八八
866	春草碧色（二首）	殷文圭	细草含愁碧，芊绵南浦滨。	《楚辞·九歌·河伯》	同上
867			杜回如可结，誓作报恩身。	《左传·宣公十五年》	
868	生刍一束（二首）	于结	孺子才虽远，公孙策未行。	《后汉书·徐稺传》	同上
869			孺子才虽远，公孙策未行。	《史记·平津侯主父列传》	
870	同上	郑孺华	孙宏期射策，长倩赠生刍。	《史记·平津侯主父列传》	同上
871			孙宏期射策，长倩赠生刍。	旧题东晋·葛洪《西京杂记》	

（续 表）

序 号	诗 题	作 者	用典诗句	典源文献	备 注
872			孙宏期射策，长倩赠生刍。	《后汉书·徐稚传》	
873			芝兰方入室，萧艾莫同途。	《世说新语·言语》	
874			芝兰方入室，萧艾莫同途。	《楚辞·离骚》	
875			葑菲如堪采，山苗自可逾。	《诗经·邶风·谷风》东汉·郑玄笺	
876	至人无梦	蒋防	已颐希微理，知将静默邻。	《老子》	《文苑英华》卷一八九
877			坐忘宁有梦，迹灭示凝神。	《庄子·大宗师》	
878			化蝶诚知（一作知成）幻，征兰匪契真。	《庄子·齐物论》	
879			化蝶诚知（一作知成）幻，征兰匪契真。	《左传·宣公三年》	
880			抱玄虽解带，守一自离尘。	《庄子·在宥》	
881			寥朗壶中晓，虚明洞里春。	《后汉书·费长房传》	
882			寥朗壶中晓，虚明洞里春。	南朝梁·任昉《述异记》	
883			翛然碧霞客，那比漆园人。	《史记·老子韩非列传》	
884	人不易知（二首）	郑昉	入秦书十上，投楚岁三移。	《战国策》	《文苑英华》卷一八九
885			和玉翻为泣，齐竽或滥吹。	《韩非子·和氏》	
886			和玉翻为泣，齐竽或滥吹。	《韩非子·内储说上》	

（续　表）

序　号	诗　题	作　者	用典诗句	典源文献	备　注
887			周行虽有实， 殷鉴在前规。	《诗经·周南·卷耳》	
888			周行虽有实， 殷鉴在前规。	《诗经·大雅·荡》	
889			夤亮推多士， 清通固赏奇。	《尚书·多方》	
890			冬日承余爱， 霜云喜暂披。	《左传·文公七年》	
891			冬日承余爱， 霜云喜暂披。	《世说新语·德行》	
892			无令见瞻后， 回照复云疲。	《世说新语·言语》	
893	同上	失名	九德皆殊进， 三端岂易施。	《尚书·皋陶谟》《左传·昭公 二十八年》《逸周书·常训》	同上
894			九德皆殊进， 三端岂易施。	西汉·韩婴《韩诗外传》	
895			同称昆岫宝， 共握桂林枝。	《晋书·郄诜传》	
896			同称昆岫宝， 共握桂林枝。	《晋书·郄诜传》	
897			郑鼠今奚别， 齐竽或滥吹。	《后汉书·应劭传》	
898			郑鼠今奚别， 齐竽或滥吹。	《韩非子·内储说上》	
899			瑶台有光鉴， 屡照不应疲。	东晋·王嘉《拾遗记·昆仑山》	
900			瑶台有光鉴， 屡照不应疲。	《世说新语·言语》	
901			龙门峻且极， 骥足庶来驰。	《辛氏三秦纪》（据《太平广记》 卷四六六引）	
902			龙门峻且极， 骥足庶来驰。	《三国志·蜀书·庞统转》	
903			太息李元礼， 期君幸一知。	《后汉书·党锢列传》	

（续 表）

序 号	诗 题	作 者	用典诗句	典源文献	备 注
904	行不由径（四首）	孟封	天衢皆利往，吾道本**方行**。	《尚书·立政》	《文苑英华》卷一八九
905			不复由**蓬径**，无因访蒋生。	东汉·赵岐《三辅决录·逃名》	
906			不复由蓬径，无因访**蒋生**。	东汉·赵岐《三辅决录》	
907			三条遵广道，**九轨**尚安贞。	《周礼·考工记·匠人》	
908			**澹台**千载后，公道有遗名。	《史记·仲尼弟子列传》	
909	同上	王炎	长衢贵高步，大路自**规行**。	西晋·陆机《长安有狭邪行》	同上
910			且虑（类诗作且避）**萦**纡僻，将求**坦荡**情。	《论语·述而》	
911	行不由径（四首）	张籍	**子羽**有遗迹，孔门传旧声。	《史记·仲尼弟子列传》	《文苑英华》卷一八九
912			今逢**大君子**，士节再（集作自）应明。	《荀子·仲尼》	
913	同上	俞简	古人心有尚，乃是**孔门**生。	《史记·仲尼弟子列传》	同上
914			为计**安贫乐**，当从大道行。	《后汉书·蔡邕传》	
915			为计安贫乐，当从**大道**行。	《礼记·礼运》	
916	言行相顾（二首）	孟翱	当令夫子察，无宿**仲由**贤。	《史记·仲尼弟子列传》	同上
917	求自试	窦常	**陈王抗表**日，毛遂请行秋。	《三国志·魏志·陈思王植传》	同上
918			陈王抗表日，**毛遂**请行秋。	《史记·平原君虞卿列传》	

序　号	诗　题	作　者	用典诗句	典源文献	备　注
919			双剑曾埋狱，司空问斗牛。	《晋书·张华传》	
920	天门街西观荣王聘妃（二首）	张光朝	三周初展义，百两遂言归。	《礼记·昏义》	同上
921			三周初展义，百两遂言归。	《诗经·召南·鹊巢》	
922			桥成乌鹊助，盖转凤凰飞。	东汉·应劭《风俗通》	
923			从兹盘石固，应为得贤妃。	《荀子·富国》	
924	同上	梁铉	帝子乘龙夜，三星照户前。	《楚国先贤传》（据《艺文类聚》卷四十引）	同上
925			帝子乘龙夜，三星照户前。	《诗经·唐南·绸缪》	
926			罗绮明中识，箫韶暗里传。	《尚书·虞书·益稷》	
927			灯攒九华扇，帐撒五铢钱。	旧题东汉·班固《汉武帝内传》	
928			交颈文鸳合，和鸣彩凤连。	西汉·司马相如《琴歌二首》（据《玉台新咏》卷九引）	
929			交颈文鸳合，和鸣彩凤连。	《左传·庄公二十二年》	
930	太社观献捷	白居易	班师郊社内，操袂凯歌中。	《礼记·曲礼上》	《文苑英华》卷一八九
931			小臣同鸟兽，率舞向皇风。	《尚书·舜典》	
932	观剑南献捷	失名	唐虞方德易，卫霍比功难。	《文选·潘岳〈西征赋〉》	同上
933			共睹俘囚入，赓歌万国安。	《尚书·虞书·益稷》	
934	河中献捷	张随	凯歌千里内，喜气二仪中。	三国魏·曹植《曹植集·〈惟汉行〉》	同上

（续 表）

序 号	诗 题	作 者	用典诗句	典源文献	备 注
935			将军初**执讯**，明主欲论功。	《诗经·小雅·出车》	
936			苍生幸无事，自此乐**尧风**。	《周易·系辞下》	
937	送薛大夫和蕃（二首）	失名	往途遵塞道，**出祖**耀都门。	《诗经·大雅·韩奕》	同上
938	李太尉重阳日得苏属国书	白行简	回头向南望，掩泪对**双鱼**。	《文选·古乐府·饮马长城窟行》	同上
939	题杜宾客新丰里幽居	蒋防	退迹依**三径**，辞荣继二疏。	东汉·赵岐《三辅决录·逃名》	同上
940			退迹依三径，辞荣继**二疏**。	《汉书·疏广传》	
941			圣情容解印，**帝里**许悬车。	《文选·陆倕〈石阙铭〉》	
942			圣情容解印，帝里许**悬车**。	《白虎通·致仕》	
943			已去**龙楼**籍，犹分御廪储。	《汉书·成帝纪》	
944			应嗤**紫芝**客，远就白云居。	西晋·皇甫谧《高士传》	
945			应嗤紫芝客，远就**白云居**。	《庄子·天地》	
946	仲秋太常寺观公辂车拜陵	苗重芳	南吕初**开律**，金风已戒凉。	《吕氏春秋》	《文苑英华》卷一八九
947			卤簿辞**丹阙**，威仪列太常。	《史记·孝武本纪》	
948	早春送郎官出宰	张随	**粉署**时回首，铜章已在身。	东汉·应劭《汉官仪》（据《太平御览》卷二一五引）	同上
949			粉署时回首，**铜章**已在身。	《汉书·西域传·乌孙传》	
950			**鸣琴**化欲展，起草恋空频。	《吕氏春秋·开春论·察贤》	

（续 表）

序 号	诗 题	作 者	用典诗句	典源文献	备 注
951	武德殿朝退望九衢春色	曹松	南山初过雨，**北阙**净无尘。	《汉书·高帝纪下》	同上
952			夹道**夭桃**满，连沟御柳新。	《诗经·周南·桃夭》	
953	金茎	徐敞	**铜盘**贮珠露，**仙掌**抗金茎。	《史记·封禅书》	同上
954			铜盘贮珠露，仙掌抗金茎。	《文选·班固〈西都赋〉》《汉书·武帝本纪》	
955			**大君**当御宇，何必去蓬瀛。	《周易·师卦》	
956			大君当御宇，何必去**蓬瀛**。	东晋·王嘉《拾遗记·高辛》	
957	锦带佩吴钩	张友正	彩缕**回文**出，雄芒练影浮。	《晋书·列女传·窦滔妻苏氏传》	同上
958	观淬龙泉剑	裴夷直	**欧冶**将成器，风胡幸见逢。	《吕氏春秋·不苟论·赞能》	《文苑英华》卷一八九
959			欧冶将成器，**风胡**幸见逢。	东汉·袁康《越绝书·外传记宝剑》	
960			**发硎**思剚玉，投水化为龙。	《庄子·养生主》	
961			发硎思剚玉，**投水化为龙**。	《晋书·张华传》	
962	青出蓝（二首）	王季文	还同**冰出水**，不共草为萤。	《荀子·劝学》	同上
963			还同冰出水，不共**草为萤**。	《礼记·月令》	
964	同上	吕温	朱研方**比德**，白受始成形。	《左传·文公七年》	同上
965	晦日同志昆明池泛舟（二首）	朱余庆	**劫灰**难问理，岛树偶知名。	南朝梁·释慧皎《高僧传·汉洛阳白马寺竺法兰》	同上
966	同上	失名	灵沼疑**河汉**，萧条见斗牛。	《文选·〈古诗十九首〉其十》	同上

（续 表）

序 号	诗 题	作 者	用典诗句	典源文献	备 注
967			龙津如可上，长啸且乘流。	《辛氏三秦纪》（据《太平广记》卷四六六引）	
968	上元日听太清宫步虚	张仲素	仙客开金箓，元辰会玉京。	《魏书·释老志》	同上
969			灵歌宾紫府，雅韵出层城。	东晋·葛洪《抱朴子·内篇·祛惑》	
970			灵歌宾紫府，雅韵出层城。	《淮南子·墬形训》	
971			谁知九陌上，尘俗仰遗声。	《汉宫殿疏》（据《初学记》卷二十四引）	
972	府试中元观道流步虚	殷尧恭	玄都开秘箓，白石礼先生。	旧题西汉·刘向《列仙传·白石生》	同上
973			星辰朝帝处，鸾鹤步虚声。	南朝宋·汤惠休《楚明妃曲》	
974	河南府试乡饮酒	吕温	酌言虽旧典，刘楚始登堂。	《诗经·小雅·瓠叶》	《文苑英华》卷一八九
975			酌言虽旧典，刘楚始登堂。	《诗经·周南·汉广》	
976			想同莺出谷，看似雁成行。	《诗经·小雅·伐木》	
977			想同莺出谷，看似雁成行。	《南史·张缅传》	
978			礼罢知何适，随云入帝乡。	《庄子·天地》	
979	京兆府试目极千里	刘得仁	献赋多年客，低眉恨且千。	《史记·司马相如传》	同上
980	国学试风化下	薛能	南薰歌自溥，北极响皆通。	《礼记·乐记》	同上
981			蘋末看无状，人间觉有功。	《文选·宋玉〈风赋〉》	
982	府试古镜	失名	旧秦时镜，今来古匣中。	旧题东晋·葛洪《西京杂记》	同上

（续　表）

序　号	诗　题	作者	用典诗句	典源文献	备　注
983			石黛曾留殿， **朱光**适在宫。	《文选·陆机〈汉高祖功臣颂〉》	
984	秦镜（二首）	仲子陵	万古**秦时镜**， 从来抱至精。	旧题东晋·葛洪《西京杂记》	同上
985	同上	张佐	楼上**秦时镜**， 千秋独有名。	旧题东晋·葛洪《西京杂记》	同上
986	江陵府初试澄心 如水	卢肇	内明非有物， **上善**本无鱼。	《老子》	同上
987			**养蒙**方浩浩， 出险（集作海） 每徐徐。	《周易·蒙卦》	
988	省试骊珠	耿湋	欲问投人否， 先论**按剑**无。	《史记·鲁仲连邹阳列传》	《全唐诗》 卷二六九
989			倘怜希代价， 敢对此**冰壶**。	《文选·鲍照〈白头吟〉》	
990	清明日赐百官新 火	郑辕	皇明如照隐， 顾及**聚萤**人。	《晋书·车胤传》	《全唐诗》 卷二八一
991	礼部试早春残雪	姚康	玉尘销欲尽， 穷巷起**袁安**。	《后汉书·袁安传》唐·李贤 注引《汝南先贤传》	《全唐诗》 卷三三一
992	省试临渊羡鱼	徐牧	清泚**濯缨**处， 今来喜一临。	《孟子·离娄上》《楚辞·渔父》	《全唐诗》 卷四六六
993			惭无下钓处， 空有**羡鱼**心。	《淮南子·说林训》	
994			此时倘不漏， 江上免**行吟**。	《楚辞·渔父》	
995	府试丹浦非乐战	李频	自古为君道， **垂衣**治理难。	《周易·系辞下》	《全唐诗》 卷五八九
996	府试风雨闻鸡	同上	不为风雨变， **鸡德**一何贞。	西汉·韩婴《韩诗外传》	同上
997	诏放云南子弟还 国	郑洪业	雕题辞**凤阙**， 丹服出金门。	《史记·孝武本纪》	《全唐诗》 卷六〇〇
998			雕题辞凤阙， 丹服出**金门**。	《史记·滑稽列传·东方朔传》	

（续 表）

序 号	诗 题	作 者	用典诗句	典源文献	备 注
999	省试腊后望春宫	林宽	时见宸游兴，因观稼穑功。	《史记·周本纪》	《全唐诗》卷六〇六
1000	省试秋风生桂枝	罗隐	因悲远归客，长望一枝荣。	《晋书·郤诜传》	《全唐诗》卷六五九
1001	府试莱城晴日望三山	徐彬	不易识蓬瀛，凭高望有程。	东晋·王嘉《拾遗记·高辛》	《全唐诗》卷六七八
1002	府试雨夜帝里闻猿声	吴融	已吟何逊恨，还赋屈平情。	南朝梁·何逊《临行与故游夜别》	《全唐诗》卷六八七
1003			已吟何逊恨，还赋屈平情。	《史记·屈原传》	
1004	省试奉诏涨曲江池	黄滔	愿当舟楫便，一附济川人。	伪古文尚书《商书·说命上》	《全唐诗》卷七〇六
1005			愿当舟楫便，一附济川人。	伪古文尚书《商书·说命上》	
1006	省试一一吹竽	同上	齐竽今历试，真伪不难知。	《韩非子·内储说上》	同上
1007	襄州试白云归帝乡	同上	旅人随计日，自笑比麻衣。	《史记·儒林列传序》	《全唐诗》卷七〇六
1008	省试内出白鹿宣示百官	同上	形夺场驹洁，光交月兔寒。	西晋·傅玄《拟天问》（据《太平御览》卷四引）	《全唐诗》卷七〇六
1009			已驯瑶草别，孤立雪花团。	西汉·东方朔《与友人书》	
1010			戴豸惭端士，抽毫跃史官。	《淮南子·主术训》	
1011			贵臣歌咏日，皆作白麟看。	《汉书·孝武帝纪》	
1012	东风解冻省试	徐寅	入律三春照，朝宗万里通。	《吕氏春秋》	《全唐诗》卷七一一
1013			入律三春照，朝宗万里通。	《周礼·春官·大宗伯》《尚书·夏书·禹贡》	
1014	（省题诗）巨鱼纵大壑	钱起	龙撼回地轴，鲲化想天池。	《庄子·逍遥游》	《全唐诗》卷二三八

序　号	诗　题	作　者	用典诗句	典源文献	备　注
1015			方快**吞舟**意，尤殊在藻嬉。	《庄子·庚桑楚》	
1016			倾危嗟**幕燕**，隐晦诮泥龟。	《左传·襄公二十九年》	
1017			倾危嗟幕燕，隐晦诮**泥龟**。	《庄子·秋水》	
1018	（省题诗）春日过奉诚园	畅当	**帝里**阳和日，游人到御园。	《文选·陆倕〈石阙铭〉》	《全唐诗》卷二八七
1019			又期**攀桂**后，来赏百花繁。	《晋书·邵诜传》	
1020	（省题诗）学诸进士作精卫衔石填海	韩愈	何惭**刺客**传，不著报仇名。	《史记·太史公自序》	《全唐诗》卷三四三
1021	（省题诗）金谷园怀古	陈通方	缓步洛城下，轸怀**金谷园**。	北魏·郦道元《水经注·谷水》	《全唐诗》卷三六八
1022			徒闻施**锦帐**，此地拥行轩。	《世说新语·侈汰》	
1023	（省题诗）赋得巨鱼纵大壑	姚康	**龙门**应可度，鲛室岂常居。	《辛氏三秦纪》（据《太平广记》卷四六六引）	《全唐诗》卷三三一
1024			龙门应可度，**鲛室**岂常居。	《文选·木玄虚（华）〈海赋〉》	
1025			乘流千里去，风力藉**吹嘘**。	《后汉书·郑太传》	
1026	（省题诗）赋得春雪映早梅	元稹	一枝方渐秀，**六出**已同开。	西汉·韩婴《韩诗外传》（据《太平御览》卷十二引）	《全唐诗》卷四〇九
1027			**扶风**飘不散，见晛忽偏摧。	《庄子·逍遥游》	
1028			**郢曲**琴空奏，羌音笛自哀。	《文选·宋玉〈对楚王问〉》	
1029	（省题诗）赋得桃李无言	李商隐	**夭桃**花正发，秾李蕊方繁。	《诗经·周南·桃夭》	《全唐诗》卷五四一
1030			应候非争艳，**成蹊**不在言。	《史记·李将军列传论》	

（续 表）

序 号	诗 题	作 者	用典诗句	典源文献	备 注
1031			芬芳光上苑，寂寞委中园	《史记·秦始皇本纪》	

参 考 文 献

（均按时间先后顺序排列）

（一）　工具书

[1]　商务印书馆编辑部 . 辞源 [M]. 北京：商务印书馆 ,1979.

[2]　辞海编辑委员会 . 辞海 [M]. 上海：上海辞书出版社 ,1979.

[3]　汉语大辞典编委会 . 汉语大词典 [M]. 上海：汉语大词典出版社 ,1988.

[4]　陈致 . 中国古代诗词典故辞典 [M]. 北京：燕山出版社 ,1991.

[5]　赵超 . 汉魏南北朝墓志汇编 [M]. 天津：天津古籍出版社 ,1992.

[6]　马君骅 . 汉语典故词典 [M]. 上海：汉语大词典出版社 ,1998.

[7]　范之麟，吴庚舜 . 全唐诗典故辞典 [M]. 武汉：湖北辞书出版社 ,2001.

[8]　赵应铎 . 中国典故大辞典 [M]. 上海：汉语大词典出版社 ,2005.

[9]　中国社会科学院语言研究所 . 现代汉语词典 [M]. 北京：商务印书馆 ,2005.

[10]　于石，王光汉，徐成志 . 常用典故词典 [M]. 上海：上海辞书出版社 ,2007.

[11]　赵应铎 . 汉语典故大辞典 [M]. 上海：上海辞书出版社 ,2007.

[12]　张文兵 . 全唐诗鉴赏辞典 [M]. 西安：陕西旅游出版社 ,2011.

（二）古典文献

[1]　（春秋战国）老聃撰 ,（三国魏）王弼注 . 道德真经注 [M]. 古逸丛书景唐写本 .

[2]　（春秋战国）老聃撰 ,（西汉）河上公注 . 老子道德经 [M]. 四部丛刊景宋本 .

[3]　（春秋战国）左丘明撰 ,（西晋）杜预注 ,（唐）孔颖达疏 . 春秋左传 [M]. 清嘉庆二十年南昌
　　府学重刊宋本十三经注疏本 .

[4]　（春秋战国）辛钘撰 . 文子 [M]. 明万历五年子汇本 .

[5]　（春秋战国）列御寇撰 ,（东晋）张湛注 . 冲虚至德真经 [M]. 四部丛刊景北宋本 .

[6]　（春秋战国）尸佼撰 . 尸子 [M]. 清湖海楼丛书本 .

[7]　（春秋战国）庄周撰 ,（西晋）郭象注 . 南华真经 [M]. 四部丛刊景明世德堂刻本 .

[8]　（春秋战国）荀况撰 ,（唐）杨倞注 . 荀子 [M]. 清乾隆抱经堂丛书本 .

[9]　（春秋战国）韩非撰（韩非子）[M]. 四部丛刊清景宋抄校本 .

[10]　（春秋战国）吕不韦撰 ,（东汉）高秀注 . 吕氏春秋 [M]. 四部丛刊景明刊本 .

[11]　（西汉）毛亨传 ,（东汉）郑玄笺 ,（唐）陆德明音义 . 毛诗 [M]. 四部丛刊景宋本 .

[12] （西汉）刘安撰,（东汉）许慎注.淮南鸿烈解[M].四部丛刊景钞北宋本.

[13] （西汉）孔安国传,（唐）陆德明音义.尚书[M].四部丛刊景宋本.

[14] （西汉）东方朔撰.海内十洲记[M].明正德嘉靖间顾氏文房小说本.

[15] （西汉）司马迁撰,（南朝宋）裴骃集解,（唐）司马贞索隐,（唐）张守节正义.史记[M].
清乾隆武英殿刻本.

[16] （西汉）刘向撰.列仙传[M].明正统道藏本.

[17] （西汉）刘向撰.列女传[M].四部丛刊景明本.

[18] （西汉）刘向撰.说苑[M].四部丛刊景明钞本.

[19] （东汉）王充撰.论衡[M].四部丛刊景通津草堂本.

[20] （东汉）班固撰,（唐）颜师古注.汉书[M].清乾隆武英殿刻本.

[21] （东汉）班固撰.白虎通德论[M].四部丛刊景元大德覆宋监本.

[22] （东汉）刘珍,班固,李尤,等撰.东观汉记[M].清刻武英殿聚珍版丛书本.

[23] （东汉）赵晔撰.吴越春秋[M].四部丛刊景明弘治本.

[24] （东汉）王逸章句,（南宋）洪兴祖补注.楚辞[M].四部丛刊景明翻刻本.

[25] （东汉）郑玄注,（唐）孔颖达疏.礼记疏[M].清重刊宋本十三经注疏本.

[26] （东汉）郑玄注,（唐）陆德明音义.礼记[M].四部丛刊景宋本.

[27] （三国魏）曹植撰.曹子建集[M].四部丛刊景明活字本.

[28] （三国魏）王肃注.孔子家语[M].四部丛刊景明翻宋本.

[29] （三国魏）何晏集解.论语[M].四部丛刊景日本.正平本.

[30] （三国魏）王弼注,（东晋）韩康伯注.周易[M].四部丛刊景宋本.

[31] （三国魏）王弼注,（东晋）韩康伯注,（唐）孔颖达疏.周易[M].清重刊宋本十三经注疏本.

[32] （西晋）皇甫谧撰,（清）宋翔凤集校.帝王世纪[M].清光绪贵筑杨氏刻训纂堂丛书本.

[33] （西晋）张华撰.博物志[M].清道光指海本.

[34] （西晋）陈寿撰.三国志[M].百衲本景宋绍熙刊本.

[35] （东晋）郭璞注.尔雅[M].四部丛刊景宋本.

[36] （东晋）郭璞撰.山海经[M].四部丛刊景明成化本.

[37] （东晋）郭璞撰.穆天子传[M].四部丛刊景明天一阁本.

[38] （东晋）葛洪撰.西京杂记[M].四部丛刊景明嘉靖本.

[39] （东晋）葛洪撰.神仙传[M].清文渊阁四库全书本.

[40] （东晋）葛洪撰.抱朴子内外篇[M].四部丛刊景明本.

[41] （东晋）王嘉撰,（南朝梁）萧绮录.拾遗记[M].明刻汉魏丛书本.

[42] （东晋）陶潜撰.搜神后记[M].明崇祯津逮秘书本.

[43] （北魏）郦道元撰.水经注[M].清武英殿聚珍版丛书本.

[44] （北魏）魏收撰.魏书[M].清乾隆武英殿刻本.

[45]　（南朝宋）范晔撰,（唐）李贤注.后汉书 [M].百衲本景宋绍熙刻本.

[46]　（南朝宋）刘义庆撰,（南朝梁）刘孝标注.世说新语 [M].四部丛刊景明袁氏嘉趣堂本.

[47]　（南朝宋）鲍照撰.鲍氏集 [M].四部丛刊景宋本.

[48]　（南朝宋）沈约撰.宋书 [M].清乾隆武英殿刻本.

[49]　（南朝梁）刘勰撰.文心雕龙 [M].四部丛刊景明嘉靖刊本.

[50]　（南朝梁）钟嵘撰.诗品 [M].明夷门广牍本.

[51]　（南朝梁）吴均撰.续齐谐记 [M].明正德嘉靖间顾氏义房小说本.

[52]　（南朝梁）萧统编.梁昭明太子文集 [M].四部丛刊景明本.

[53]　（南朝梁）萧统编,（唐）李善注.六臣注文选 [M].四部丛刊景印本.

[54]　（南朝梁）萧统编,（唐）李善注.文选 [M].胡刻本.

[55]　（南朝梁）庾信撰,（清）倪璠纂注.庾子山集 [M].清文渊阁四库全书本.

[56]　（唐）陆德明撰.经典释文 [M].清抱经堂丛书本.

[57]　（唐）欧阳询编.艺文类聚 [M].清文渊阁四库全书本.

[58]　（唐）房玄龄撰.晋书 [M].清乾隆武英殿刻本.

[59]　（唐）李延寿撰.北史 [M].清乾隆武英殿刻本.

[60]　（唐）徐坚编.初学记 [M].清光绪孔氏三十三万卷堂本.

[61]　（唐）吴兢撰,（元）戈直集论.贞观政要 [M].四部丛刊续编景明成化刻本.

[62]　（唐）杜佑撰.通典 [M].清武英殿刻本.

[63]　（唐）封演撰.封氏闻见记 [M].清文渊阁四库全书本.

[64]　（唐）李肇撰.唐国史补 [M].明崇祯津逮祕书本.

[65]　（唐）孙樵撰.孙樵集 [M].四部丛刊景明天启刊本.

[66]　（唐）高彦休撰.唐阙史 [M].明万历十六年谈长公钞本.

[67]　（五代）王定保撰.唐摭言 [M].清嘉庆学津讨原本.

[68]　（五代）刘昫撰.旧唐书 [M].清乾隆武英殿刻本.

[69]　（北宋）李昉编.文苑英华 [M].明刻本.

[70]　（北宋）李昉编.太平广记 [M].民国影印明嘉靖谈恺刻本.

[71]　（北宋）李昉撰.太平御览 [M].四部丛刊三编景宋本.

[72]　（北宋）王溥撰.唐会要 [M].清乾隆武英殿聚珍版丛书本.

[73]　（北宋）王钦若编.册府元龟 [M].明刻初印本.

[74]　（北宋）欧阳修,宋祁等撰.新唐书 [M].清乾隆武英殿刻本.

[75]　（北宋）司马光撰.资治通鉴 [M].四部丛刊景宋刻本.

[76]　（北宋）宋敏求编.唐大诏令集 [M].民国适园丛书本.

[77]　（北宋）郭茂倩辑.乐府诗集 [M].四部丛刊景汲古阁本.

[78]　（北宋）计有功撰.唐诗纪事 [M].四部丛刊景明嘉靖本.

[79]（南宋）高似孙撰.纬略 [M].清刻守山阁丛书本.

[80]（南宋）陈元靓撰.岁时广记 [M].清光绪十万卷楼丛书本.

[81]（南宋）严羽撰.沧浪诗话 [M].明津逮秘书本.

[82]（明）杨慎撰.太史升菴全集 [M].清文渊阁四库全书补配清文津阁四库全书本.

[83]（明）王世贞撰.艺苑卮言 [M].武林樵云书舍刻本,明万历十七.

[84]（明）张溥编.汉魏六朝一百三家集 [M].清文渊阁四库全书本.

[85]（清）王士禛撰.带经堂诗话 [M].刻本,清乾隆二十七.

[86]（清）赵执信撰,陈迩东校点.谈龙录 [M].清文渊阁四库全书本.

[87]（清）曹寅,彭定求等编.全唐诗 [M].清文渊阁四库全书本.

[88]（清）吴士玉撰.骈字类编 [M].清文渊阁四库全书本.

[89]（清）翁方纲撰.石洲诗话 [M].清粤雅堂丛书本.

[90]（清）臧岳.应试唐诗类释 [M].三乐斋本.

[91]（清）孙星衍辑.汉官六种 [M].清平津馆丛书本.

[92]（清）梁章钜著,陈居渊校点.制艺丛话 试律丛话 [M].上海:上海书店出版社,2001.

[93]（清）昭梿撰.啸亭杂录 [M].清钞本.

[94]（清）李祖陶辑.国朝文录 [M].瑞州府凤仪书院刻本,清道光十九.

[95]（清）张澍撰.辛氏三秦纪 [M].清二酉堂丛书本.

[96]（清）陈逢衡撰.竹书纪。集证 [M].清嘉庆襄露轩刻本.

[97]（清）徐松撰.登科记考 [M].清皇清经解续编本.

（三）今人著作

[1] 陈望道.修辞学发凡 [M].上海:上海教育出版社,1976.

[2] 马国凡.成语 [M].呼和浩特:内蒙古人民出版社,1978.

[3] 王力.汉语史稿 [M].北京:中华书局,1980.

[4] 赵克勤.古汉语修辞简论 [M].北京:商务印书馆,1983.

[5] 陆伟然,范震威.唐代应试诗注释 [M].哈尔滨:黑龙江人民出版社,1989.

[6] 张静,郑远汉.修辞学教程 [M].武汉:湖北人民出版社,1989.

[7] 北京图书馆金石组.北京图书馆藏中国历代石刻拓本汇编 [Z].郑州:中州古籍出版社,1989.

[8] 周绍良.唐代墓志汇编 [M].上海:上海古籍出版社,1992.

[9] 赵超.汉魏南北朝墓志汇编 [M].天津:天津古籍出版社,1992.

[10] 中国文物出版社.新中国出土墓志 [M].北京:文物出版社,2003.

[11] 高峡.西安碑林全集 [M].北京:线装书局,2000.

[12] 古远清,孙光萱.诗歌修辞学 [M].武汉:湖北教育出版社,1995.

[13] 王宁 . 训诂学原理 [M]. 北京：中国国际广播出版社 ,1997.

[14] 郑子瑜 , 宗廷虎 . 中国修辞学通史 [M]. 长春：吉林教育出版社 ,1998.

[15] 张联荣 . 古汉语词义论 [M]. 北京：北京大学出版社 ,2000.

[16] 葛本仪 . 现代汉语词汇学 [M]. 济南：山东人民出版社 ,2001.

[17] 孟二冬 . 登科记考补正 [M]. 北京：北京燕山出版社 ,2003.

[18] 王兆鹏 . 唐代科举考试诗赋用韵研究 [M]. 济南：齐鲁出版社 ,2004.

[19] 罗枳勇 . 用典研究 [M]. 武汉：武汉大学出版社 ,2005.

[20] 郑晓霞 . 唐代科举诗研究 [M]. 上海：复旦大学出版社 ,2006.

[21] 唐子恒 . 汉语典故词语散论 [M]. 济南：齐鲁出版社 ,2008.

[22] 彭国忠 . 唐代试律诗 [M]. 黄山：黄山书社 ,2006.

[23] 傅璇琮 . 唐代科举与文学 [M]. 西安：陕西人民出版社 ,2007.

[24] 程千帆 . 古诗考索·唐代进士行卷与文学 [M]. 武汉：武汉大学出版社 ,2008.

[25] 蒋绍愚 . 唐诗语言研究 [M]. 北京：语文出版社 ,2008.

[26] 罗积勇 , 张鹏飞 . 唐代试律试策校注 [M]. 武汉：武汉大学出版社 ,2009.

[27] 吴宗国 . 唐代科举制度研究 [M]. 北京：北京大学出版社 ,2010.

（四）期刊论文

[1] 皇甫煃 . 唐代以诗赋取士与唐诗繁荣的关系 [J]. 南京师院学报 ,1979(1).

[2] 潘允中 . 成语 , 典故的形成和发展 [J]. 中山大学学报 (哲学社会科学版),1980(2).

[3] 乔力 . 说用典 [J]. 东岳论丛 ,1981(12).

[4] 余恕诚 . 唐诗所表现的生活理想和精神风貌 [J]. 文学遗产 ,1982(2).

[5] 傅璇琮 . 试论唐代进士的出身及唐代科举取士中寒士与子弟之争 [J]. 中华文史论丛 ,1984(2).

[6] 张步云 . 从 "以诗取士" 探讨唐诗繁荣的原因 [J]. 上海师范大学学报 ,1985(3).

[7] 吴功正 . 唐代诗人审美心理研究 [J]. 文学遗产 ,1987(6).

[8] 陈伯海 . 唐代文人生活道路与诗歌创作 [J]. 学术月刊 ,1987(9).

[9] 陈伯海 . 文学传统与唐诗的创新 [J]. 江海学刊 ,1988(2).

[10] 魏承恩 . 论唐代文化政策与文化繁荣的关系 [J]. 学术月刊 ,1989(4).

[11] 任爽 . 科举制度与盛唐知识阶层的命运 [J]. 历史研究 ,1989(4).

[12] 葛兆光 . 论典故——中国古典诗歌中的一种特殊意象的分析 [J]. 文学评论 ,1989(5).

[13] 任爽 . 唐代学风的颓坏与科举制度的演变 [J]. 求是学刊 ,1990(1).

[14] 陈飞 . 唐代科举制度与文学精神品质 [J]. 文学遗产 ,1991(1).

[15] 尚定 . 论武则天时代的 "诗赋取士" [J]. 中国社会科学 ,1991(6).

[16] 薛天纬 . 干谒与唐代诗人心态 [J]. 西北大学学报 (哲学社会科学版),1994(1).

[17]　黄炳辉 . 唐人创作论 [J]. 厦门大学学报 (哲学社会科学版),1994(1).

[18]　吴建华 . 科举制下进士的社会结构和社会流动 [J]. 苏州大学学报 ,1994(1).

[19]　王玉鼎 . 典故词语与历史文化 [J]. 华夏文化 ,1995(3).

[20]　戴长江 . 典故与典故语辞的释义 [J]. 淮北煤师学院学报 (社会科学版),1996(2).

[21]　张履祥 . 典故·典故系列和典故辞典的编纂 [J]. 辞书研究 ,1996(4).

[22]　白丁 . 关于典故词溯源问题的若干思考 [J]. 辞书研究 ,1996(4).

[23]　王吉辉 . 典故与成语 [J]. 汉语学习 ,1997(2).

[24]　侯力 . 关于晚唐科举制度的几个问题 [J]. 浙江学刊 ,1998(4).

[25]　朱学忠 . 典故研究之我见 [J]. 淮北煤师院学报 (哲学社会科学版),1999(3).

[26]　李永平 . 中国古典文学的 "知音" 情结 [J]. 西安石油学院学报 (社会科学版),1999(4).

[27]　张浩逊 . 唐代省试诗的几个问题 [J]. 烟台师范学院学报 (哲学社会科学版),1999(4).

[28]　李景新 , 王吉鹏 . 典故词对典故因素的摄取——典故词的形成之研究 [J]. 湛江师范学院学报 ,1999(9).

[29]　王光汉 . 关于典故溯源的再思考 [J]. 古汉语研究 ,2000(4).

[30]　季羡林 . 成语和典故 [J]. 知识 ,2000(6).

[31]　徐毅 . 古诗文中典故的运用 [J]. 南通职业大学学报 ,2001(1).

[32]　薛亚军 . 唐代省试诗题及其思想文化背景 [J]. 北方论丛 ,2001(2).

[33]　罗积勇 . 用典中的蕴含之研究 [J]. 华中科技大学学报 (人文社会科学版),2002(4).

[34]　张蕊 . 唐代诗赋取士制度形成的原因 [J]. 北京理工大学学报 (社会科学版),2002(3).

[35]　雷淑娟 . 用典的意义文本间的遭遇 [J]. 修辞学习 ,2002(4).

[36]　韩大伟 . 试论中国典故用法类型的划分 [J]. 枣庄师范专科学校学报 ,2003(1).

[37]　杨薇 . 论成语与典故的异同 [J]. 语文研究 ,2003(4).

[38]　池洁 . 唐人应试诗题考论 [J]. 上海师范大学硕士学文论文 ,2003(1).

[39]　白民军 . 典故的隐喻文化透视 [J]. 唐都学刊 ,2004(4).

[40]　刘大为 . 比喻词汇化的四个阶段 [J]. 福建师范大学学报 (哲学社会科学版),2004(6).

[41]　丁建川 . 汉语典故词语研究 [J]. 曲阜师范大学 ,2004(1).

[42]　唐雪凝 , 丁建川 . 典故词语的文化内涵 [J]. 毕节师范高等专科学校学报 ,2005(2).

[43]　石尚彬 . 论古典诗词中典故的运用 [J]. 黔南民族师范学院学报 ,2005(4).

[44]　罗积勇 . 典故的典面研究 [J]. 湖北师范学院学报 (哲学社会科学版),2005(4).

[45]　崔荣华 . 唐代进士科 "以诗赋取士" 辨析 [J]. 唐都学刊 ,2005(4).

[46]　许心传 . 中国典故类别 [J]. 高职论丛 ,2006(4).

[47]　罗家湘 . "典故" 探源 [J]. 中州学刊 ,2005(5).

[48]　郭蓉 . 论用典修辞的意义生成及典故义的阐释 [J]. 绥化学院学报 ,2006(2).

[49]　郭焰坤 . 藏词的产生及其词汇化 [J]. 修辞学习 ,2006(6).

[50] 黄爱华,张恒军.《文心雕龙·事类》的用典探论 [J]. 怀化学院学报 ,2006(7).

[51] 郭蓉.典故研究的理论与方法概谈 [J]. 学术论坛 ,2006(8).

[52] 韩建永.李白诗歌的用典 [D]. 兰州：西北师范大学 ,2006.

[53] 彭国忠.唐代试律诗的称名 ,类型及性质 [J]. 学术研究 ,2007(1).

[54] 池洁.唐人应试诗题的文化解读 [J]. 文学遗产 ,2007(3).

[55] 王群丽.论唐省试诗命题的特点 [J]. 江海学刊 ,2007(4).

[56] 池洁.唐人应试诗题与唐代诗歌审美取向 [J]. 文学评论 ,2007(5).

[57] 王群丽.唐省试诗命题对写作的影响 [J]. 东岳论丛 ,2008(1).

[58] 贾乔华.典故研究三题 [J]. 郑州大学学报：哲学社会科学版 ,2008(5).

[59] 唐子恒.典故词语的理据及认知特征 [J]. 山东大学学报：哲学社会科学版 ,2008(6).

[60] 亓文香.汉语典故词语的典源研究 [J]. 临沂师范学院学报，2010,32（5）.

[61] 张鹏飞.唐代试律诗诗题取用《文选》诗赋原句或李善注解比勘——《昭明文选》在唐代科举诗中的应用发微之一 [J]. 湖北师范学院 ,2010(3).

[62] 曾小月.中国古代诗歌用典的符号学分析 [J]. 重庆大学学报：社会科学版 :,2010(3).

[63] 唐子恒.论典故词语对典源依赖性的减弱 [J]. 语言教学与研究 ,2010(4).

[64] 王群丽.唐代省试诗研究思路述评 [J]. 求索 ,2010(6).

[65] 刘彦.唐代试律诗辑考 [D]. 武汉：武汉大学 ,2011.

[66] 杨春俏.《文苑英华》所收唐代应试诗限韵分析 [J]. 长江学术 ,2011(4).

[67] 朱栋.唐代试律诗研究述评 [J]. 名作欣赏 ,2012(10).

[68] 张婷 ,朱栋.唐代试律诗研究述补 [J]. 理论界 ,2012(10).

攻读博士学位期间发表的学术论文目录

[1] 朱栋.《尔雅·释诂》"善也"词条浅析 [J]. 长春大学学报 ,2011(1).

[2] 朱栋《屈原赋注·音义》的内容,性质及其作用[J].阜阳师范学院学报社会科学版,2012(1).

[3] 朱栋.段玉裁改订《说文》正篆及古文字体得失例证 [J]. 长春大学学报 ,2012(3).

[4] 朱栋.趣谈与物理学相关的成语典故 [J].(第二作者) 群文天地 ,2012(1).

[5] 朱栋.《朋友》语言风格学层面探析 [J]. 学习月刊 ,2012(2).

[6] 朱栋.《氓》"垝垣"释义述补——兼论"垣"字 [J]. 长江学术 ,2012(4).

[7] 朱栋.唐代试律诗研究述评 [J]. 名作欣赏 ,2012(10).

[8] 朱栋.唐代试律诗研究述补 [J].(第二作者) 理论界 ,2012(10).

[9] 朱栋.《氓》"垝垣"正诂 [J]. 江海学刊 ,2012(6).

索　引

Y

Z

后　记

　　经过近一年半的准备和 9 个月的撰写，我的博士学位论文终于完成了！这也就意味着我即将离开人文荟萃的珞珈山，奔赴黄海之滨的苏北小城——盐城，开始我新的生活。

　　在武汉大学求学的 3 年里，我的角色经历了几多变化，博一时女儿畅畅的出生使我成了一位父亲，博二时母亲的一场车祸使我成了法庭上的一名原告……就是这生命的延续、生活的磨砺使我备感责任之重大、家庭之重要，更让我深深懂得了亲情的无价与友情的可贵！

　　"求知在武大，成才在珞珈。"三年里，武大这方热土养育了我，武大辛勤的老师们教育了我，对此我怀有深深的感激之情！

　　感谢导师罗积勇 3 年来对我的谆谆教诲与无微不至的关怀。先生学识之渊博，待人之宽容，对名利之淡泊，对学术之推崇，无不深刻地影响着我。先生爱生如子，对门生关爱有加。我学位论文的选题、修改直至最终定稿无不倾注着老师的心血。谢谢恩师！

　　感谢武大古籍所的骆瑞鹤、万献初、于亭、邓福禄、陈海波以及武大文学院的刘礼堂、卢烈红等。诸位先生待人谦和，学业精深，于谈笑间给晚生们以人生上的指导和学术上的启迪。

　　3 年武大求学路，让我有幸结识了一些新的朋友，生活中我们互相帮助，学习中我们相互交流。他们是我一生中永远珍贵的财富。

　　家人一直是我求学、工作之路上最为坚强的后盾和动力的源泉。感谢我的父母，是他们给了我强健的体魄和坚毅的性格；感谢我的兄弟姐妹，是他们的爱与关心使我面对困难时无所畏惧、勇往直前；感谢我的爱人，是她的陪伴、理解与支持使我在求学之路上走到了今天；感谢我的女儿，是她的出生让我生命中增添了无尽的欢乐！我爱我的家人！

　　衷心地感谢生命中所有关心、关爱我的人！

　　我会珍惜家庭、朋友和阅历，珍藏感恩、阳光之心，过好生命当中的每一天！

武汉大学珞珈山北麓枫园公寓

2013 年 4 月 18 日